财经类专业"十四五"规划新形态教材

统计基础（第二版）

丁　钧　周丽霞◎主　编

王正昕　徐洪德　朱丽娜　张　睿◎副主编

立信会计出版社

图书在版编目(CIP)数据

统计基础/丁钧,周丽霞主编. -- 2 版. --上海:
立信会计出版社,2025.8. -- ISBN 978-7-5429-7931-5

Ⅰ. C8

中国国家版本馆 CIP 数据核字第 2025C0E580 号

责任编辑 汤 晏
美术编辑 吴博闻

统计基础(第二版)

TONGJI JICHU

出版发行	立信会计出版社		
地　　址	上海市中山西路 2230 号	邮政编码	200235
电　　话	(021)64411389	传　　真	(021)64411325
网　　址	www.lixinaph.com	电子邮箱	lixinaph2019@126.com
网上书店	http://lixin.jd.com		http://lxkjcbs.tmall.com
经　　销	各地新华书店		
印　　刷	上海华业装璜印刷有限公司		
开　　本	787 毫米×1092 毫米	1/16	
印　　张	13		
字　　数	325 千字		
版　　次	2025 年 8 月第 2 版		
印　　次	2025 年 8 月第 1 次		
书　　号	ISBN 978-7-5429-7931-5/C		
定　　价	45.00 元		

如有印订差错,请与本社联系调换

第二版前言

在数字经济快速发展的今天,统计不仅是数据处理的关键工具,更是科学决策的重要依据。"统计基础"作为高职院校财经商贸类专业的必修课程,能够帮助学生深入分析市场变化趋势、理解社会经济现象、全面了解国情国策,为未来的职业发展筑牢根基。

为了紧跟数字经济的发展脉搏,确保教材内容与时俱进,更好地满足新时代高职学生的学习需求和职业发展要求,我们对本教材进行了修订。新版教材立足真实的统计工作过程,以"实用、够用、管用"为原则,在内容编写上尽量精炼,理论深度把握适当;注重理论联系实际,突出统计技能、数据思维的培养;融入课程思政,引导学生树立正确的职业观、数据观和国家观。本教材由三大部分构成:统计学的基本理论(统计学概述、统计数据的收集与整理、综合指标的分析)、数据的静态分析方法(抽样与抽样推断、相关分析与回归分析)和数据的动态分析方法(时间数列分析、统计指数分析),并在每一部分中新增了相应的综合实训。

本教材在编写上主要有以下特点:

(1) 以职业需求为起点,教材编写紧扣实际工作流程,秉持服务企业的理念。从统计学的基本概念出发,循序渐进地涵盖数据收集、整理与分析等核心统计工作环节,全面构建实用性强的知识体系。

(2) 以专业需求为核心,紧密契合高职财经类专业教学改革与课程建设的最新趋势。结合财会专业学生的学习特点与未来职业发展路径,精准对接财经领域对统计学的实际应用需求,融入财经实例实训内容,激发学习兴趣,提升统计思维与数据解读能力。

(3) 以学生为中心,立足高职学生学情,遵循有意义学习理论,本教材在每章开篇精心设计学习导读,让学生在感悟统计文化与思想精髓的同时,帮助学生明晰学习目标,增强学习的主动性和积极性。

(4) 坚持"育人为本"理念,深度融合思政育人元素,将知识传授与价值引领有机结合,实现专业技能训练与思想政治教育的有机统一。本教材以"统计观天下,数据见中国"为核心思政理念,创新性地设置"统计·新声""统计·视界""统计·中国"三大特色栏目,通过生动案例与前沿视角,以二维码的形式展现统计技术在创新驱动、社会治理和国家发展中的重要作用,构建"创新—实践—家国"三位一体的思政教学体系,全方位培养学生科学精神、实践能力和家国情怀。

本教材由丁钧、周丽霞担任主编,王正昕、徐洪德、朱丽娜、张睿担任副主编。丁钧负责拟定全书体例、编写大纲和课程思政,初稿形成后由丁钧进行修改和定稿。全书共七个项目,参编人员具体分工如下:项目一、项目二由徐洪德、朱丽娜编写,项目三由王正昕、张睿编写,项目四、项目五由丁钧编写,项目六、项目七由周丽霞编写。

为了培养出适应企业实际需求的高素质技术技能人才,在教材编写过程中,我们与无锡市代理记账协会建立了紧密的协作关系,特别是无锡市代理记账协会党支部书记、江苏君涵管理有限公司的总经理王莺华女士。凭借其在行业内的丰富经验和专业优势,王莺华为教材的编写提供了大量真实案例和宝贵建议,确保了教材内容的前沿性、实用性和行业契合度。我们希望教材能够成为企业与学校之间沟通的桥梁,促进校企合作的不断深化,共同推动高职教育的发展。

在本教材的编写过程中,我们参考和借鉴了国内外大量相关著作、教材和网站资料,在此一并向有关专家和作者表示诚挚的感谢。

由于编者水平有限,书中可能存在疏漏和不妥之处,恳请读者与专家批评指正。

编　者

2025 年 8 月

目　录

项目一

统计学概述

> 对于追求效率的公民而言,统计思维总有一天会和读写能力一样必要。
> ——赫伯特·G. 威尔斯
>
> 统计是数据时代的"翻译器",让我们从数字中读懂世界的真相。本项目将为你打开统计学的大门,了解统计学的基本概念,看看统计到底如何影响我们的生活。

项目内容

统计学和统计活动

统计学中常用的基本概念

知识目标

了解统计的含义、作用及研究对象。

了解统计的工作过程和统计研究的基本方法。

掌握统计的基本概念,能分清不同概念的应用场景。

能力目标

掌握统计基本工作流程,学会使用统计的思维解决问题。

素质目标

树立正确的统计价值观,培养统计服务社会的责任意识。

了解我国统计学发展,感悟中国统计文化的传承与创新,增强民族自豪感和文化自信。

任务一 统计学和统计活动

一、统计的含义

什么是统计？有人说，统计与会计一样，就是加加减减计算数字；有人说，统计就是编制报表，上报报表；也有人说，统计就是一种调查活动。这些说法都不全面、不确切。那么，究竟什么是统计呢？一般来说，统计这一专业术语有三层含义：

一是指统计活动，即统计工作，是人们正确运用统计理论和方法收集数据、整理数据、分析数据和由数据得出结论的实际操作过程，是人们从数据上对客观世界的一种认识活动和结果，如我国于 2020 年进行的第七次人口普查。

二是指统计资料，即统计所提供的数据和分析资料，是反映社会政治、经济、文化等各方面的统计数据资料，如统计年鉴。

三是指统计学，它是一门由阐明如何去搜集、整理、显示、描述、分析数据和由数据得出结论的一系列概念、原理、原则、方法和技术构成的科学，是一门独立的、实用性很强的通用方法论科学。统计学分为社会经济统计学和数理统计学，本教材所介绍的主要内容属于社会经济统计学。

综上所述，统计是由统计学和统计活动、统计资料三者有机结合组成的整体。这三层含义是密切联系的：统计学是统计活动的经验总结和理论概括，是指导统计工作的原理、原则和方法；统计活动是保证统计资料准确、及时、全面的前提条件；统计资料是统计工作的成果。

【例 1-1】 单项选择题：统计的三层含义中最早出现的是（　　）。

A. 统计活动　　　　B. 统计学　　　　C. 统计资料

答案与解析　A　由统计的三层含义的相互关系来看，统计资料是统计工作的成果，而统计学是从统计活动中总结和概括而形成的理论，因此三层含义中最早出现的是统计活动。

二、统计研究的对象

我们所指的统计的研究对象是社会经济现象总体的数量方面。

（1）统计是从数量方面入手来认识现象的工具，因此数量性是它的基本特点。统计的三层含义无论是统计活动、统计学，还是统计资料，都离不开数量这个中心。可以这么说，没有数量就没有统计。当然，统计反映的不是抽象的纯数量，而是具体的、与社会经济现象密切联系的数量。

（2）总体性是统计的另一个重要特点。总体性是指统计是从整体上反映和分析事物的数量特征，而不是着眼于个别事物，因为对事物的本质和发展规律只有从整体上观察，才能作出正确的判断。个别事物由于受种种偶然因素的影响，其数量特征并不能代表总体的一般水平。

【例 1-2】 单项选择题：统计认识事物的过程是一个（　　）的过程。

A. 从数量到质量　　B. 从质量到数量　　C. 从个体到一般　　D. 从一般到个体

答案与解析　C　我们先看一个实例，学习统计需要有一定的数学基础，要了解一个班级的数学水平高还是低（这是一个定性认识），数学考试的平均成绩是很能说明问题的一个重要指标（这是一个数量认识，也是一个总体认识），而平均成绩是依据班级中每位同学的数学成绩计算出来的（其中"每位同学的数学成绩"是一个个体认识）。因此，此项统计工作的开展是从调查每一位同学的数学成绩入手的，再加以汇总平均，形成班级的数学平均成绩，并最终确定班级同学数学学习能力的高低。这是一个从个体认识到总体认识的过程，也是统计在质与量的辩证统一中认识事物的过程，因此该题最合理的答案是 C。

三、统计的工作过程

统计的工作过程一般分为以下 5 个阶段。

1. 统计设计阶段

统计设计是在正式开展统计工作之前，根据统计研究目的和统计对象的性质，对统计工作的各个方面和各个环节所进行的总体规划和全面安排。例如，设计统计调查方案、资料汇总或整理方案等。统计设计是统计工作的最初环节。

2. 统计调查阶段

统计调查是根据调查方案的要求，运用科学的调查方法，收集被研究对象的各项资料的具体工作过程，是统计工作的中间环节之一。

3. 统计整理阶段

统计整理是根据统计研究的目的和要求，将统计调查所取得的资料进行科学的分类、汇总、制表、制图等加工处理的过程，也是统计工作的一个中间环节。

4. 统计分析阶段

统计分析是根据统计研究的任务和要求，综合运用各种统计指标和统计分析方法，对统计整理后的资料进行具体的定量和定性分析的过程，是统计工作的最终环节之一。

5. 统计数据的提供与管理阶段

统计数据的提供与管理是将统计工作的成果以统计表、统计图、统计分析报告等各种方式向社会各界提供的过程，也是统计工作的一个最终环节。

统计是通过对社会经济现象数量方面的研究来认识事物质的特征的，统计的认识过程是一个从定性认识到定量认识再到定性认识与定量认识相结合的过程。因此，统计的认识过程是一个质与量的辩证统一的认识过程。

请思考

统计工作的 5 个阶段有无先后排序？

四、统计的作用

正因为统计具有认识事物数量性的特点，并且能够从大量的现象中发现其存在的规律性，所以不论从宏观管理上还是从微观分析上，甚至在我们的日常生活中，统计都有重要的作用。具体来看，反映在以下几个方面：

（1）从宏观上看，统计是国家宏观调控和管理的重要工具。我们知道，统治阶级要管理好国家，必须了解这个国家的情况，掌握国情、国力，从古至今都是这样。几千年以前，在我国的夏商奴隶制社会，就开始有了人口、土地、粮食产量等统计工作，以便国家征兵、课税、征徭役之用。而到了 18 世纪后半期及 19 世纪 60 年代,统计工作得到了很大的发展,各国先后设立了专业的统计机关,搜集各方面的统计资料,以适应当时国家管理的需要。

（2）从微观上看,统计是企业管理与决策的依据。企业的管理者要处理好企业的生产经营,不仅要掌握企业的资产负债、现金流量等财务状况,而且要及时了解市场的信息,根据市场环境来调整投资决策。这就要借助统计的调查研究,多角度搜集资料,从中及时地发现问题、分析问题、解决问题。

（3）在日常生活中,统计也是信息展示的必要工具。我们经常看见企事业单位、政府机关等各种各样的信息展示,其中有众多的表格和图形,这些都是统计数据资料常见的表现形式。

（4）统计是进行科学研究的重要方法。无论是在社会科学领域,还是在自然科学领域,在进行某个课题研究时,为使观点与结论具有事实依据和说服力,必须根据调查研究或实验取得的统计数据来说明问题,这就需要使用科学的统计原理、原则和方法来进行。例如,医学界研究某种疾病的发病率及其防治办法,就必须在实际工作中广泛地运用统计学的抽样推断等方法。

五、统计研究的基本方法

根据研究对象的性质和特点,统计常用的研究方法主要有大量观察法、统计分组法、综合指标法和统计推断法。

1. 大量观察法

大量观察法是统计研究的常用方法之一,它是以概率论中的大数定律为依据,对所研究对象中的足够多的事物进行观察,以发现事物整体特征的统计研究方法。社会经济现象总体中的个别单位由于受到偶然因素的影响,如果任选其中之一进行观察,其结果不足以代表总体的一般特征,只有观察足够多的个体单位并加以综合,才能有效消除偶然因素的影响,从而揭示社会经济现象总体的真正特征。

2. 统计分组法

统计分组法是根据统计研究的需要和社会经济现象总体的内在特点,按某一标志将总体划分为若干个不同组成部分的一种统计研究方法,它是描述总体内部差异的一种重要方法。

3. 综合指标法

综合指标法是运用综合指标来反映和研究社会经济现象总体的一般数量特征和数量关系的方法。通过综合指标的计算可以揭示社会经济现象总体在一定时间、地点条件下的总规模、相对水平、集中趋势、离散程度等。

4. 统计推断法

统计推断法是在抽样调查的基础上,根据统计研究的具体要求和总体特征,以样本指标来推断总体相应指标的一种统计研究方法。

请思考

对于一个班级的学习情况进行统计研究,适合采用哪些方法,如何使用?

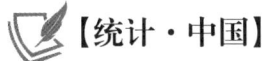【统计·中国】

数载春秋 丈量文明——中国统计
文化的传承与创新

任务二 统计学中常用的基本概念

一、统计总体与总体单位

（一）统计总体

1. 统计总体的概念

统计总体是根据统计研究目的确定的所要研究的社会经济现象的全体，它是由客观存在的、具有某种共同性质的许多个体所构成的整体，简称总体。

2. 统计总体的种类

根据构成统计总体的个体的数量是否有限，统计总体可分为有限总体和无限总体。如果一个统计总体中所包含的个体的数量是有限的，则称其为有限总体，如一个学校的所有学生；如果一个统计总体所包含的个体数量是无限的，则称其为无限总体，如在持续经营的假设下，工业企业流水线上生产的产品。

3. 统计总体的特点

构成一个统计总体必须具备 3 个方面的特点：同质性、大量性和差异性。

（1）同质性。同质性是指总体内的各个个体在某一性质上是相同的，这些个体通常具有若干性质，如在研究某班学生的学习情况时，这些学生的学校、班级、年龄、身高、体重等都反映了学生的某一方面的性质，此时该校的所有学生都有一个共同的性质——"班级"，而其他的如"年龄"等则在学生之间不尽相同，因此不是同质性的表现。

（2）大量性。大量性是指构成总体的个体的数量要足够多。因为统计研究的是大量客观现象的数量方面，是反映大量客观现象的数量特征的。只有从大量客观现象之间的关联中，才能看出客观现象发展的规律性。大量性并不意味着对总体全部的个体都要进行调查，调查可以是全面的，也可以是非全面的。但是，非全面调查中被调查的总体的个体必须要多到足以反映总体的真实特征。通常构成总体的个体的数量至少有 3 个。

（3）差异性。差异性是指事物间的差别或不同。构成一个统计总体的各个个体，在某些方面是性质相同的，但在其他方面往往是不同的，即构成总体的个体之间既有共性也有个性，这是客观存在的，是辩证统一的关系。差异性与同质性相辅相成，共同反映了总体特征对立统一的两个方面。

 **请思考**

统计总体的 3 个特点是否应同时具备?

(二) 总体单位

构成总体的个体称为总体单位,简称单位。它可以是人,可以是企业,也可以是事物或事件等。例如,在全国人口普查时,总体单位就是每一个人;在全国工业企业普查时,总体单位就是每一个工业企业;而在研究某市交通事故时,总体单位就是每一起交通事故;等等。

统计总体与总体单位概念不是固定不变的,研究目的不同,统计总体和总体单位也随之而不同。例如,在研究某班学习情况时,统计总体为该班的所有同学,总体单位是该班的每一个同学;而在研究该班所在年级各班卫生情况时,统计总体是该年级所有班级,总体单位是该年级的每一个班级。作为其中之一的某班,在前一研究目的下是统计总体,而在后一研究目的下为总体单位。

【例 1-3】 单项选择题:当研究市属工业企业的设备使用情况时,总体单位是( )。

A. 市属所有的工业企业　　　　　　B. 市属每一个工业企业

C. 市属每一个工业企业的设备　　　 D. 市属工业企业的每一台设备

答案与解析　D　在确定统计总体和总体单位时,首先,要明确的是具体的研究对象。本例中,研究的对象是设备,而不是企业。其次,我们需要确定的是统计单位,通常是用"每一个"来描述(统计总体则用"所有"来形容)。最后,在具体对象的前面补充相应的定语(市属,工业企业等)。本例中,需要特别说明的是,"每一个"出现在工业企业的前面(选项 C)和出现在设备前面(选项 D),两者是有区别的,一个企业通常不会只有一台设备,且设备具体的量词应该用"台",所以本例的正确答案应该是 D。

二、统计标志、统计指标与变量

(一) 统计标志

1. 统计标志的概念

统计标志简称标志,是说明总体单位属性和特征的名称。例如,在全国人口普查时,全国所有人是统计总体,全国每一个人是总体单位,每个人有民族、性别、年龄、身高、体重等,这些名称在统计上就称为标志。其中,民族、性别等是说明每个人的某种属性,而年龄、身高、体重等则是说明每个人的某个方面的特征。

2. 统计标志的种类

1) 统计标志按其性质不同,可分为品质标志和数量标志

品质标志是说明总体单位属性的名称,品质标志通常用文字或数字来表示,如性别只能用"男""女"两个文字来表示,而民族只能用"汉""壮""满""回"等文字来表示;数量标志是说明总体单位某种数量特征的名称,数量标志通常用数量或数值来表示,如年龄可以有 14 岁、18 岁、60 岁、65 岁等,体重有 50 千克、55 千克、60 千克、80 千克等。需要特别说明的是,在统计学中,"数字""数量"和"数值"是有区别的:"数字"是没有计量单位的,数字和数字之间不能直接相加或相加没有意义,如产品等级可以用 1、2、3 来表示,此时的 1、2、3 相加是没有意义的,因为我们绝不能说 1 级品加 2 级品等于 3 级品,因此,产品等级是一个用"数字"

表示的品质标志;"数量"和"数值"是有计量单位的,"数量"通常用自然单位来表示,"数值"通常用货币单位来表示,如身高175厘米,年产值1 600万元等,这两个就是用"数量"或"数值"来表示的数量标志,一般情况下,统计学中对"数量"和"数值"不作严格的区分。

2)统计标志按其标志的表现在总体单位之间的差异性可分为不变标志和可变标志

标志的表现是指在所属标志之后所列示的属性或数值,如"性别"分为"男"和"女",其中,"性别"称为标志,"男"和"女"称为标志的表现。表现在总体单位之间没有差异的标志称为不变标志,存在差异的标志称为可变标志。不变标志和可变标志是一组相对的概念,它必须是在特定的研究目的下才能确定。例如,在研究某班的学习情况时,该班的所有同学是统计总体,每一个同学是总体单位,每个同学的性别、班级、身高、体重、学号等都是标志,其中,只有"班级"这个标志的表现在该班的每个同学上是相同的,因此"班级"是一个不变标志,其他的如性别、身高、体重、学号等,班中同学的具体表现不尽相同,因此都是可变标志。而研究该班所在年级各班卫生情况时,"班级"则是一个可变标志。

(二)统计指标

1.统计指标的概念

统计指标简称指标,是反映社会经济现象总体数量方面特征的名称和数值。

统计指标包括指标名称和指标数值两个基本要素。为了全面反映社会经济现象总体的数量特征,一个完整的统计指标还应包括计量单位、计算方法、时间限制、空间限制等几个要素。例如,2023年我国按收入法计算的国内生产总值为1 294 271.7亿元,在这个完整的统计指标中:"2023年"为时间限制,"我国"为空间限制,"按收入法计算"为计算方法,"国内生产总值"为指标名称,"1 294 271.7"为指标数值,"亿元"为计量单位。在实际统计研究中,有时候只有一个指标名称也可称为统计指标,如"森林覆盖率"就是一个反映我国居民生活环境的一项重要指标。

正是通过各种统计指标,统计部门才能发挥其提供信息、咨询和监督的三大职能,为国家进行宏观决策、宏观调控以及为企事业单位和社会公众提供服务。

2.统计指标的种类

1)统计指标按其说明社会经济现象总体的性质不同,可分为数量指标和质量指标

数量指标反映社会经济现象总体某一特征的绝对数量,主要说明总体的规模、水平和工作总量,一般用绝对数表示,如全国人口总数、国内生产总值等。质量指标反映社会经济现象总体的强度、密度、效果、工作质量等,如人口密度、劳动生产率、资金利润率等,一般用相对数、平均数来表示。

2)统计指标按其反映的时间特点不同,可分为时期指标和时点指标

时期指标反映社会经济现象总体在某一时期的数量表现,也称为流量,如2023年我国国内生产总值为1 294 271.7亿元,2023年我国粮食总产量为56 707.2万吨等;时点指标反映社会经济现象总体在某一时刻上的数量表现,也称为存量,如2023年年末我国总人口数为140 967万人,2023年年末我国林业用地面积为32 368.55万公顷,等等。

3.统计指标体系

一个统计指标只能反映总体某一方面的特征。客观现实中的社会经济现象总体是有许多侧面和特征的,并且相互联系,彼此制约着。为了全面深入地了解和认识客观事物,就必须将相互联系的多个统计指标结合运用。这种由若干个相互联系的统计指标组成的一个整体称为统计指标体系。统计指标体系能从多个不同的方面综合反映社会经济现象的状况和

发展变化,以满足人们全面深入认识客观事物的要求。

(三) 统计标志与统计指标的区别和联系

统计标志与统计指标之间既有区别也有联系。

1. 统计标志与统计指标的区别

(1) 说明的对象不同:统计标志是说明统计单位特征的,而统计指标是说明统计总体特征的。

(2) 表现形式不同:统计标志既有用文字或数字表示的品质标志,也有用数量或数值表示的数量标志;而统计指标只能用数量或数值表示。

2. 统计标志与统计指标的联系

(1) 汇总关系:统计指标值通常由统计标志值汇总产生,如某班某次统计基础知识测验的总成绩就是由每个同学的成绩汇总产生的,班级的总成绩是一个指标,而每个同学的成绩是一个标志。

(2) 对应关系:统计指标与统计标志的名称往往相同或相似,如班级的成绩称为"总成绩",而每个同学的成绩称为"成绩"。

(3) 变换关系:在不同的研究目的下,总体和单位之间存在着变换关系,因此统计指标与统计标志之间也存在着变换关系。例如,在研究某班的统计基础知识学习情况时,该班是一个统计总体,班级总成绩称为统计指标;而在研究该班所在年级各班统计基础知识学习情况时,该班就是一个总体单位,而班级总成绩则称为统计标志。

(四) 变量

1. 变量的概念

变量是指可变的数量标志或指标。在统计实践中,如研究市属工业企业生产经营状况时,该市所有的工业企业为统计总体,该市每一个工业企业为总体单位,其中某个工业企业的年产值为数量标志;而当研究该企业的生产经营状况时,该企业为统计总体,该企业的年产值为统计指标,若无法确定研究目的,"该企业的年产值"最合理的称谓,既不是标志,也不是指标,而应该是变量。

2. 变量的种类

(1) 变量的具体取值称为变量值,按其值是否连续,可分为连续变量和离散变量。若变量的取值可以有小数,则这些变量就被称为连续变量,如身高、体重、产值、利润等;若变量的取值只能取整数,则这些变量被称为离散变量,如工人数、设备台数、企业数等。

(2) 变量按其所受影响因素的不同,可分为确定性变量和随机性变量。受确定性因素影响的变量被称为确定性变量,如产品总成本的变化,受产品产量和单位成本两个因素的影响,而这两个因素均是人为或可以控制的变量,并且其对总成本影响的大小和方向也是确定的。受随机性因素影响的变量称为随机性变量。随机性因素是指各种不确定的、偶然性的因素,这种因素对变量值的影响大小和方向都是不确定的,如某些机器零配件,即使在相同的生产设备、人员条件下,其尺寸大小仍会有略微的差异。究其原因,可能与原材料的质量、生产外部环境(如温度、湿度等)的影响有关。

【例1-4】单项选择题:通常我们可以称一个企业的年产值为(   )。

A. 标志   B. 指标   C. 变量   D. 变量值

答案与解析 C 当研究若干企业且该企业仅是其中之一时,该企业是总体单位,而

"年产值"是一个标志;当研究该企业的生产经营状况时,该企业是统计总体,则"年产值"是一个统计指标;而当研究的外延未知时,我们只能称"年产值"是变量。因此,本例中应该选C(若问具体的数值,如"1 600万元",则是一个变量值)。

【例1-5】 多项选择题:年龄是一个( )变量。

A. 连续 　　　B. 离散 　　　C. 确定性 　　　D. 随机

答案与解析 　A和C　在一定的研究目的下,所研究对象所属时间是确定的,因此特定个体的年龄也是确定的。另外,虽然我们在各种人口资料中,"年龄"这一项目的具体数据不会出现16.8岁等有小数的情况,但在实际生活中,人的年龄是不断增加的,这是一个不争的事实。所以年龄是一个连续变量(只不过其值在实际生活中通常按离散变量处理),所以正确答案是A和C。

【统计·新声】

分析宏观经济的新视角

课后练习题

一、单项选择题

1. 下列各项中,( )是品质标志。

A. 年龄 　　　B. 性别 　　　C. 工龄 　　　D. 工资

2. 某校在校生2 500人,若要研究该校在校生规模,这里的"在校生2 500人"是( )。

A. 指标 　　　B. 变量 　　　C. 标志 　　　D. 标志值

3. 要了解50所高等学校教学设备的使用情况,则统计研究的总体单位是( )。

A. 50所高等学校 　　　　　　　B. 50所高校的全部教学设备

C. 50所高校中的每一台教学设备 　　D. 50所高校的教学设备完好率

4. 工业企业的产品产量和机器设备数量是( )。

A. 连续变量

B. 离散变量

C. 前者是离散变量,后者是连续变量

D. 前者是连续变量,后者是离散变量

5. 下列各标志中,属于数量标志的是( )。

A. 性别 　　　B. 工资 　　　C. 文化程度 　　　D. 职务

6. 变量是指( )。

A. 可变的数量标志 　　　　　　B. 可变的品质标志

C. 可变的数量标志值 　　　　　　D. 可变的品质标志值

7. 某单位职工的平均年龄为36岁,这是对( )求的平均。

A. 数量标志　　　　B. 数量指标　　　　C. 变量　　　　D. 变量值

8. 某种商品的年末库存额是（　　）。

A. 时期指标和数量指标　　　　　　　B. 时点指标和数量指标

C. 时点指标和质量指标　　　　　　　D. 时期指标和质量指标

9. 下列各项中，属于时期指标的是（　　）。

A. 人口数　　　　B. 商品库存量　　　　C. 商品销售量　　　　D. 企业设备台数

10. 下列项目中，属于连续变量的是（　　）。

A. 职工人数　　　　B. 企业单位数　　　　C. 职工工资　　　　D. 设备台数

11. 下列各项中，属于数量标志的是（　　）。

A. 性别　　　　B. 年龄　　　　C. 职称　　　　D. 健康状况

12. 下列指标中，属于数量指标的是（　　）。

A. 劳动生产率　　　　B. 产量　　　　C. 人口密度　　　　D. 资金利税率

13. 对全市工业固定资产进行普查，其统计总体是（　　）。

A. 全市所有工业企业　　　　　　　B. 全市某一企业固定资产

C. 全市重点企业固定资产　　　　　D. 全市工业企业所有固定资产

14. 要了解100个职工的工资收入情况，则总体单位是（　　）。

A. 100个职工　　　　　　　　　B. 每一个职工

C. 100个职工的平均工资　　　　D. 每一个职工的工资额

15. 要了解某班50个学生的学习情况，则总体单位是（　　）。

A. 50个学生　　　　　　　　　B. 每一个学生

C. 50个学生的学习成绩　　　　D. 每个学生的学习成绩

16. 对某地区所有工业企业的职工情况进行研究，总体单位是（　　）。

A. 工业企业每个职工　　　　　B. 每个工业企业

C. 每个工业企业的职工　　　　D. 全部工业企业

17. 将统计指标分为数量指标和质量指标两类的分组标志是按其（　　）。

A. 反映的事物性质不同　　　　B. 数据的依据不同

C. 反映总体特征的性质不同　　D. 反映的时间特点不同

18. 某班3名学生统计学的考试成绩分别是76分、85分和92分，这里的统计学成绩是（　　）。

A. 数量指标　　　　B. 质量指标　　　　C. 数量标志　　　　D. 品质标志

19. 下列指标中，属于时期指标的是（　　）。

A. 总人口数　　　　　　　　B. 科技人员数

C. 学龄前儿童人数　　　　　D. 出生人数

20. 某工业企业工人的技术等级分为一级、二级、三级、四级和五级，这里的"技术等级"是（　　）。

A. 数量标志　　　　B. 品质标志　　　　C. 数量指标　　　　D. 质量指标

二、多项选择题

1. 下列各项中，属于时点指标的有（　　）。

A. 产品产量　　　　B. 商品库存量　　　　C. 年末职工人数　　　　D. 设备台数

E. 工资总额

2. 下列各项中,属于国有企业的工业增加值的有(   )。

A. 总量指标 B. 时期指标 C. 质量指标 D. 时点指标

E. 数量指标

3. 下列各项中,属于离散变量的有(   )。

A. 人的身高   B. 企业的职工人数

C. 企业的产值   D. 人的体重

E. 企业的设备台数

4. 社会经济统计认识的特点有(   )。

A. 经常性 B. 数量性 C. 连续性 D. 一次性

E. 总体性

5. 下列项目中,属于时点指标的有(   )。

A. 商品库存量   B. 固定资产价值

C. 商品销售总额   D. 职工人数

E. 职工工资总额

6. 某工人月工资 3 000 元,下列说法正确的有(   )。

A. 工人工资为数量标志   B. 工人工资是变量

C. 3 000 元是变量值   D. 工人工资 3 000 元为数量指标

E. 以上四项都正确

7. 指标按其反映的时间特点不同,可分为(   )。

A. 流量指标 B. 存量指标 C. 总量指标 D. 时期指标

E. 时点指标

8. 下列标志中,属于品质标志的有(   )。

A. 职工人数 B. 所属行业 C. 年增加值 D. 企业规模

E. 所属产业

9. 指标按反映总体特征的性质不同,可分为(   )。

A. 数量指标 B. 品质指标 C. 质量指标 D. 行为指标

E. 实体指标

10. 下列各项中,属于连续变量的有(   )。

A. 北京市总人口数   B. 学生的体重

C. 月平均消费额   D. 钢铁产值

E. 设备台数

项目二

统计数据的搜集与整理

> 数据是新的石油,它很有价值,但如果没有提炼,就不能使用。
>
> ——克莱夫·洪比

数据质量直接决定研究效度,原始数据如同散落的拼图,只有经过科学的收集和整理,才能拼出有意义的图案。本项目将带你了解如何从杂乱的数据中提炼出真正有价值的信息。

项目内容

统计数据资料的搜集——统计调查　　　　统计调查方案的设计
统计数据资料的整理　　　　　　　　　　统计分组
次数分布数列　　　　　　　　　　　　　统计表

知识目标

了解统计资料搜集的方法和统计调查方案及调查表的设计。
掌握统计调查的种类。
掌握统计分组的含义、作用和种类。
掌握次数分布数列的含义、种类及编制方法。

能力目标

能够根据统计目的,选择合适的调查方式。
能够根据统计调查目的,设计调查方案和调查表。
能够根据统计工作任务选择分组标志,编制分布列。

素质目标

树立统计的质量意识,培养求真务实、诚实守信的职业态度和爱岗敬业、勇于创新的工匠精神。
体会国家治理现代化的数据支撑作用,理解我国统计制度的先进性与民生价值。

任务一 统计数据资料的搜集——统计调查

统计数据的搜集与整理是依据统计分析的目的和要求,有组织、有计划地搜集数据资料并对其进行去伪存真、去粗取精的分类整理、浓缩简化的工作过程。它是进行统计分析的必要前提,是保证统计数据客观、真实、准确、可靠的关键。

统计数据资料是从哪里取得的是我们首先需要了解的内容。

一、统计数据资料的来源

按照统计数据获取途径不同,统计数据可分为原始数据和次级数据。原始数据也称为第一手数据或初级资料,是反映被调查对象原始状况的资料,如原始记录、统计台账、调查问卷答案、实验结果等;次级数据也称为第二手数据或间接的统计数据,是已经存在的、经他人整理分析过的资料,如期刊、报纸、广播、电视以及因特网上的资料,各级政府机构公布的资料,企业内部记录和报告等。

统计调查是获取统计数据的主要形式,通过统计调查搜集到的主要是第一手数据;通过查阅文献、年鉴、因特网等方式搜集到的主要是第二手数据。现有统计数据资料的主要来源有《中国统计年鉴》《国际统计年鉴》《地方统计年鉴》《中国金融年鉴》《中国统计摘要》《中国经济数据分析》《经济预测分析》、中国统计信息网、国研网、中国经济信息网、中国经济时报网等。

一切间接的统计数据都是从直接的、第一手数据过渡来的。在可能的情况下一般应尽量使用第一手资料,它比第二手资料更加丰富、更加准确。利用第二手数据对使用者而言既经济又方便,但应用时应注意统计数据的含义、计算口径、计算方法,以避免误用或滥用。

二、统计调查的概念和意义

统计调查就是根据研究的目的与要求,采取科学的方法,有目的、有计划、有组织地及时搜集各项反映社会经济活动和科学试验成果的原始资料的过程。

统计调查在统计工作的整个过程中,担负着提供基础资料的任务,所有的统计计算和统计研究都是在原始资料搜集的基础上建立起来的。因此,统计调查是统计工作的基础环节,是统计分析的前提。只有搞好统计调查,才能保证统计工作达到对于客观事物规律性的认识,从而预测未来。统计资料还是制定政策的依据,是检查和监督政策的贯彻执行情况的依据,因此,统计调查必须达到准确、及时两个基本要求,做到数字准、情况明、反映及时。

三、统计调查的种类

社会经济现象是错综复杂的,调查的目的又是各种各样的。要做好统计调查,就需要根据调查的目的与任务以及被调查对象的特点,选择适当的调查方式和方法。

统计调查的分类标准有以下三种。

（一）按组织形式分为统计报表和专门调查

统计报表是指按照国家统一规定的调查要求与文件（指标、表格形式、计算方法等）自下而上地提供统计资料的一种调查方式。国家利用它定期地取得全社会的国民经济与社会发展情况的基本统计资料，是国家取得调查资料的方法之一。

1. 统计报表

1）统计报表的分类

（1）按调查范围不同，统计报表可分为全面统计报表和非全面统计报表。全面统计报表要求调查对象中的每一个单位都要填报；非全面统计报表只要求调查对象的一部分单位填报。

（2）按报送周期长短不同，统计报表可分为日报、周报、旬报、月报、季报、半年报和年报。周期短的，要求资料上报频次高，填报的项目比较少；周期长的，要求内容全面。

（3）按填报单位不同，统计报表可分为基层统计报表和综合统计报表。基层统计报表是由基层企、事业单位填报的报表；综合统计报表是由主管部门或部门根据基层报表逐级汇总填报的报表。

2）统计报表的内容

统计报表的内容主要包括以下两点：

（1）表式。表式是由国家统计部门根据研究的任务与目的而专门设计制定的统计报表表格，用于搜集统计资料。它是统计报表制度的主体。

（2）填表说明。填表说明是对统计报表的统计范围、指标等作出的规定，具体有填报范围、指标解释、分类目录、其他有关事项的规定等。

3）统计报表的优点

统计报表具有以下三个显著的优点：

（1）来源可靠。统计报表是根据国民经济和社会发展宏观管理的需要而周密设计的统计信息系统，保证资料的统一性，便于在全国范围内汇总、综合。

（2）回收率高。统计报表依靠行政手段执行的报表制度，要求严格按照规定的时间和程序上报，因此，具有 100% 的回收率。

（3）方式灵活。统计报表既可以越级汇总，也可以层层上报、逐级汇总，以便满足各级管理部门对主管系统和区域统计资料的需要。

2. 专门调查

专门调查主要包括普查、抽样调查、重点调查和典型调查。

1）普查

普查是为了某种特定的目的而专门组织的一次性的全面调查，用来调查属于一定时点上或一定时期内的社会经济现象的总量。普查可以摸清一个国家的国情、国力，特别是可以了解与掌握人力、财力、物资资源状况，为国家制定长远规划和政策提供可靠的依据。

普查作为一种特殊的数据搜集方式，具有以下几个特点。

（1）普查通常是一次性的调查。由于普查涉及面广、调查单位多，需要耗费大量的人力、物力和财力，通常需要间隔较长的时间，一般每隔 10 年进行一次。例如，我国的人口普查从 1953 年至 2020 年共进行了 7 次。我国的普查越来越规范化、制度化，规定每逢末尾数字为"0"的年份进行人口普查，每逢"3"的年份进行第三产业普查，每逢"5"的年份进行工业普查,每逢"7"的年份进行农业普查,每逢"1"或"6"的年份进行统计基本单位普查。

（2）规定统一的标准时点。标准时点是指对被调查对象登记时所依据的统一时点。例如,我国第五次人口普查的标准时点为 2000 年 11 月 1 日零时,就是要反映这一时点上我国人口的实际状况;农业普查的标准时点定为普查年份的 1 月 1 日 0 时。

（3）规定统一的普查期限。在普查范围内各调查单位或调查点尽可能同时进行登记,并在最短的期限内完成,以便在方法和步调上保持一致,保证资料的准确性和时效性。

（4）规定普查的项目和指标。普查时必须按照统一规定的项目和指标进行登记,不准任意改变或增减,以免影响汇总和综合,降低资料质量。

普查收集的数据资料比较全面、系统、准确、可靠,因此它可以为抽样调查或其他调查提供基本依据。但普查涉及面广、工作量大、时间较长,而且需要大量的人力和物力,组织工作繁重,一般不宜经常举行。普查适于搜集某些不能或不宜定期搜集的统计资料,以摸清重大的国情、国力。

2）抽样调查

抽样调查是一种非全面调查,它是按照随机原则从总体中抽取一部分单位作为样本进行观察研究,以抽样样本的指标去推算总体指标的一种调查。抽样调查同其他调查比较,既能节省人力、物力、财力,又可以提高资料的时效性,而且能取得比较准确的全面统计资料。因此,这种调查方法在市场经济条件下,使用非常广泛。详细内容将在项目四中介绍。

3）重点调查

重点调查是一种非全面调查,它是在全部单位中选择一部分重点单位进行调查,以取得统计数据的一种非全面调查方法。这些重点单位虽然数目不多,但就调查的标志值来说,它们在总体中却占了绝大部分比重,能够反映出整个研究对象的基本情况,因此,当调查任务只要求对总体的基本情况进行了解,而部分重点单位又能集中反映所研究的问题时,便可采用重点调查的方式。例如,要了解全国钢铁生产的增长情况,只要对全国为数不多的大型钢铁企业的生产情况进行调查,就可以掌握我国钢铁生产的基本情况了。

重点调查具有投入少、调查速度快、所反映的主要情况或基本趋势比较准确的特点,因此,重点调查通常用于不定期的一次性调查,但有时也用于经常性的连续调查。

4）典型调查

典型调查是一种非全面调查,它是根据调查的目的与要求,在对被调查对象进行全面了解的基础上,有意识地选择若干具有典型意义的或有代表性的单位进行的调查。

典型调查既可以补充全面调查的不足,又可以在一定条件下可以验证全面调查数据的真实性。典型调查具有灵活机动的特点,还能够取得深入、详实的统计资料。但是,这种调查由于受"有意识地选出若干有代表性"的限制,在很大程度上受人们主观认识的影响。因此,必须同其他调查方法结合起来使用,才能避免出现片面性。

【例 2-1】 判断题:普查是我国取得全面统计资料的主要方法。　　　　　（　　）

答案　错,普查是取得全面统计资料的方法之一,但由于涉及面广,工作量大,一般不宜经常举行,因此,我国取得全面统计资料的主要方法是统计报表。

（二）统计调查按调查对象包括的范围不同,可分为全面调查和非全面调查

1. 全面调查

全面调查是对构成调查对象的所有单位都进行调查,借以了解调查对象总体数量特征的调查方式。例如,人口普查、经济普查、工业企业普查等都是全面调查。这种调查能掌握所有调查单位的全面情况,但需要耗费较大的人力、物力和财力。

2. 非全面调查

非全面调查是对调查对象中的一部分单位进行调查,借以了解调查对象总体数量特征的调查方式。非全面调查的调查单位少,可以用较少的人力、物力和财力调查了解较多的内容,如抽样调查、重点调查、典型调查都是非全面调查。

(三)统计调查按调查登记的时间是否连续,可分为经常性调查和一次性调查

1. 经常性调查

经常性调查是指随着研究对象的变化,连续不断地进行调查,用以说明现象的发展过程,体现现象在一定时期的总量。如工业企业总产值、产品产量、原材料消耗量、商品销售量等,体现在一段时期内连续观察的结果。经常性调查所得资料是现象在一段时间总量,通常用于时期指标的调查。

2. 一次性调查

一次性调查是指间隔一定时间对研究现象的不连续调查,用来说明现象在某一时点上的状况。一次性调查并不意味着只能对现象调查一次,只是没有必要进行经常性的调查,如人口数、机器设备台数、商品库存量等资料短期内变化不大,没有必要连续登记资料。一次性调查所得资料是现象在某一瞬间所达到的水平,通常用于时点指标的调查。

四、统计资料的搜集方法

无论采用哪种调查方式进行调查,在调查时都需要采用统计资料的搜集方法。常用的搜集方法可分为访问法、报告法和观察与实验法三大类。

1. 访问法

访问法也称采访法或询问法,是由调查人员提问,被调查者回答来获取资料的方法。访问法的具体方式有多种,如顾客满意度调查,可以是集体访问,也可以是个别访问;可以是入户访问,也可以是街头访问;可以是面谈访问,也可以是电话访问、邮寄访问、电脑辅助电话访问、互联网访问等。

2. 报告法

报告法也称报表法,是指被调查者按照调查者的要求,根据自己的实际情况如实填报调查内容,以信函、传真、计算机网络等方式向调查者报送资料的方法。我国现行的统计报表制度采用的正是该种方法。该方法对调查者来讲比较省时、省力,但资料的真实性取决于被调查者的配合程度,如果对被调查者没有一定的约束机制,就容易产生虚报、瞒报的现象。

3. 观察与实验法

观察与实验法是调查者通过直接的观察或实验获得数据的一种方法。直接观察法是指就调查对象的行动和意识,调查人员边观察边记录以搜集信息的方法。

空间遥感统计调查法也是一种观察调查法,也称卫星遥感统计调查,它是现代高科技用于统计调查的一种方法。具体来说,它是依靠现代测量手段,以地理信息系统和全球定位系统为基础,再根据不同的调查对象,加载不同的卫星遥感信息,在经过计算机处理后,得到所需要的图形及调查数据的一种调查方法。空间遥感统计调查法与其他统计调查方法相比,更科学、及时、准确、客观,目前在对我国农作物产量的估计中应用了空间遥感统计调查法。

各种搜集资料的方法都有各自的优点和缺点，以及各自的应用条件，要根据调查对象的特点、研究目的和任务及统计调查的条件选择采用。

【统计·视界】

14亿人口普查大揭秘

任务二　统计调查方案的设计

一、统计调查方案设计的意义

统计调查是一项复杂细致的工作，具有高度的科学性和群众性。一项全面的统计调查，往往需要组织成千上万的工作人员参加，没有科学的、严密的工作计划和实施措施，要取得预期的效果是不可能的。在统计调查工作正式开始之前，应当事先设计一个切实可行、周密细致的统计调查方案，以指导整个调查工作，使调查得以顺利地实施和完成。

统计调查方案是统计调查前所制订的实施计划，是全部调查过程的纲领性文件，是统计调查工作有计划、有组织、有系统地进行的保证。

二、统计调查方案设计的主要内容

设计一个完整的统计调查方案一般应包括以下主要步骤。

（一）确定调查的目的与任务

设计调查方案中要先明确调查的目的与任务。调查目的是调查所要达到的具体目标，它所回答的是"为什么调查""要解决什么样的问题"。调查的目的与任务不同，调查的内容与范围也不同。只有确定了调查的目的与任务，才能确定向谁调查、调查什么、采用什么方法进行调查。如果调查目的与任务不明确，取得的资料可能不是需要的，或者口径范围不一致，难以进行整理，得不出综合概念与结论，这样，不仅浪费人力、物力、财力，而且延误工作。

（二）确定调查对象、调查单位和报告单位

确定调查对象和调查单位就是要确定"向谁调查""由谁来提供"所需数据的问题。调查对象是根据调查的目的而确定的调查研究总体；调查单位是指所要调查的具体单位，即构成调查单位中的每一个单位，是我们搜集数据、分析数据的基本单位。例如，要了解银行的经营状况，则所有的银行是调查对象，每一家银行都是调查单位。

报告单位也称填报单位，它是负责向上报告调查内容，提交统计资料的单位。报告单位一般是在行政上、经济上具有一定独立性的单位，而调查单位可以是人、企事业单位，也可以

是物。根据调查目的与任务,调查单位与报告单位有时一致,有时不一致。例如,在工业普查时,调查单位是每一个工业企业,报告单位也是每一个工业企业,此时两者是一致的;而在对工业企业设备普查时,调查单位是工业企业的每一台设备,而报告单位则是每一个工业企业,此时,两者是不一致的。

(三)确定调查项目和调查表

调查项目是调查中所要了解的具体内容,是所要反映的调查单位的特征(标志)。它可以是调查单位的数量特征,如一个人的身高、体重,一家企业的产量、产值等;也可以是调查单位的某种属性或品质特性,如一个人的性别、职业,一家企业所属的行业类别等。调查项目确定后,必须通过调查表将资料搜集上来。

调查表是将调查项目按一定顺序排列的一种表格形式。调查表一般由表头、表体、表脚构成。

表头:用来说明调查表的名称、编号、填报单位名称、隶属关系等。

表体:是调查表的主体部分,包括被调查者的基本情况、调查项目等。

表脚:包括被调查者单位填报人签名、盖章,以及报表填报日期等。

调查表一般有两种形式:单一表和一览表。

单一表是将一个调查单位的项目登记在一份表或一张卡片上。调查项目多、调查单位少时采用单一表便于容纳较多的项目,采用单一表优点是便于整理、分类,缺点是繁琐。

一览表是把许多调查单位和相应的项目按次序登记在一张表格里。调查项目不多,调查单位多时采用一览表,采用一览表其优点是便于汇总,可节省人力、物力与时间,缺点是项目分不开,调查深度不够。

调查时应采用哪种表式,需根据调查的目的和任务而定。利用调查表,能够有条理地搜集到所需要的资料,便于资料汇总整理。

(四)确定调查时间和调查期限

统计调查时间包括两种含义,即调查时间和调查期限。

调查时间是指调查资料所属的时间。在统计调查中,有的资料所反映的现象是在某一时点上的状态,这时必须规定统一的时点;有的资料所反映的现象是在某一时期内发展过程的结果,则必须明确所要搜集的资料所属时期的起止时间。例如,我国第七次人口普查的调查标准时点是 2020 年 11 月 1 日零点。

调查期限是指进行调查工作的时限,即调查工作的起止时间,它包括搜集资料和报送资料的工作所需要的时间。为保证资料的时效性,调查时限应尽可能地缩短。

【例 2-2】 多项选择题:某市财政局规定:市属工业企业 2023 年年报必须于 2024 年 1 月 31 日前报送,则调查时间是(　　),调查期限是(　　)。

  A. 1 年   B. 1 个月   C. 1 年零 1 个月

答案与解析 本次调查的资料是 2023 年年报,资料所属时间为 2023 年全年,而年报的理论报送时间必须从 2024 年 1 月 1 日零时起,而财政局规定的结束时间为 2024 年 1 月 31 日。因此,调查时间为 2023 年全年(A 1 年);调查期限为 2024 年 1 月 1 日至 1 月 31 日(B 1 个月)。

(五)制订调查实施和组织计划

为了保证整个统计调查工作顺利进行,在调查方案中还应该有一个考虑周密的组织实施计划。调查工作的组织计划包括建立调查机构,组织与培训调查人员,确定调查步骤,明确调查方式、方法及调查地点,落实调查经费的来源与经费使用计划,确定调查资料的报送方法和公布调查结果的时间等。

任务三　统计数据资料的整理

一、统计数据资料整理的必要性

通过统计调查取得的第一手资料,是统计研究的基础,但这种资料是分散的、零碎的、不系统的,只能反映总体单位具体情况,用于反映总体的特征。要说明总体情况,揭示总体的内在特征,还需要对这些资料进行加工整理,使之系统化、体系化,以便通过综合指标对总体作出概括性的说明。

统计数据资料整理可以是指根据统计研究的目的要求,对统计调查所取得的各项资料进行科学的分组和汇总的工作过程,也可以是指对已整理过的资料(包括历史资料)进行再加工的过程。

统计数据资料整理是整个统计工作和研究过程的中间环节,起着承前启后的作用,是统计调查的继续,也是统计分析的基础。统计调查所搜集到的资料,只有通过科学的审核、分类、汇总等整理工作,才能实现由个别到全体、由特殊到一般、由现象到本质、由感性到理性的转化,才能从整体上反映出事物的数量特征。统计数据资料整理还是积累历史资料的必要手段。统计研究中经常要用动态分析,这就需要有长期积累的历史资料,而根据积累资料的要求,对已有的统计资料进行筛选,以及按历史的口径对现有的统计资料重新调整、分类和汇总等,都必须通过统计整理工作来完成。

二、统计数据资料整理的内容

(一) 统计资料的审核

对统计资料的数据资料进行审核是统计数据资料整理的第一步,包括以下内容。

1. 审核资料的完整性和及时性

审核资料的完整性,就是看调查单位或填报单位是否齐全,规定的项目是否都有答案,应报资料的份数是否符合规定。审核资料的及时性,是看填报单位是否按时报送了有关资料。对不报、漏报或迟报的现象都要及时查清。

2. 审核资料的正确性

审核资料的正确性,是检查所填报的资料是否准确可靠。常用的审核方法有两种:

(1) 逻辑检查。先从理论上或常识上检查资料是否有悖常理、有无不切实际或不符合逻辑的地方。例如,一张调查表中,年龄是 9 岁,职业是教师,其中必有一个是错误的。又如,若在某劳动密集型行业的报表中,企业规模为大型,而职工人数则是 100 人,其中也必有一错。须检查各项目之间有无相互矛盾的地方。再如,企业的净产值大于同期总产值就是明显的逻辑错误。

(2) 计算检查。即检查各项指标的计算口径、计量单位是否符合规定,并通过各种计算方法来检查各指标间的数字是否相互衔接。

3.历史资料的审核

在利用历史资料(或其他间接资料)时,应审核资料的可靠程度、指标含义、所属时间与空间范围、计算方法和分组条件等与规定的要求是否一致,对不能满足要求、有缺漏或有疑问的资料,要进行有科学根据的推算、弥补和订正。

(二)统计资料的分组和汇总

根据研究目的和统计分析的需要,选择整理的标志,并进行划类分组,在分组的基础上,将各项资料进行汇总,得出反映各组和总体数量特征的各种指标。

(三)将汇总的结果编制成统计表,绘制成统计图

通过编制统计表和绘制统计图,将整理出的资料简洁明了、系统有序地显示出来。

(四)统计资料的积累、保管和公布

一般将汇总的统计资料存入数据库,若有条件,可以把原始数据一并存入数据库,以便进一步加工,用于特定的课题研究。

【统计·新声】

15道"红线"划重点!

任务四 统 计 分 组

一、统计分组的含义

统计分组是指根据社会经济现象的特点和统计研究的目的、要求,按照一定的标志把总体划分为若干不同性质的组或类型。统计分组的对象是总体,统计分组的标志可以是品质标志,也可以是数量标志。

二、统计分组的原则

为了保证分组的科学性,统计分组要遵循周延性原则和互斥性原则。

周延性原则是指各分组的空间必须容纳所有个体单位,即总体中的每一个个体都必须有组的归属,如劳动者按文化程度分组,若只分为小学毕业、中学毕业和大学毕业三组,那么,未上过小学的以及大学以上文化程度的劳动者就无组可归。这种分组未遵循周延性原则。

互斥性原则是指在特定的分组标志下,总体中的任何一个单位不能同时归属于几个组,

而只能归属于某一组。例如,把鞋子分为男鞋、女鞋、童鞋三类,就不符合互斥原则,因为童鞋也有男鞋与女鞋之分。

三、统计分组的作用

统计分组是统计整理的主要方法,统计分组的作用主要有以下三个方面。

(一)划分社会经济现象的类型

要了解各种社会经济现象的性质、特点及其相互关系,必须按某种标志把它们划分为性质不同的部分。例如,产业可以划分为第一产业、第二产业、第三产业,经济类型可以划分为国有、集体、民营、合营、个体、外资、中外合资等多种类型。

表 2-1 列示了某地区 2022 年三大产业增加值基本情况。

表 2-1　　　　　　　　　　　　某地区 2022 年三大产业增加值

产业类别	增加值(亿元)	增加值增长率
第一产业	133.65	2.55%
第二产业	7 177.39	6.47%
第三产业	7 539.78	3.98%
合计	14 850.82	5.15%

(二)揭示社会现象的内部结构

总体的内部结构可体现部分与整体的关系以及各部分之间存在的差别和相互联系,反映事物从量变到质变的过程,帮助人们掌握事物的特征,认识事物的性质。

表 2-2　　　　　　　　　2018—2022 年某地区生产总值三大产业构成表

年份	第一产业	第二产业	第三产业	合计
2017	1.30%	47.06%	51.64%	100%
2018	1.12%	47.40%	51.48%	100%
2019	1.04%	47.27%	51.70%	100%
2020	1.04%	46.36%	52.60%	100%
2021	0.92%	47.73%	51.34%	100%
2022	0.90%	48.33%	50.77%	100%

从表 2-2 可以看出该地区生产总值中三大产业构成的变化,看出该地区经济发展水平和经济结构的变化。

(三)分析现象之间的依存关系

社会经济现象不是孤立存在的,各现象之间存在广泛的联系和制约关系,一种现象的变化通常是另一种现象变化的原因或结果。统计分组可以揭示现象之间的依存关系,如某地区粮食单位面积产量与施肥量的关系。

表 2-3 中按化肥施肥量分组,再计算各组的粮食单位面积产量,可以反映粮食产量与化

肥施肥量之间的依存关系。随着化肥施肥量的增加,粮食单位面积产量也随之增加。

表 2-3 施肥量与农作物产量关系列表

化肥施肥量(千克)	粮食单位面积产量(千克/万平方米)
201.5	5 655
231.0	6 238
267.0	6 792
294.0	7 219
307.0	6 976
327.0	7 123

统计分组是统计研究的基础,应用于统计工作的全过程,是统计研究的基本方法之一。

四、分组标志的选择

分组标志不仅影响分组的科学性与统计资料整理的准确性,而且也影响统计分组结果的真实性,因此正确选择分组标志是进行统计分组的关键。为了正确选择分组标志,必须遵循以下三条原则。

1. 要选择符合统计研究目的和要求的标志

根据研究目的,正确选择分组标志是保证统计分组具有科学性的关键,是保证统计研究获得正确结论的前提。例如,要了解学生的学习情况,就要以"成绩"作为分组标志,而不能用"性别""年龄""体重"作为分组标志。

2. 必须选择能够反映事物本质和特征的标志作为分组依据

社会经济现象纷繁复杂,说明同一问题可能有若干个相关标志,在进行分组时,应选择最能反映事物本质特征的标志。例如,研究城镇居民家庭生活水平状况,能反映居民家庭生活水平的标志有:家庭人口数、就业人口数、每一就业者负担人数(含本人)、家庭年收入、平均每人年收入等。其中最能反映居民家庭生活水平状况的标志是"平均每人年收入",所以应选择这一标志作为分组标志。

3. 要考虑社会经济现象所处的具体历史条件和经济条件

社会经济现象随着时间、地点、条件的变化而发生变化,其标志的内涵也会发生变化。同一分组,在过去适用,现在就不一定适用;在这一场合适用,在另一场合就不一定适用。例如,对最低生活水平的确定,就不能沿用 20 世纪 90 年代的标准,而应根据目前的生活水平状况制定标准,然后再进行分组。结合研究对象所处的历史条件、经济条件选择分组标志,这样可以保证分组标志在不同时间、不同场合的适用性。

五、统计分组的种类

1. 按分组标志性质不同,分为品质标志分组和数量标志分组

按品质标志分组是指选择反映事物属性差异的品质标志作为分组标志进行分组。例如,企业按经济类型、行业分组;人口按性别、民族分组;大学生按专业分组等。这种分组可以反映总体的构成和不同属性事物在总体中的地位和作用。

按数量标志分组是指选择反映事物数量差异的数量标志作为分组标志进行分组。例如,企业按工人数、产值、产量等标志进行分组;居民家庭按子女人数分组,可分为 0(无子女)、1 人、2 人、3 人,等等。

2. 按分组标志的多少,分为简单分组与复合分组

简单分组是按照一个分组标志对所研究的对象进行分组。例如,人口按性别分为男、女两组。

复合分组是按照两个或两个以上的分组标志对所研究的对象进行层叠分组。这种分组,先按第一个分组标志对所研究对象进行分组,然后再按第二个分组标志进一步分组,再次层叠地按第三个分组标志分成更小的组。例如,表 2-4 是对某高校教师进行的复合分组。

表 2-4　　　　　　　　　某高校教师的复合分组表

第一标志(职称)	第二标志(年龄)	第三标志(性别)
高级职称 (教授、副教授)	45 岁以上	男
		女
	45 岁以下	男
		女
非高级职称 (讲师、助教)	45 岁以上	男
		女
	45 岁以下	男
		女

任务五　次数分布数列

确定分组标志和分组方法后,就要编制次数分布数列,以显示出分组的结果。

一、次数分布数列的概念

在统计分组的基础上,将总体中所有单位按组归类整理,形成总体中各单位数在各组间的分配,称为次数分配。将各组组别与次数依次排列而形成的数列叫次数分布数列,又称分配数列。

二、次数分布数列的编制

(一)品质数列的编制方法

按照品质标志进行分组形成的品质数列,反映不同属性的各组次数在总体中的分布状况,它由各组名称、各组频数或频率组成。例如,中国体育代表团在悉尼奥运会上获金牌的项目如表 2-5 所示。

表 2-5   中国体育代表团在悉尼奥运会上获金牌的项目

获金牌项目	金牌数（枚）	占总数比重
跳水	8	0.200 0
举重	5	0.125 0
乒乓球	5	0.125 0
射击	5	0.125 0
拳击	3	0.075 0
游泳	2	0.005 0
竞技体操	2	0.005 0
羽毛球	2	0.005 0
皮划艇静水	2	0.005 0
花样游泳	2	0.005 0
田径	1	0.002 5
艺术体操	1	0.002 5
网球	1	0.002 5
自由式小轮车	1	0.002 5

（二）变量数列的编制方法

按照数量标志进行分组形成的变量数列,反映不同变量值的各组次数在总体中的分布状况,它由各组变量值和各组次数组成。由于数列中每组变量值的多少及取值范围不同,变量数列可分为单项数列和组距数列两种。

分组标志的变量有两类:离散变量和连续变量。离散变量的变量值数目不多时,编制成单项式数列,变量值数目很多时,编制成组距数列;连续变量一般编制成组距数列。但有些变量本质上是连续的,而在实践中常常以整数计量,如年龄用"岁",工资用"元"等,这时可以按离散变量处理。

1. 单项数列的编制

单项数列是指每一个组只有一个变量值的数列。

【例 2-3】 已知某车间有 20 名工人生产 A 产品,他们的日产量(件)分别是:20,23,20,24,23,21,22,20,21,21,22,22,23,22,22,24,21,22,21,23。要求:根据以上资料编制变量数列。

答案与解析 编制结果如表 2-6 所示。

表 2-6   变 量 数 列

项目	日产量（件）	工人数（人）	比重
A 产品	20	3	15%
A 产品	21	5	25%
A 产品	22	6	30%
A 产品	23	4	20%
A 产品	24	2	10%
合计	110	20	100%

2. 组距数列的编制

组距数列是指每个组的变量值用一个区间来表现的变量数列。变量数列的编制，主要是组距数列的编制。

在编制过程中，一定要处理好如下几个问题。

1）组距、全距、组数、组中值

组距是各组上下限之间的距离，即各组最大标志值和最小标志值之差：

$$组距＝上限－下限$$

全距是全部变量值中最大值与最小值的差：

$$全距＝最大值－最小值$$

组数是指某个变量数列划分为几组。在等距分组的条件下：

$$组数＝\frac{全距}{组距}$$

确定组数与组距要掌握以下两个原则：考虑各组的划分能否区分总体内部各组成部分的性质差别；能否准确地、清晰地反映总体单位的分布特征。例如，按百分制成绩分组，必须要有 60 分的组限。

组中值是指上下限之间的中点数值，计算公式为：

$$组中值＝\frac{上限＋下限}{2}$$

或：

$$组中值＝下限＋\frac{组距}{2}$$

或：

$$组中值＝上限－\frac{组距}{2}$$

在计算平均指标或进行其他统计分析时，常以组中值来代表各组标志值的平均水平。当各组标志值均匀分布时，组中值代表各组标志值的水平，其代表性就高；反之，就低。

2）频数与频率

各组的单位数叫频数。频数越大，该组的标志值对总体标志水平所起的作用就越大；频数越小，该组的标志值对总体标志水平所起的作用就越小，因此频数实际上是各组标志值的加权，是权衡各组作用大小的值。

各组的单位数与总体单位总数之比叫频率，也称比重。频率表明各组标志值出现的概率的大小。频率具有以下两个性质：各组频率都是介于 0 和 1 之间；各组频率之和等于 1。

3）等距数列与异距数列

等距数列是指各组组距相等的数列，当标志值变动比较均匀时采用等距分组。例如，工人的年龄、工龄、工资的分组；零件尺寸的误差、加工时间的分组等。等距分组便于绘制统计图,也便于进行各类运算。

异距数列是指组距不相等的数列,当标志值分布很不均匀时采用异距分组。例如,学生成绩如果密集于某一范围,如在 60～80 分之间,其他部分分布十分稀少,在这种场合若仍以 10 分为组距进行等距式分组,则无法显示出分布的规律性。此时,在分布密集的区间内使用较短的组距,在分布稀少的其余部分使用较长的组距,形成各组组距不相等的异距数列。

组距数列中还可以区分闭口数列与开口数列。闭口数列是指首末两组的上、下限齐全的数列;开口数列是指首组组距缺下限或末组组距缺上限的数列。

【例 2-4】 根据抽样调查,某月某市 50 户居民购买消费品支出资料如下(单位:元)。采用等距分组对该市居民的消费支出情况进行分析。

830,880,1 230,1 100,1 180,1 580,1 210,1 460,1 170,1 080,1 050,1 100,1 070,1 370,1 200,1 250,1 360,1 270,1 420,1 180,1 030,870,1 150,1 410,1 170,1 230,1 260,1 380,1 510,1 010,860,810,1 130,1 140,1 190,1 260,1 350,930,1 420,1 080,1 010,1 050,1 250,1 160,1 320,1 380,1 310,1 270,1 250,1 610。

答案与解析 对上述资料采用等距分组,分为 8 组,组距为 100,以 800 为第一组下限。经过整理,得出计算结果如表 2-7 所示。

表 2-7   某市 50 户居民某月购买消费品支出情况表

按户月消费品支出额分组	频数(户)	频率
800～900(含)元	5	0.10
900～1 000(含)元	1	0.02
1 000～1 100(含)元	8	0.16
1 100～1 200(含)元	11	0.22
1 200～1 300(含)元	11	0.22
1 300～1 400(含)元	7	0.14
1 400～1 500(含)元	4	0.08
1 500 元以上	3	0.06
合 计	50	1.00

表 2-7 中第一列是变量,第二列是各组出现的次数,即频数,各组频数之和等于总体单位数,第三列是频率,频率反映了各组频数的大小对总体所起的作用的相对强度,它是各组频数与总体单位总和之比。通过对总体各单位分组而形成变量数列,显示了各单位标志值在各组间的分布状况,从而使杂乱无章的原始数据显示出一定的规律性。从表 2-7 可以看出,月消费品支出额在 1 000～1 300 元的居民户占全部户数的 60%,而低支出和高支出居民户所占比重较小,呈现出一种近似"两头小,中间大"的钟形分布特征。

4)较大制累计与较小制累计

较大制累计又称为向下累计,一般可理解为大于本组下限的各组的累计次数或累计频率;而较小制累计又称为向上累计,一般可理解为小于本组上限的各组的累计次数或累计频率。

任务六 统 计 表

统计调查所得来的原始资料,经过整理,得到说明社会现象及其发展过程的数据,把这些数据按一定的顺序排列在表格中,就形成"统计表"。统计表是表现数字资料整理结果的最常用的一种表格。

一、统计表的结构

统计表的结构,可以从表式和内容两个方面来认识。

(一) 表式上的统计表结构

从表式上看,统计表是由纵横交叉的线条组成的一种表格,表格包括总标题、横行标题、纵栏标题和指标数值4个部分。

(1)总标题是统计表的名称,它扼要地说明表的基本内容,并指明时间和范围。它置于统计表格的正上方。

(2)横行标题通常也称为统计表的主栏,它表明研究总体的组成部分,一般放在表格的左方。

(3)纵栏标题通常也称为统计表的宾栏,它表明总体特征的统计指标的名称,一般放在表格的上方。

(4)指标数值是列在横行和纵栏的交叉处,用来说明总体及其组成部分的数量特征,它填写在统计表格的核心部分。

(二) 内容上的统计表结构

从内容上看,统计表由主词栏和宾词栏两个部分组成,如表2-8所示。

表2-8　　　　　　　　　2023年某市就业人口分布(总标题)

产业	就业总人口	
	绝对数(万人)	比重
总计	1 200	100.0%
第一产业	400	33.3%
第二产业	500	41.7%
第三产业	300	25.0%

主词栏　　　　　　　　　　宾词栏

(1)主词栏是统计表所要说明的总体及其组成部分,一般都列在表的左半部分。

(2)宾词栏是统计表用来说明总体数量特征的各个统计指标及其数值,一般都列在统计表的右半部分。

二、统计表的设计

为了使统计表简练、明确、实用、美观,设计统计表时应注意以下问题:

(1) 统计表应设计成由纵横交叉线条组成的长方形表格,长与宽之间保持适当的比例。

(2) 线条的绘制。表的上下两端应以粗线绘制,表内纵横线以细线绘制;表格的左右两端一般不画线,采用"开口式"。

(3) 合计栏的设置。统计表各纵列需合计时,一般应将"合计"列在最后一行;各横行若需合计时,可将"合计"列在最前一栏或最后一栏。

(4) 栏数的编号。如果栏数较多,应当按顺序编号,习惯上主词栏部分分别编以"甲、乙、丙、丁……"等序号,宾词栏编以"(1)(2)(3)…"序号。

(5) 标题设计。无论是总标题,还是横栏、纵栏标题,都应简明扼要,简练而又准确地表述出统计资料的内容及所属的时间和空间范围。

(6) 指标数值。表中数字应填写整齐,对准位数。当数字本身为 0 或因数字太小而忽略不计时,可填写为"0";当缺某项数字资料时,可用符号"…"表示;不应有数字时用符号"—"表示,如品质标志值的合计项目。

(7) 计量单位。统计表必须注明数字资料的计量单位。当全表只有一种计量单位时,可以把它写在表头的右上方。如果表中各栏的指标数值计量单位不同,可在横行标题后添一列计量单位。

(8) 注解与资料来源。为保证统计资料的科学性与严肃性,在统计表下,应注明资料来源,以便考查。必要时,在统计表下加注说明。

课后练习题

一、单项选择题

1. 在国有工业企业设备普查中,每一个国有工业企业是(　　)。

A. 调查对象　　　　B. 调查项目　　　　C. 报告单位　　　　D. 调查单位

2. 调查时间是(　　)。

A. 调查工作的期限　　　　　　　　B. 调查资料所属时间

C. 标准时间　　　　　　　　　　　D. 调查登记的时间

3. 抽样调查与其他非全面调查方式的主要区别是(　　)。

A. 作用不同　　　　　　　　　　　B. 取得的资料不同

C. 选取调查单位的方法不同　　　　D. 组织的方式不同

4. 对某地区商业网点的从业人员状况进行调查,调查对象是(　　)。

A. 所有的商业网点　　　　　　　　B. 每一个商业网点

C. 所有商业网点的从业人员　　　　D. 商业网点中每一个从业人员

5. 下列分组中,按品质标志分组的是(　　)。

A. 人口按年龄分组　　　　　　　　B. 产品按等级分组

C. 家庭按收入水平分组　　　　　　D. 企业按职工人数分组

6. 调查大庆、胜利、中原等几个大油田,以了解我国石油工业生产的基本情况,这种调查的组织方式属于(　　)。

A. 典型调查　　　　B. 抽样调查　　　　C. 普查　　　　　D. 重点调查

7. 统计调查中搜集的资料是(　　)。

A. 次级资料　　　　　　　　　　B. 原始资料

C. 原始资料和次级资料　　　　　D. 第一手资料

8. 在建筑业设备普查中,每个建筑企业是(　　)。

A. 调查对象　　　　B. 报告单位　　　　C. 调查单位　　　D. 调查项目

9. 一项调查是否属于全面调查,关键看其是否(　　)。

A. 对调查对象的各方面都进行调查

B. 对组成调查总体的所有单位逐一进行调查

C. 制定统计调查方案

D. 采用多种调查方法

10. 随着事物在时间上的发展变化而连续不断地进行登记的调查是(　　)。

A. 统计报表制度　　B. 一次性调查　　　C. 经常性调查　　D. 全面调查

11. 下列调查中,属于全面调查的是(　　)。

A. 就全国钢铁生产中的重点单位进行调查

B. 全国人口普查

C. 到某棉花产区了解棉花收购情况

D. 对全国铁路交通枢纽站的货运情况进行调查

12. 下列调查中,不属于按品质标志分组的是(　　)。

A. 人口按地区分组　　　　　　　B. 人口按性别分组

C. 人口按年龄分组　　　　　　　D. 人口按文化程度分组

13. 按连续变量分组,第一组 55～65,第二组 65～75,第三组 75～85,第四组 85 以上,则数据(　　)。

A. 65 在第一组　　　B. 75 在第二组　　C. 75 在第三组　　D. 85 在第三组

14. 第六次人口普查是(　　)。

A. 一次性调查　　　　　　　　　B. 经常性调查

C. 重点调查　　　　　　　　　　D. 典型调查

15. 下列调查中,属于经常性调查的是(　　)。

A. 对 2024 年大学生毕业分配状况的调查

B. 对近年来物价变动情况进行一次摸底的调查

C. 对全国人口每隔 10 年进行一次的普查

D. 按月上报的钢铁产量

16. 按数量标志分组时,各组变量值中的最大值称为(　　)。

A. 组距　　　　　　B. 上限　　　　　　C. 下限　　　　　D. 组限

17. 在连续变量数列中,其末组为开口组,下限是 1 000,相邻组的组中值为 975,则末组的组中值为(　　)。

A. 1 050　　　　　　B. 987.5　　　　　　C. 1 000　　　　　D. 1 025

18. 在下列变量中,只能编制组距式变量数列的是(　　)。

A. 职工人数　　　　　　　　　　B. 产品的重量

C. 职工工资　　　　　　　　　　D. 人口年龄

19. 对某省高校学生课余时间打工情况进行调查,调查单位是(　　)。

A. 该省所有高校学生　　　　　　B. 该省每个高校学生

C. 该省所有高校每个学生　　　　D. 该省每所学校

20. 下列调查中,调查单位与报告单位一致的是(　　)。

A. 企业设备调查　　　　　　　　B. 人口普查

C. 农村耕畜调查　　　　　　　　D. 工业企业状况调查

21. 统计分组的关键问题是(　　)。

A. 确定组距和组数　　　　　　　B. 确定全距和组数

C. 确定分组标志和划分各组界限　D. 确定组距和组中值

22. 在下列分组中,属于按品质标志分组的是(　　)。

A. 人口按年龄分组　　　　　　　B. 住户按人口多少分组

C. 企业按拥有的固定资产原值分组　D. 产品按等级分组

23. 对某综合大学的全体学生,首先按文科和理科分组,在此基础上再按性别分组,其分组结果如表2-9所示。

表2-9　　　　　　　　　　　　分 组 结 果

按学科分组	按性别分组
文科	男生、女生
理科	男生、女生

这样的分组属于(　　)。

A. 简单分组　　　　　　　　　　B. 复合分组

C. 平行分组　　　　　　　　　　D. 再分组

24. 有意识地选择若干企业的产值来估算该地区的产值,这是(　　)。

A. 普查　　　　B. 典型调查　　　　C. 抽样调查　　　　D. 重点调查

25. 某公司职工月奖金额最高为426元,最低为270元,据此资料分为6组,形成闭口式等距数列,则各组组距应为(　　)。

A. 71　　　　　　B. 26　　　　　　C. 348　　　　　　D. 156

26. 某企业职工按工资水平分为4组:500元以下;500～600元;600～700元;700元以上。第一组和第四组的组中值分别为(　　)。

A. 450元和750元　　　　　　　B. 500元和700元

C. 400元和800元　　　　　　　D. 500元和750元

27. 区分经常性调查和一次性调查的标准是调查时间是否具有连续性,具体说就是(　　)。

A. 调查时间的间隔是否相等　　　B. 调查时间间隔是否超过1年

C. 调查时间间隔有无规律性　　　D. 调查时间是一段时间还是某一时刻

28. 统计分类标准分为国家标准、行业标准、地方标准和企业标准,是按照分类标准(　　)不同划分的。

A. 适用范围　　　B. 方法　　　　C. 难易程度　　　D. 管理机构

29. 高等教育属于(　　)。

A. 第一产业　　　　B. 第二产业　　　　C. 第三产业　　　　D. 无法判断

30. 我国新的行业分类共包括(　　)个门类。

A. 15　　　　　　　B. 16　　　　　　　C. 17　　　　　　　D. 18

二、多项选择题

1. 某地区为了解 2024 年年末钢材的库存情况,向各有关单位颁发调查表要求填报,这种调查属于(　　)。

A. 统计报表制度　　　　　　　　B. 普查

C. 专门调查　　　　　　　　　　D. 经常性调查

E. 一次性调查

2. 在全国工业普查中,每个工业企业是(　　)。

A. 调查总体　　　　　　　　　　B. 调查单位

C. 调查对象　　　　　　　　　　D. 报告单位

E. 总体单位

3. 下列调查中,属于非全面调查的有(　　)。

A. 普查　　　　　　　　　　　　B. 重点调查

C. 典型调查　　　　　　　　　　D. 抽样调查

E. 全面统计报表

4. 统计调查表的形式有(　　)。

A. 单一表　　　　　　　　　　　B. 简单表

C. 分组表　　　　　　　　　　　D. 一览表

E. 复合分组表

5. 按搜集资料的方法不同,统计调查有(　　)。

A. 直接观察法　　　　　　　　　B. 跟踪法

C. 报告法　　　　　　　　　　　D. 采访法

E. 通讯法

6. 变量数列中的频率包括(　　)。

A. 表明各组标志值出现的概率的大小

B. 各组的单位数

C. 表明各组标志值对总体作用的强度

D. 将各组单位数与总体单位数对比的结果

E. 表明某种现象的正态分布

7. 对某校大学生的学习情况进行调查,则(　　)。

A. 调查对象是该校全部大学生

B. 调查对象是该校的每一个大学生

C. 调查单位是该校每个大学生

D. 调查单位是学生成绩

E. 调查项目是学生的成绩

8. 统计分组的关键有(　　)。

A. 统计人员的素质　　　　　　　B. 设计出科学的整理表

C. 正确选择分组标志　　　　　　D. 正确划分各组界限

E. 调查资料的准确性

9. 普查是一种( )。

A. 专门调查   B. 统计报表

C. 全面调查   D. 非全面调查

E. 一次性调查

10. 在下列各项中,属于品质数列的有( )。

A. 职工按性别分组的数列   B. 工人按工种分组的数列

C. 职工按工龄分组的数列   D. 企业按经济类型分组的数列

E. 企业按利润额分组的数列

11. 下列各项中,关于统计分组说法正确的有( )。

A. 是一种统计分析方法   B. 对总体而言是"分"

C. 对个体而言是"合"   D. 对个体而言是"分"

E. 对总体而言是"合"

12. 在等距分组中,下列说法正确的有( )。

A. 各组组距是相等的

B. 标志值的变动幅度在各组之间都是相等的

C. 标志值的变动在各组之间不一定相等

D. 标志值的变动幅度在各组之间是不相等的

E. 指标值的变动在各组之间不一定相等

13. 统计资料整理内容包括( )。

A. 对原始资料进行审查与检查

B. 对各项原始资料进行综合汇总

C. 将汇总结果分组

D. 将汇总结果编成统计表

E. 对统计资料进行系统积累

14. 指出表2-10的数列属于( )。

表 2-10   数 列

按日产量分组(件/人)	职工人数(人)
50~60(含)	30
60~70(含)	50
70~80(含)	20
合计	100

A. 品质标志分布数列

B. 变量次数分布数列

C. 组距变量分布数列

D. 等距变量分布数列

E. 单项式变量分布数列

15. 统计表组成部分的要素包括(　　)。

A. 总标题　　　　　　　　　　　B. 横行标题

C. 纵栏标题　　　　　　　　　　D. 分组类型

E. 数字资料

16. 在下列各数列中,属于变量数列的有(　　)。

A. 单项式数列　　　　　　　　　B. 品质数列

C. 等距数列　　　　　　　　　　D. 异距数列

E. 动态数列

17. 下列属于统计表设计要求的有(　　)。

A. 表的纵栏较多时,可按栏的顺序编号

B. 统计表的上下端线须用粗线或细线绘制

C. 表中某项数字免填,用"×"填满

D. 统计表中不应该有数字时用符号"—"表示

E. 符号"------"表示某项数字免填

18. 指出表 2-11 中的分组属于(　　)。

表 2-11　　　　　　　　　　　　　某单位职工构成情况

职称	男	女	合计
初级及以下	42	33	75
中级	35	12	47
高级	13	5	18
合计	90	50	140

A. 按品质标志分组　　　　　　　B. 按数量标志分组

C. 简单分组　　　　　　　　　　D. 复合分组

E. 平行分组

19. 统计资料整理方案应包括的内容是(　　)。

A. 确定汇总的指标和综合表

B. 确定分组的方法

C. 选择资料汇总形式

D. 确定资料的审查内容和方法

E. 编制统计分析表

20. 对原始资料进行审查的方法主要有(　　)。

A. 逻辑审查　　　　　　　　　　B. 比较审查

C. 分析审查　　　　　　　　　　D. 设置疑问框审查

E. 专家审查

三、填表

计算资料如表 2-12 所示,请计算并填空。

表 2-12   计　算　表

按日产量分组	人数（人）	比重	组中值	组距	向上累计次数	向下累计频率
20 以下	2					
20～30（不含）	6					
30～40（不含）	14					
40～50（不含）	16					
50	2					
合　计						

项目三

综合指标的分析

> 胸中有"数"……任何质量都表现为一定的数量,没有数量,也就没有质量。
>
> ——毛泽东
>
> 平均数、方差、标准差……这些看似简单的指标,实则是数据世界的"放大镜",让我们看清分布、比较差异、发现规律。本项目将带你学习如何洞察数据特征,正确解读各类统计量的实际意义。

项目内容

总量指标　　　　　　　相对指标
平均指标　　　　　　　标志变异指标

知识目标

理解总量指标的含义、特点;掌握总量指标的种类。
理解相对指标的含义;掌握相对指标的计算及使用。
理解平均指标的含义;掌握平均指标的计算及使用。
理解标志变异指标的含义;掌握标志变异指标的计算及使用。

能力目标

能正确辨析各类指标。
能够结合具体统计资料进行各类指标的分析。

素质目标

培养逻辑思维与对比分析的能力,提升用统计数据解读政策的能力。
从民生数据变化中感受国家高质量发展,坚定中国特色社会主义道路自信。

任务一 总 量 指 标

【例 3-1】 某校会计 2501 班有关资料如表 3-1 所示。

表 3-1　　　　　　　　　　某校会计 2501 班有关情况

性别	人数（人）	总分（分）	平均分（分）
男	12	900	75
女	20	1 600	80
合计	32	2 500	78.13

要求：根据表中资料确定统计总体、总体单位、统计指标和指标值。

答案与解析　从［例 3-1］中我们不难看出，这是一组 2501 班的某次考试成绩的简单汇总。在此研究目的下，统计总体为 2501 班的所有同学，总体单位为 2501 班的每一个同学，班级人数、总分、平均分为统计指标，表中的具体数值则为相应的指标值。

请思考

表 3-1 中指标属于何种类型？它们相互之间有何关系？

一、总量指标的含义

总量指标是反映一定时间、地点、条件下社会经济现象的总规模或总水平的统计指标，它以绝对数表示，因此也称为绝对数指标。［例 3-1］中班级人数是反映班级规模的总量指标，而总分则是在一定程度上反映学生学习水平的总量指标。

总量指标有两个特点：一是只有有限总体才能计算总量指标；二是总量指标的数值大小随总体范围的大小不同而增减。在［例 3-1］中，构成班级总体的个体（学生）的人数是有限的，因此这是一个有限总体，班级总分、班级人数等指标才能得以汇总计算；当然，当总体范围从班级扩展至年级、学校时，所包含的个体（学生）的人数也会随之而扩大。

总量指标是认识社会经济现象的起点，是进行经济管理的重要依据，是计算其他综合指标的基础。

二、总量指标的种类

（一）按反映总体的内容不同，可分为总体单位总量和总体标志总量

总体单位总量是指构成总体的总体单位的个数，简称单位总量或总体单位数。它一般用来反映总体本身规模的大小，如学生人数、企业数、设备台数等。

总体标志总量是指总体单位某种标志值的总和，简称标志总量。它一般用来反映总体外延的某一数量方面的规模或水平，如总产值、工资总额、商品销售额等。

在［例 3-1］中，班级人数是反映构成班级这个总体的个体（学生）的个数的统计指标，是一

个总体单位总量;班级总分是由班中每一个同学的成绩汇总产生的,是一个总体标志总量。

总体单位总量和总体标志总量并不是固定不变的,它们随着研究目的的不同和研究对象的变化而变化。

(二) 按反映的时间状况不同,可分为时期指标和时点指标

时期指标是反映社会现象在一段时间内发展变化的累计总量,也称为流量。

时期指标有如下特点:时期指标的指标值有可加性;时期指标的指标值与时间长短有直接关系;时期指标的指标值通常要通过经常性调查取得。

时点指标是反映社会经济现象在某一时刻上的总量,也称为存量。

时点指标也有如下特点:时点指标的指标值不能直接相加或相加没有意义;时点指标的指标值与时间长短无直接联系;时点指标的指标值通常要通过一次性调查取得。

在[例 3-1]中,班级人数与时间长短无直接联系,因此是一个时点指标。

请思考

总分是时期指标还是时点指标?

三、总量指标的计量单位

总量指标是反映社会现象经济总体的数量方面特征的初始数据资料,因此要用计量单位来表示。根据研究对象的特点、性质和作用,总量指标的计量单位一般有三种:实物单位、货币单位和劳动单位。

1. 实物单位

实物单位是反映事物使用价值的计量单位,它有自然单位、度量衡单位、双重单位、复合单位和标准实物单位等。常用的有自然单位和度量衡单位。

自然单位是按照事物的自然属性来表现其数量的计量单位,如人口以人为单位,机器设备以台为单位等;而度量衡单位是以长度、重量、面积、体积等度量衡制度规定的单位来表现事物的数量,如粮食以千克或吨计量,建筑面积以平方米计量等。

2. 货币单位

货币单位亦称价值单位,是反映事物价值的计量单位,如人民币、美元、欧元、英镑等。按照有关规定,我国境内企业的记账本位币为人民币,外资企业可以母国货币为记账本位币,但编制财务报表时,必须同时编制以人民币为计量单位的报表。与实物单位相比,货币单位更有广泛的综合作用。

3. 劳动单位

劳动单位是用劳动时间来表示的一种计量单位,如工时、工日等。

四、总量指标的运用原则

1. 要有明确的含义

总量指标不同于数学上的绝对数,不是一个单纯技术性的加总问题,而是一定社会经济现象的数量表现,每一个总量指标都具有确定的社会经济内容,都具有一定的规定性。因此,必须正确地确定总量指标所表示的各种社会经济现象的概念、构成、范围和计算方法,否则,就不能得到反映社会经济内容的正确数据。

2. 要明确时域概念

明确时域概念主要是弄清研究对象是属于时期指标还是时点指标。

3. 要有统一的计量单位

计量单位是一个重要问题,通常按照国家统一规定的计量单位进行计量。

 请思考

总量指标的运用原则实际上是对统计指标的六要素的具体规范,其中最重要的是对哪种要素的规范?

 【统计·中国】

从 GDP 增长到民生
改善的统计解读

任务二　相对指标

一、相对指标的含义

相对指标也称统计相对数,它是将两个有联系的统计指标进行对比所得的比值或比率,用来描述相关数量之间的相对水平或程度。

相对指标的表现形式有有名数、无名数两种。

其中,有名数相对指标是指有具体的计量单位的相对指标。由于相对指标的分子和分母的计量单位不同,在计算相对指标时,其结果同时使用了分子和分母指标数值的计量单位,亦称"复名数";当相对指标的分子和分母的计量单位相同时,其结果一般无计量单位,称为无名数。大多数相对指标用无名数表示,主要有系数、倍数、成数、百分数等。

二、相对指标的种类及计算方法

(一) 计划完成程度相对指标

计划完成程度相对指标又称为计划完成相对数,是用某一时期内的实际完成数与同期计划数进行对比而形成的相对数。

其计算公式为:

$$计划完成相对数 = \frac{实际数}{计划数} \times 100\%$$

计算公式中有"×100%",表明其计算结果应该用百分数表示。

【例3-2】 A公司2024年总产值计划完成900万元,实际完成960万元,计算计划完成程度。

【例3-3】 B公司2024年总成本计划降低5%,实际降低6%,计算计划完成情况。

答案与解析 两个案例的区别如下:

(1)总体不同:[例3-2]中是"A公司",[例3-3]中是"B公司";

(2)指标名称不同:[例3-2]中是"总产值",[例3-3]中是"总成本";

(3)指标数值不同:[例3-2]中是绝对数,[例3-3]中是相对数;

(4)要求不同:[例3-2]是完成程度,[例3-3]是完成情况。

[例3-2]
$$计划完成相对数 = \frac{实际数}{计划数} \times 100\%(计算公式)$$

$$= \frac{960}{900} \times 100\%(代入数据)$$

$$= 106.67\%(计算结果)$$

A公司总产值计划完成程度为106.67%。

[例3-3]
$$计划完成相对数 = \frac{实际数}{计划数} \times 100\%$$

$$= \frac{1-6\%}{1-5\%} \times 100\%$$

$$= 98.95\%$$

$$98.95\% - 1 = -1.05\%$$

B公司总成本超额完成计划1.05%。

判别标准:

对于越大越好的指标(如[例3-2]中的总产值),计划完成相对数以≥100%为完成计划,与1的差额为超额完成部分;反之,则未完成计划。

对于越小越好的指标(如[例3-3]中的总成本),计划完成相对数以≤100%为完成计划,与1的差额为超额完成部分;反之,则未完成计划。

$$计划执行进度 = \frac{累计至本期实际完成数}{全期计划数} \times 100\%$$

【例3-4】 C公司2024年总产值计划执行情况如表3-2所示。

表3-2 C公司2024年总产值计划执行情况

季度	计划数(万元)	实际数(万元)	计划完成	计划执行
一	100	120		
二	200	240		
三	300	330		
四	400			
合计	1 000			

要求:(1)若第四季度正好完成计划,计算全年计划完成情况;

（2）若全年正好完成计划,计算第四季度计划完成情况。

答案与解析 正好完成计划意味着实际数和计划数相等。

（1）填表3-3。

表3-3 C公司2024年总产值计划执行情况

季度	计划数（万元）	实际数（万元）	计划完成	计划执行
一	100	120	120%	12%
二	200	240	120%	36%
三	300	330	110%	69%
四	400	400	100%	109%
合计	1 000	1 090	109%	—

答案与解析

$$计划完成相对数 = \frac{实际数}{计划数} \times 100\%$$

$$= \frac{1\ 090}{1\ 000} \times 100\%$$

$$= 109\%$$

$$109\% - 1 = 9\%$$

C公司总产值全年超额完成计划9%。

（2）填表3-4。

表3-4 四个季度完成情况

季度	计划数（万元）	实际数（万元）	计划完成	计划执行
一	100	120	120.0%	12%
二	200	240	120.0%	36%
三	300	330	110.0%	69%
四	400	310	77.5%	100%
合计	1 000	1 000	100%	—

答案与解析

$$计划完成相对数 = \frac{实际数}{计划数} \times 100\%$$

$$= \frac{310}{400} \times 100\%$$

$$= 77.5\%$$

77.5%<1,C公司总产值第四季度未完成计划。

（二）结构相对指标

结构相对指标是对总体数据的内部分析,是指在同一总体中,部分与总体之间的比率关系。

其计算公式为:

$$结构相对指标 = \frac{总体各组成部分指标数值}{总体指标数值} \times 100\%$$

（三）比例相对指标

比例相对指标是指总体中某一部分的指标数值与另一部分的指标数值之比，表明组与组之间的联系程度或比例关系。

其计算公式为：

$$比例相对指标 = \frac{总体中某一部分指标数值}{总体中另一部分指标数值}$$

【例3-5】 某地区2024年三大产业的比例关系为Ⅰ：Ⅱ＝1：2，Ⅱ：Ⅲ＝1：2.5，试确定第一产业所占比重。

答案与解析 由题意 Ⅰ：Ⅱ：Ⅲ＝1：2：5

$$第一产业所占比重 = \frac{1}{1+2+5} \times 100\% = 12.5\%$$

第一产业所占比重为12.5%。

（四）比较相对指标

比较相对指标是指同一时期内同类现象在不同总体之间的数量进行对比而得出的数量关系。

其计算公式为：

$$比较相对指标 = \frac{总体某一指标的数值}{另一总体同一时期同一指标的数值}$$

（五）动态相对指标

动态相对指标是同一现象在不同时间上的两个数值之比，它表明现象在不同时间上的变化程度，通常将用来作为比较基础的时期称为"基期"，将与其比较的时期称为"报告期"。

其计算公式为：

$$动态相对指标 = \frac{报告期水平}{基期水平} \times 100\%$$

（六）强度相对指标

强度相对指标是反映两种不同现象、不同性质的总量指标对比所形成的比值。它用来反映现象的强度、密度、普通程度或利用程度。

$$强度相对指标 = \frac{总体某一指标的数值}{另一有联系的指标的数值}$$

【例3-6】 我国现有国土面积约为960万平方千米，第七次人口普查显示全国总人口数约为14.43亿人，试计算有关强度相对指标。

答案与解析
$$人口密度 = \frac{总人口数}{国土总面积} = \frac{14.43亿人}{960万平方千米} = 150.31（人/平方千米）$$

$$人均占有国土面积 = \frac{国土总面积}{总人口数} = \frac{960万平方千米}{14.43亿人} = 66.53（平方千米/万人）$$

上述计算结果表明，2020年我国人口密度达到了150.31人/平方千米。由于分母是相对不变的,随着人口的增加,人口密度将会继续增大。由此可见,控制人口增长在相当长的一段时间内是相当必要的;由于分子与分母的计量单位不同,人口密度和人均占有国土面积两个指标均有计量单位且是复合计量单位;从上述两个指标的计算公式中可以看出,其指标是相同的,只是所处的位置不同,此时,越大越好的指标称为"正指标"(如"人均占有国土面积"),而越小越好的指标称为"逆指标"(如"人口密度")。

三、计算和运用相对指标时应注意的问题

1. 要正确选择对比的基数

各种相对指标是通过指标数值对比来反映现象的联系的,因此,必须要根据研究目的,从现象的性质、特点出发,正确选择对比基数,才能真实反映现象的联系。

2. 要保持分子指标与分母指标的可比性

相对指标是两个有联系的指标之比,因此这两个指标就必须在经济内容、计算方法、计算价格和计量单位等方面具有可比性。需要注意的是,不同的相对指标的要求是不同的。

3. 要把相对指标与绝对指标结合起来运用

通过计算相对指标把现象的绝对水平抽象化,不能说明现象绝对量之间的差异,因此,要把相对指标和绝对指标结合起来进行对比分析,既看到现象的变化程度,也看到绝对量的变化,从而深刻认识现象变化的实质。

 请思考

相对指标中分子与分母属于同一总体的有哪些? 分子与分母的位置可以变换的有哪些?

 【统计·视界】

如何理解"三二一"
经济新格局?

任务三　平均指标

一、平均指标的概念和作用

(一) 平均指标的概念

平均指标是总体各单位某一数量标志值在具体时间、地点、条件下达到的一般水平。例如,对班级总分进行平均,得到班级同学的平均成绩;对某种产品的成本进行平均,得到该产

品的平均成本;对某单位职工的月工资总额进行平均,得到职工的月平均工资;等等。这里的平均成绩、平均成本、平均工资都是平均指标。平均指标通过平均,将由总体各单位数量标志表现的差异抽象化,以说明总体的一般水平。

(二)平均指标的作用

平均指标在认识社会经济现象总体数量特征方面有重要作用:

(1)平均指标可以反映现象总体的综合特征。总体各单位数量大小受许多因素的影响,有些是必然因素,起决定作用;有些是偶然因素,使总体各单位在数量上存在差异。通过平均,可以消除偶然因素造成的差异,显示出由于必然因素影响而达到的一般水平。

(2)平均指标可以反映分布数列中变量值分布的集中趋势。社会经济现象总体中各单位某一标志表现不同,但有一定规律,一般很小或很大的极端数值出现的次数较少,而靠近平均数的次数分布较多,围绕平均数两边的标志值出现的次数最多。这说明总体分布是从两边向中间集中,中心是平均数。因此,平均指标可以说明总体分布的集中趋势。

(3)平均指标经常用来进行同类现象在不同空间、不同时间条件下的对比分析,从而反映现象在不同地区之间或不同时间上的差异,提示现象在一定时期内的发展趋势。平均指标在抽样推断中也是一个重要指标,根据样本平均数来估计总体平均数,进而可以估计总体总量。

二、平均指标的种类

(1)平均指标按其计算依据所处的时间状况不同,可分为静态平均数和动态平均数。静态平均数是依据处于同一时间状况的资料进行计算的平均数,如某次测验的全班平均成绩、某单位的职工月平均工资额等;而动态平均数是依据处于不同时间状况的资料进行计算的平均数,如在证券分析时常用的 5 日、10 日、20 日、60 日平均数等。

(2)平均指标按其计算方法不同,可分为数值平均数和位置平均数。其中,数值平均数是由各单位标志值的数值大小决定的,主要有算术平均数、几何平均数和调和平均数;位置平均数是由各单位标志值所处的位置决定的,主要有中位数和众数。

三、常用平均指标的计算

(一)算术平均数

在社会经济统计中,算术平均数(也称为均值)是最常用的反映分布数列中各变量值分布的集中趋势的代表值。它是在总量指标的基础上计算出来的。

1. 基本公式

$$算术平均数 = \frac{总体标志总量}{总体单位总量}$$

在计算算术平均数时,分子与分母必须属于同一个总体,具有一一对应的关系,即有一个总体单位必有一个标志值与之对应,只有这样,计算出的平均指标才能表明总体的一般水平。正是在这一点上,平均指标与强度相对指标表现出性质上的差异。

【例3-7】 单项选择题:下列属于平均指标的是(　　)。

A. 人均年收入　　　　　　　　　　B. 人均年支出

C. 人均钢产量　　　　　　　　　　D. 人均占有国土面积

答案与解析 B 平均指标的分子与分母必须属于同一个总体,上述 4 个指标中,符合这一条件的只有"人均年支出",所以应该选择 B。

2. 简单算术平均法

根据未分组资料,将总体各单位的标志值简单加总求和,除以总体单位数所得结果为简单算术平均数,这种方法称为简单算术平均法。其计算公式为:

$$\bar{x} = \frac{\sum x}{n} \qquad\qquad 公式(1)$$

式中:$\bar{x}$ 表示平均数;$\sum$(西格玛)是求和符号;x 表示变量值;n 表示变量值的个数。

$$\sum x = \sum_{i=1}^{n} x_i = x_1 + x_2 + x_3 + \cdots + x_n$$

3. 加权算术平均法

原始数据经过分组,形成分配数列,将各组标志值(x)乘以相应的次数(f),然后加总求和,再除以总次数(总体单位数),所得结果为加权算术平均数($\bar{x}$),这种方法称为加权算术平均法。其中,我们通常把计算平均数时起权衡轻重作用的各组次数或频率称权数。

其计算公式为:

$$\overline{X} = \frac{\sum xf}{\sum f} \qquad\qquad 公式(2)$$

$$\overline{X} = \sum x \cdot \frac{f}{\sum f} \qquad\qquad 公式(3)$$

通常,公式(2)适用于以各组次数为权数的分配数列;公式(3)适用于以各组频率为权数的分配数列;而公式(1)适用于未分组资料或各组权数相等的分组资料。

在实际运用中,如果为组距式分配,则可以用组中值代替各组标志值来计算平均数。

4. 算术平均数的数学性质

(1)各标志值与算术平均数的离差之和等于零;

(2)各标志值与算术平均数的离差平方和最小。

这两个数学性质是进行趋势预测、回归分析、建立数学模型的重要理论依据。

【例3-8】 某班某次测验成绩如表 3-5 所示。

表 3-5　　　　　　　　　　　　　　　**某班某次测验成绩**

成绩(分)	人数(人)f	组中值 x	xf
60 分以下	2	55	110
60~70(不含)	8	65	520
70~80(不含)	14	75	1 050
80~90(不含)	16	85	1 360
90 分	10	95	950
合　计	50	—	3 990

要求:计算全班平均成绩。

答案与解析　从问题入手,平均成绩用什么表示?($\bar{x}$)

"一"表示平均,则"成绩"用 x 来表示;

"人数"是各组单位数,又称次数、频数,因而用 f 来表示;

由已知条件为"x"和"f",可以确定用公式(2);

在公式(2)"$\bar{X}=\dfrac{\sum xf}{\sum f}$"中,$f$ 的合计在表中已有,xf 则没有,因此表中需添"xf";

计算"xf"的合计。

答案与解析　$\bar{X}=\dfrac{\sum xf}{\sum f}=\dfrac{3\,990}{50}=79.8(分)$

全班平均分为 79.8 分。

在上例中,采用组中值来代替各组变量值,是假定各组变量值是均匀变化的,因此其最终的计算结果通常是一个近似值。

(二) 调和平均数

调和平均数是总体各单位变量值的倒数的算术平均数的倒数,又称为倒数平均数。

调和平均数有两种计算方法:简单平均法和加权平均法。

1. 简单平均法

简单平均法是先计算总体各单位变量值的倒数的简单算术平均数,再计算其倒数。其计算公式为:

$$\bar{X}=\frac{n}{\sum \dfrac{1}{x}} \qquad\qquad 公式(1)$$

这一计算公式适用于未分组资料,且各变量值中没有 0。

2. 加权平均法

加权平均法是先计算总体各单位变量值的倒数的加权算术平均数,再计算其倒数。其计算公式为:

$$\bar{X}=\frac{\sum m}{\sum \dfrac{m}{x}} \qquad\qquad 公式(2)$$

公式中的 $m=xf$,若将其代入公式则可形成平均数的另一个计算公式 $\bar{X}=\dfrac{\sum xf}{\sum f}$,从这里我们可以看出,调和平均数通常作为算术平均数的变形使用。一般情况下,若资料以总体单位总量为权数则采用算术平均法,若以总体标志总量为权数则采用调和平均法。

【例3-9】　某公司下属 3 个部门销售利润资料如表 3-6 所示。

表 3-6   3 个部门销售利润资料

部门	销售利润率	销售利润额（万元）
甲	7%	50
乙	10%	60
丙	12%	80

要求：计算 3 个部门的平均利润率。

答案与解析　本例中已有的指标为"销售利润率"和"销售利润额"；

两者的关系为：销售利润率＝销售利润额÷销售额；

根据 $x = m \div f$ 可以推知：利润率为 x，而利润额为 m，且利润额是一个总体标志总量；又各部门的利润额这一权数各不相等，因此本例应采用加权调和平均法计算其平均数。

答案与解析　$\bar{X} = \dfrac{\sum m}{\sum \dfrac{m}{x}} = \dfrac{50 + 60 + 80}{\dfrac{50}{7\%} + \dfrac{60}{10\%} + \dfrac{80}{12\%}} = 9.59\%$

3 个部门的平均利润率为 9.59%。

（三）几何平均数

几何平均数是 n 个变量乘积的 n 次方根，它有两种计算方法：简单平均法和加权平均法。

1. 简单平均法

简单平均法的计算公式为：

$$\bar{X} = \sqrt[n]{\prod x} \qquad\qquad 公式（1）$$

2. 加权平均法

加权平均法的计算公式为：

$$\bar{X} = \sqrt[\sum f]{\prod x_i^{f_i}} \qquad\qquad 公式（2）$$

社会经济现象应用几何平均法应满足两个条件：

（1）若干个比率或速度的乘积等于总比率或总速度；

（2）相乘的各比率或速度不得为 0 或负数。

关于几何平均数的具体计算及应用，将在项目六时间数列的分析中详细阐述。

上述 3 种数值平均数，是直接根据变量来计算的，其计算的结果或多或少地受到极端数值的影响。其中：算术平均数易受极大值的影响，调和平均数易受极小值的影响，几何平均数和调和平均数的变量值中不能有 0，且计算几何平均数的变量值中不能有负数。

（四）中位数

中位数是将总体各单位的标志值按大小顺序排列，处于数列中点位置的标志值即为中位数，一般用 M_e 表示。在许多情况下，平均数不易计算，此时可采用中位数来代表总体的一般水平。

确定中位数的方法根据具体资料而定。

（1）由未分组资料确定中位数。根据未分组资料确定中位数时,首先将标志值按大小顺序排列,然后根据公式 $\dfrac{n+1}{2}$ 确定中位数的位置,再根据中位数的位置来确定对应的标志值。

（2）由单项式分组资料确定中位数。由单项式分组资料确定中位数时,因资料经过整理已编制成标志值按大小顺序排列的变量数列,因此,可直接用公式 $\dfrac{\sum f+1}{2}$ 确定中位数的位置,再根据中位数的位置用向上累计或向下累计次数的方法确定中位数所在的组即中位数组,该组的标志值即为中位数。

（3）由组距分组资料确定中位数。由组距分组资料确定中位数与根据单项式分组资料确定中位数相似,不同的是根据中位数位置及累计次数确定中位数组后,无法得到中位数的具体数值,而要用公式计算中位数的近似值。其公式为:

$$M_e = L + \frac{\dfrac{\sum f}{2} - S_{m-1}}{f_m} \cdot i \qquad （下限公式）$$

$$M_e = U - \frac{\dfrac{\sum f}{2} - S_{m+1}}{f_m} \cdot i \qquad （上限公式）$$

式中: L 表示中位数组的下限; U 表示中位数组的上限; f_m 表示中位数组的次数; i 表示中位数组的组距; S_{m-1} 表示小于中位数组的各组次数之和; S_{m+1} 表示大于中位数组的各组次数之和; $\sum f$ 表示总次数。

这里需要说明的是,根据组距数列确定中位数的位置时,其公式为 $\dfrac{\sum f}{2}$,这是因为大多数组距数列的标志值的变化是连续不断的;另通过数学证明,这两个公式计算的结果是相等的,因此在实际中我们只需使用其中一种即可。

【例3-10】　某班某次考试成绩如表3-7所示。

表 3-7　　　　　　　　　　　　　某班考试成绩情况表

成绩（分）	人数（人）	向上累计次数（次）
60 以下	2	2
60～70（不含）	8	10
70～80（不含）	14	24
80～90（不含）	16	40
90	10	50
合　　计	50	—

要求:计算考试成绩的中位数。

答案与解析　本例为一组距式数列资料,计算中位数时应先由$\dfrac{\sum f}{2}=\dfrac{50}{2}=25$,并计算累计次数,再确定80～90分为中位数组,最后用上限公式(或下限公式)确定中位数的数值。

答案与解析　$\dfrac{\sum f}{2}=\dfrac{50}{2}=25$(分),80～90分为中位数组。

$$M_e=L+\frac{\dfrac{\sum f}{2}-S_{m-1}}{f_m}\cdot i=80+\frac{\dfrac{50}{2}-24}{16}\times 10=80.63(分)$$

本次考试成绩的中位数为80.63分。

(五) 众数

算术平均数、调和平均数和几何平均数是根据总体全部单位的标志值计算的,而中位数和众数是根据标志值在总体中所处的特殊位置来确定的,因此中位数和众数作为总体一般水平的代表值具有直观性的特点。

众数是总体中出现次数最多的标志值,通常用M_0表示。

众数的确定根据变量数列的不同种类,有着不同的方法。

对于未分组资料,先依据变量的特点,编制成单项式或组距式变量数列,若为单项式数列,则直接观察各组次数,次数最大的组所对应的变量值即为众数。当有多组次数相等且均为最大时,众数会有多个,此时,众数不唯一;而当各组次数均相等时,众数不存在。

【例3-11】　某班组20名工人日产量资料如表3-8所示。

表3-8　　　　　　　　　　某班组工人日产量资料

日产量(件)	工人数(人)	日产量(件)	工人数(人)
20	2	22	7
21	5	23	6

要求:试确定其众数。

答案与解析　直接观察各组次数,其中最大的是7,因此其对应的变量值22件即为众数,此时需要注意的是,"7"不是众数,而是众数对应的次数。

当初始资料为组距式数列时,通常是先由各组次数的大小确定众数组,再由相应的计算公式,确定众数的近似值,其计算公式为:

下限公式:$M_0=L+\dfrac{\Delta_1}{\Delta_1+\Delta_2}\cdot i$

上限公式:$M_0=U-\dfrac{\Delta_2}{\Delta_1+\Delta_2}\cdot i$

式中:M_0表示众数;L表示众数组的下限;U表示众数组的上限;Δ_1表示众数组的次数与前一组的次数之差;Δ_2表示众数组的次数与后一组的次数之差;i表示众数组的组距。

【例3-12】　某班某次考试成绩如表3-9所示。

成绩(分)	人数(人)
60 以下	2
60～70(不含)	8
70～80(不含)	14
80～90(不含)	16
90	10
合　计	50

表 3-9　　　　　　　　　　　　　某班考试成绩情况

要求:计算考试成绩的众数。

答案与解析　$f_{max}=16,80～90$ 分为众数组。

$$M_0=L+\frac{\Delta_1}{\Delta_1+\Delta_2}\cdot i=80+\frac{16-14}{(16-14)+(16-10)}\times10=82.5(分)$$

众数为 82.5 分。

经过数学证明,众数的上限公式和下限公式的计算结果是相等的,因此,通常我们只需采用其中的一个来计算众数即可。另外,中位数和众数主要是由变量值所处的位置确定的,因此其值的大小一般不受极端数值的影响。

四、计算和应用平均指标应注意的问题

1. 计算和应用平均指标必须注意现象总体的同质性

现象总体的同质性是指被研究的总体的各单位在某一标志上具有相同的性质。在计算平均数时,不要把存在本质差异的现象混在一起计算,否则,将不能真实地反映现象总体的一般水平。

2. 在必要时应采用组平均数来补充说明总平均数

总平均数是根据同质总体计算的,但它只保证了总体各单位在某一方面的性质相同,而其他一些性质仍然存在着重要差别。由于这些差别的影响,总平均数不能充分显示总体的特征。

3. 计算和运用平均数时,要注意极端数值的影响

算术平均数易受总体内极端数值的影响,为了准确反映总体的一般水平,当总体存在过大或过小的极端数值时,应予以剔除,然后用其余数值计算平均数。

除以上 3 点外,在运用平均数进行分析时,还应注意用分配数列来补充说明总平均数,把平均数与典型事例相结合。

任务四　标志变异指标

一、标志变异指标的含义和作用

(一) 标志变异指标的含义

标志变异指标也称为总体标志变动度,它是综合反映社会经济现象总体各单位标志值

及其分布差异程度的指标。

对于社会经济现象总体,我们可以运用总量指标和平均指标来概括地表明其总规模和总体的平均水平,但不能反映总体各单位之间的差异程度,它们把各单位的差异抽象化了,即使是同质总体,其内部各单位之间的差异也可能很大。为了使我们的认识更全面,从另一个方面说明总体的特征,往往需要计算标志变异指标,用来说明总体内各单位标志值之间的差异程度或标志分布的差异情况,从而弥补平均指标的不足。

(二)标志变异指标的作用

标志变异指标的作用主要体现在以下 3 个方面:

(1)标志变异指标是衡量均值代表性高低的尺度。标志变异指标的数值越大,则均值的代表性就越低;反之,标志变异指标的数值越小,则均值的代表性就越高。

(2)标志变异指标可以反映社会经济活动过程的均衡性和稳定性。标志变异指标的数值越大,则社会经济活动过程的均衡性和稳定性就越低;反之,标志变异指标的数值越小,则社会经济活动过程的均衡性和稳定性就越高。

(3)标志变异指标可以反映数据分布的离散程度。标志变异指标的数值越大,则数据分布的离散程度就越高;反之,标志变异指标的数值越小,则数据分布的离散程度就越低。

二、常用的标志变异指标

(一)全距

全距也称极差,它是总体各单位标志值中最大值与最小值之差,通常用 R 表示。

对于未分组资料和单项式分组资料,数据中的最大值和最小值可直接观察得知,此时可以直接计算全距 R,即:

$$R = 最大值 - 最小值$$

对于已分组的闭口式组距数列,数据中最大值和最小值仍可直接观察得知,此时也可直接计算全距 R,即:

$$R = 最高组上限 - 最低组下限$$

对于已分组的存在开口组的组距数列,数据中的最大值或最小值已被隐藏,此时可利用以下公式,近似计算出全距 R,即:

$$R = 各组组距之和$$

全距测定标志变异程度的优点是计算简单,但由于它仅取决于总体中两个极端数值的大小,没有反映其他数值的差异,因此,当极端数值相差较大,而中间数值分布比较均匀时,便不能确切地反映各标志值的差异程度。

(二)平均差

平均差是总体各单位标志值与其算术平均数离差的绝对值的算术平均数,通常用 $A.D.$ 表示。

设计该指标的基本思路是:由于无论总体如何分布,总体各单位标志值与其算术平均数的离差之和恒为0,所以,为了不使正负离差相互抵消,首先对各离差取绝对值,其次再求其算术平均数,以反映总体各单位标志值对算术平均数的平均离差,并说明总体各单位标志值的变异状况。平均差越大,说明各标志值分布越分散;反之,平均差越小,说明各标志值分布越集中。

通常平均差的计算公式为:

$$A.D. = \frac{\sum |x - \bar{x}|}{n}$$

或

$$A.D. = \frac{\sum |x - \bar{x}| f}{\sum f}$$

平均差计算较为简单,便于理解,但因其需要对离差取绝对值,所以数学性质并不理想,在实践中应用并不广泛。

(三)标准差

标准差也称为均方差,是总体各单位标志值与其算术平均数的离差的平方的算术平均数的正平方根。

标准差是采用平方的方法来消除各标志值与算术平均数的离差的正负号的影响,比平均差更具有优良的数学性质,因此在实践中的运用更为广泛。

根据掌握的资料的不同,标准差有两种不同的计算方法:简单平均法和加权平均法。

根据未分组资料计算标准差时,通常采用简单平均法来计算,其计算公式为:

$$\sigma = \sqrt{\frac{\sum (x - \bar{x})^2}{n}}$$

式中:σ 表示标准差;x 表示标志值;$\bar{x}$ 表示各标志值的算术平均数;n 表示各标志值的个数。

【例 3-13】 甲数学兴趣小组有 5 名同学,某次考试的成绩分别为 72 分、78 分、81 分、90 分和 94 分,试计算其标准差。

答案与解析 $\bar{x} = \dfrac{\sum x}{n} = \dfrac{72 + 78 + 81 + 90 + 94}{5} = 83(\text{分})$

$$\sigma = \sqrt{\frac{\sum (x - \bar{x})^2}{n}}$$

$$= \sqrt{\frac{(72-83)^2 + (78-83)^2 + (81-83)^2 + (90-83)^2 + (94-83)^2}{5}}$$

$$= 8(\text{分})$$

标准差为 8 分。

而根据分组资料来计算标准差时,通常采用加权平均法计算,其计算公式为:

$$\sigma = \sqrt{\frac{\sum (x - \bar{x})^2 \cdot f}{\sum f}}$$

【例 3-14】 乙班某次考试成绩如表 3-10 所示。

表 3-10 乙班某次考试成绩

成绩(分)	人数(人)
60 分以下	2
60~70(不含)	8
70~80(不含)	14
80~90(不含)	16
90 分	10
合　　计	50

要求:计算考试成绩的标准差。

答案与解析 由于本资料为组距式数列资料,直接列式计算工作量大,且不方便,通常我们采用列表计算的方法,根据标准差的计算公式,表中所添的项目分别为组中值(x)、xf、($x-\bar{x}$)、($x-\bar{x}$)^2 和 ($x-\bar{x}$)^2f,具体计算过程如表 3-11 所示。

表 3-11 考试成绩计算过程

成绩(分)	人数(人)f	组中值(x)	xf	$x-\bar{x}$	$(x-\bar{x})^2f$
60 分以下	2	55	110	-24.8	1 230.08
60~70(不含)	8	65	520	-14.8	1 752.32
70~80(不含)	14	75	1 050	-4.8	322.56
80~90(不含)	16	85	1 360	5.2	432.64
90 分	10	95	950	15.2	2 310.40
合　　计	50	—	3 990	—	6 048.00

答案与解析 $\bar{x} = \dfrac{\sum xf}{\sum f} = \dfrac{3\,990}{50} = 79.8(分)$

$$\sigma = \sqrt{\frac{\sum(x-\bar{x})^2 \cdot f}{\sum f}} = \sqrt{\frac{6\,048}{50}} = 11.00(分)$$

标准差为 11.00 分。

(四) 标准差系数

上面所介绍的标志变异指标中,全距是绝对数形式,平均差和标准差是离差变量的平均数的形式,它们都有具体的计量单位,都会受到计量单位的影响。因此,它们不便于对不同计量单位(即不同类型或不同性质)的标志变异情况进行比较分析。并且,对于不同标志值水平的总体,同样的标志变异值具有不同的意义,此时我们需要用标志变异系数来消除不同平均水平或不同计量单位的影响,使不同类型的事物能够直接比较。

常用的标志变异系数有全距系数、平均差系数和标准差系数。其中,最科学也是使用最广泛的是标准差系数,其计算公式为:

$$V_\sigma = \frac{\sigma}{\bar{x}} \times 100\%$$

在实际使用中,标准差系数的数值越小,则相应总体的标志值的离散程度越小,平均数的代表性越高;反之,标准差系数的数值越大,则相应总体的标志值的离散程度越大,平均数的代表性越小。

【例 3-15】　接[例 3-14],又知丙班该次考试的平均成绩为 72 分,标准差为 8 分,试比较两班平均成绩代表性的高低。

答案与解析　两班的平均水平的计量单位相同,但数值不等,故因采用标准差系数来比较其平均水平代表性的高低。

乙班:$V_\sigma = \frac{\sigma}{\bar{x}} \times 100\% = \frac{11.00}{79.8} \times 100\% = 13.78\%$

丙班:$V_\sigma = \frac{\sigma}{\bar{x}} \times 100\% = \frac{8}{72} \times 100\% = 11.11\%$

$11.11\% < 13.78\%$,丙班的平均成绩更有代表性。

 【统计·视界】

你的收入真的"被平均"了吗?

课 后 练 习 题

一、单项选择题

1. 总量指标按反映现象的时间状况不同可以分为(　　)。

A. 时期指标和时点指标

B. 数量指标和质量指标

C. 总体单位总量指标和总体标志总量指标

D. 实物指标和价值指标

2. 下列属于总量指标的是(　　)。

A. 出勤率　　　　　　　　　　B. 及格率

C. 人均粮食占有量　　　　　　D. 学生人数

3. 在同质总体中计算总量指标,只能是(　　)。

A. 总体单位　　　　　　　　　B. 有限总体

C. 无限总体　　　　　　　　　D. 有限总体和无限总体

4. 某企业甲种产品的年产量为 32 万台,期末库存为 5 万台,这两个指标是(　　)。

A. 时期指标

B. 时点指标

C. 前者为时期指标,后者为时点指标

D. 前者为时点指标,后者为时期指标

5. 某县有 100 个副食品零售商店,商业职工 2 500 人,商业零售总额为 5 000 万元,在研究商业职工分布和劳动效率的情况时,( )。

A. 100 个商店既是标志总量指标,又是总体单位数

B. 2 500 人既是标志总量指标,又是总体单位数

C. 5 000 万元既是标志总量指标,又是总体单位数

D. 每个商店的零售额既是标志总量指标,又是总体单位数

6. 某市对所有医院进行调查。其中,该市儿童医院调查结果为:医生、护士共 460 人,其中医生 200 人,护士 260 人;病床数 500 张;医疗设备价值 3 500 万元。上述数值中,总量指标是( )个。

A. 1 B. 3 C. 5 D. 0

7. 在下列指标中,属于时点指标的是( )。

A. 商品销售额 B. 商品销售量

C. 平均每人销售额 D. 商品库存额

8. 由组距数列计算众数时,如果众数组相邻两组的次数相等,则( )。

A. 众数在众数组内靠近上限 B. 众数在众数组内靠近下限

C. 众数组的组中值就是众数 D. 众数为零

9. 两数对比,分母数值比分子数值大很多时,常用的相对数形式为( )。

A. 成数 B. 倍数 C. 百分数 D. 千分数

10. 总量指标又称为( )。

A. 相对数指标 B. 平均数指标 C. 绝对数指标 D. 中位数指标

11. 总量指标是认识现象总体数量特征的( )。

A. 派生指标 B. 基础指标 C. 分析指标 D. 平均指标

12. 在下列各项中,属于总量指标的是( )。

A. 工资总额 B. 平均工资 C. 人口密度 D. 性别比例

13. 各标志值与( )的离差平方和最小。

A. 众数 B. 算术平均值 C. 几何平均数 D. 调和平均数

14. 如果在变量值中有一项为 0,则不能计算( )。

A. 算术平均数和调和平均数 B. 调和平均数和几何平均数

C. 算术平均数和众数 D. 几何平均数和众数

15. 表示相对指标时用( )。

A. 绝对数 B. 相对数 C. 平均数 D. 序时平均数

16. 反映总体的各组成部分与总体的数量关系的综合指标是( )。

A. 结构相对指标 B. 比较相对指标 C. 时点指标 D. 时期指标

17. 有甲、乙两组数,甲组数的平均数为 $\overline{x_1}$,标准差为 σ_1;乙组数的平均数为 $\overline{x_2}$,标准差为 σ_2,如果( )。

A. $\overline{x_1} > \overline{x_2}$,$\sigma_1 > \sigma_2$,则 $\overline{x_1}$ 的代表性高

B. $\overline{x_1} < \overline{x_2}$,$\sigma_1 > \sigma_2$,则 $\overline{x_1}$ 的代表性高

C. $\overline{x_1}<\overline{x_2}$，$\sigma_1<\sigma_2$，则 $\overline{x_2}$ 的代表性高

D. $\overline{x_1}<\overline{x_2}$，$\sigma_1=\sigma_2$，则 $\overline{x_2}$ 的代表性高

18. 下列属于时点指标的是（　　）。

A. 某市各年劳动生产率　　　　　　B. 某市历年年初职工人数

C. 某市各年工业总产值　　　　　　D. 某市当年利润总额

19. 某企业职工工资总额预定比上年提高 12%，实际提高 14%，其计划完成程度为（　　）。

A. 112%　　　　B. 114%　　　　C. 117%　　　　D. 102%

20. 我国 2023 年国内生产总值为 2022 年的 105.2%，此指标为（　　）。

A. 结构相对指标　B. 比较相对指标　C. 比例相对指标　D. 动态相对指标

21. 分配数列各组标志值都减少 1/2，每组次数都增加 1 倍，则中位数（　　）。

A. 减少 1/2　　　B. 增加 1 倍　　　C. 增加 2 倍　　　D. 不变

22. 某月份甲工厂工人的出勤率属于（　　）。

A. 结构相对指标　　　　　　　　　B. 比例相对指标

C. 强度相对指标　　　　　　　　　D. 计划完成相对指标

23. 标志变异指标与平均数代表性之间存在（　　）。

A. 正比关系　　B. 反比关系　　C. 恒等关系　　D. 倒数关系

24. 人均钢产量属于（　　）。

A. 平均指标　　　B. 强度相对指标　C. 比例相对指标　D. 比较相对指标

25. 在由组距数列计算算术平均数时，用组中值代表组内变量一般水平的假定条件是（　　）。

A. 各组的次数必须相等　　　　　　B. 组中值能取整数

C. 各组变量值在本组内呈均匀分布　D. 各组必须是封闭组

26. 计划规定年产量比上一年增加 5%，实际增加 6%，则年产量计划完成（　　）。

A. 120%　　　　B. 100.95%　　　C. 101%　　　　D. 106%

27. 各所有变量值都减去常数 A，那么算术平均数（　　）。

A. 增加常数 A　　B. 不变　　　　C. 减少常数 A　　D. 减去 $\frac{1}{A}$

28. 计划规定成本降低 3%，实际降低 5%，则计划完成（　　）。

A. 98.1%　　　　B. 102.1%　　　C. 101.9%　　　D. 97.9%

29. 用全距、平均差或标准差比较两个总体的平均数代表性好坏时，要求这两个总体的平均数（　　）。

A. 相等　　　　B. 不等　　　　C. 相差不大　　D. 相差很大

30. 对一组数据，先不分组直接求平均数和先分组再求其平均数，两者的结果（　　）。

A. 一致　　　　B. 不一致　　　C. 有差异但不大　D. 会有很大差异

31. 某单位职工的平均年龄为 32 岁，这是对（　　）的平均。

A. 变量　　　　B. 变量值　　　C. 数量标志　　D. 数量指标

32. 按照计划，现年产量比上年应增加 30%，实际比计划少完成了 10%。与上年相比现年产量的实际增长程度为（　　）。

A. 10%　　　　B. 17%　　　　C. 20%　　　　D. 40%

33. 在几种常用的平均数中,易受极端值影响的是(　　　)。

A. 算术平均数和几何平均数　　　　　B. 算术平均数和调和平均数

C. 算术平均数和众数　　　　　　　　D. 众数和中位数

34. 某副食品公司所属的 3 个商店 2025 年计划规定销售额分别为 500 万元、600 万元和 800 万元,其执行结果分别为 104%、105% 和 105%,则该公司 3 个商店平均完成计划的计算方法为(　　　)。

A. $\dfrac{104\% \times 1 + 105\% \times 2}{3}$

B. $\dfrac{104\% \times 500 + 105\% \times 600 + 105\% \times 800}{500 + 600 + 800}$

C. $\dfrac{500 + 600 + 800}{\dfrac{500}{104\%} + \dfrac{600}{105\%} + \dfrac{800}{105\%}}$

D. $\sqrt[3]{104\% \times 105\% \times 105\%}$

二、多项选择题

1. 总量指标的作用表现在(　　　)。

A. 它是人们认识现象总体数量特征的基础

B. 它是计算相对指标的基础

C. 它是计算平均指标的基础

D. 它是统计调查的基础

E. 它是资料整理的基础

2. 在下列指标中,属于结构相对指标的有(　　　)。

A. 2024 年我国国内生产总值比 2023 年增长 5.8%

B. 某企业 2024 年年末男女职工的比为 1:1.5

C. 2024 年我国第三产业增加值占国内生产总值的 52.9%

D. 某企业 2024 年全体职工的出勤率为 95%

E. 某班统计学考试的合格率为 98%

3. 在下列指标中,属于强度相对指标的有(　　　)。

A. 某工业企业 2024 年工业增加值超额完成计划 1.7%

B. 人口密度为 112 人/平方公里

C. 全国人均钢产量

D. 每人平均工资收入

E. 某地区人均收入为另一地区的 1.2 倍

4. 在各种平均指标中,不受极端值影响的平均指标有(　　　)。

A. 算术平均数　　　B. 调和平均数　　　C. 几何平均数　　　D. 中位数

E. 众数

5. 不同总体间的标准差不能简单进行对比,这是因为(　　　)。

A. 平均数不一致　　　　　　　　　B. 标准差不一致

C. 计量单位不一致　　　　　　　　D. 总体单位数不一致

E. 与平均数离差之和不一致

6. 在相对数中,分子和分母可以互换的指标有(　　　)。

A. 强度相对数　　　B. 动态相对数　　　C. 结构相对数　　　D. 比较相对数

E. 计划完成相对数

7. 常用的标志变异指标有(　　)。

A. 全距　　　　　　　B. 平均差　　　　　　C. 平均差系数　　　　D. 标准差

E. 标准差系数

8. 以下关于时点指标的数值的说法中,正确的有(　　)。

A. 不能加总　　　　　B. 可以汇总　　　　　C. 间断计数　　　　　D. 连续登记

E. 大小和时间间隔长短无关

9. 在下列各项中,属于时期指标的有(　　)。

A. 产品产量　　　　　　　　　　　　B. 年末人口数

C. 总生产费用　　　　　　　　　　　D. 纳税总额

E. 储蓄存款金额

10. 相对指标的数值表现形式有(　　)。

A. 绝对数　　　　　　B. 无名数　　　　　　C. 有名数　　　　　　D. 平均数

E. 比例数

11. 在下列各项指标中,属于强度相对指标的有(　　)。

A. 人口出生率　　　　　　　　　　　B. 人均占有粮食产量

C. 农业劳动生产率　　　　　　　　　D. 产品单位成本

E. 从业人员平均劳动报酬

12. 在下列项目中,属于时点指标的有(　　)。

A. 全国人口 12.5 亿人　　　　　　　B. 我国粮食产量 4.9 亿吨

C. 年末"网民"1 000 万人　　　　　　D. 全国耕地 19.52 亿亩

E. 2024 年邮政亏损 142 亿元

13. 相对指标要求的可比性,主要是指对比的子项和母项两者(　　)。

A. 内容相一致　　　　　　　　　　　B. 范围相一致

C. 来自同一总体　　　　　　　　　　D. 计算方法一致

E. 计量单位统一

14. 下列指标中,平均指标有(　　)。

A. 人均占有国内生产总值　　　　　　B. 人均占有绿化面积

C. 单位产品原材料耗用量　　　　　　D. 居民平均每人生活费支出

E. 平均工资

15. 比较不同水平的同类现象平均数的代表性大小,可采用(　　)。

A. 全距　　　　　　　　　　　　　　B. 平均差

C. 标准差　　　　　　　　　　　　　D. 平均差系数

E. 标准差系数

16. 不同总体间各标志值的差异程度可以通过标准差系数进行比较,因为标准差系数(　　)。

A. 消除了不同总体各标志值测量单位的影响

B. 消除了不同数列平均水平高低的影响

C. 消除了不同数列各标志值差异的影响

D. 数值的大小与数列的差异水平无关

E. 数值的大小与数列的平均数大小无关

17. 影响加权算术平均数的因素有(　　)。

A. 权数
B. 总体标志总量
C. 分配数列中各组标志值
D. 各组标志值出现的次数
E. 各组单位数占总体单位数的比重

18. 工业增加值包括(　　)。

A. 总量指标
B. 时点指标
C. 时期指标
D. 价值指标
E. 劳动量指标

19. 在下列数据中,属于时点数的有(　　)。

A. 产值 50 万元
B. 职工人数 1 000 人
C. 固定资产 30 万元
D. 利税 20 万元
E. 商品库存 10 万元

20. 时点数与时期数的区别包括(　　)。

A. 时点数反映现象瞬间的水平,时期数反映现象一段时间内的水平
B. 时点数是相对数,时期数是绝对数
C. 时点数可以相加,时期数不能直接相加
D. 时点数的大小与计算期长短无关,时期数的大小与计算期长短有关
E. 时点数的计量都采用实物单位,时期数计量则可以是实物单位,也可以是价值单位

21. 实物指标与价值指标的区别在于(　　)。

A. 实物指标缺乏综合性,而价值指标具有综合性
B. 实物指标可以用复合单位表示,而价值指标则不行
C. 实物指标有标准量,而价值指标没有
D. 实物指标易于确定统一标准,价值指标则要受价格因素影响
E. 实物指标不受价格因素影响,而价值指标则要受价格因素影响

22. 在下列数据中,属于结构相对数的有(　　)。

A. 2024 年国民生产总值比 2023 年增长 5.8%
B. 农业产值占全部产值的 1/3 左右
C. 2024 年的积累率为 23%
D. 全国人均粮食产量达 400 公斤
E. 燕京啤酒在北京的市场占有率约为 27%

23. 在组距数列中,均值大小不仅受组中值大小的影响,也受权数的影响,因此(　　)。

A. 当组中值比较大且权数较大时,均值接近组中值较大的一方
B. 当组中值较小且权数较小时,均值接近组中值中小的一方
C. 当组中值较大而权数较小时,均值接近组中值中大的一方
D. 当组中值较小而权数较大时,均值接近组中值中小的一方
E. 当各组的权数相同时,权数对均值的大小没有影响

24. 平均差的缺点包括(　　)。

A. 最易受极端值的影响
B. 未充分利用每一个数据的信息
C. 在数学性质上不是最优的
D. 不能反映数据的离散程度
E. 数学处理中要考虑绝对值,计算中有许多不便

三、计算题

1. 某工厂 2024 年计划总产值 1 080 万元,计划完成 110%,2024 年计划总产值比 2023 年增长 8%,试计算该工厂 2024 年实际产值为 2023 年的百分比。

2. 某企业职工工资资料如表 3-12 所示。

表 3-12　　　　　　　　　　　某企业职工工资资料

周工资额(元)	工资总额(元)	组中值	工人数(人)	累计次数(次)
500 以下	6 750			
500~600(不含)	24 750			
600~700(不含)	35 100			
700~800(不含)	22 500			
800	5 100			
合　　计	94 200			

要求:计算职工平均工资,中位数,众数。

3. 某公司下属企业第一季度总产值计划完成情况如表 3-13 所示。

表 3-13　　　　　　　　　　　产值完成情况

计划完成	企业数(个)	计划产值(万元)	组中值	实际产值(万元)
90%~100%	3	800		
100%~110%	12	4 000		
110%~120%	5	1 200		
合　　计	20			

要求:计算平均计划完成程度。

4. 已知甲、乙两个班级学生统计学原理考试成绩如表 3-14 和表 3-15 所示。

表 3-14　　　甲班百分制

分数(分)	人数(人)
40~50(不含)	5
50~60(不含)	7
60~70(不含)	8
70~80(不含)	20
80~90(不含)	14
90~100(不含)	6

表 3-15　　　乙班 5 分制

分数(分)	人数(人)
1	3
2	7
3	16
4	25
5	9

要求:(1) 分别计算两个班级的平均分数。

(2) 计算有关指标比较两个班级学生平均成绩的代表性。

综合实训(一)

2024 年 6 月 9 日,丁一老师对其所教的甲、乙两班的"统计学原理"课程进行了测试,2024 年 6 月 13 日,成绩公布,其中:甲班 50 名同学成绩如表 3-16 所示。

表 3-16　　　　　　　　　甲班《统计学原理》成绩汇总表

序号	学号	成绩	序号	学号	成绩
1	1318017101	?	26	1318017126	80
2	1318017102	89	27	1318017127	84
3	1318017103	69	28	1318017128	70
4	1318017104	70	29	1318017129	61
5	1318017105	78	30	1318017130	91
6	1318017106	82	31	1318017131	72
7	1318017107	90	32	1318017132	87
8	1318017108	66	33	1318017133	79
9	1318017109	96	34	1318017134	61
10	1318017110	79	35	1318017135	93
11	1318017111	96	36	1318017136	68
12	1318017112	96	37	1318017137	87
13	1318017113	79	38	1318017138	85
14	1318017114	77	39	1318017139	80
15	1318017115	41	40	1318017140	85
16	1318017116	100	41	1318017141	71
17	1318017117	86	42	1318017142	65
18	1318017118	79	43	1318017143	93
19	1318017119	84	44	1318017144	72
20	1318017120	78	45	1318017145	88
21	1318017121	60	46	1318017146	95
22	1318017122	91	47	1318017147	75
23	1318017123	67	48	1318017148	88
24	1318017124	86	49	1318017149	76
25	1318017125	85	50	1318017150	89

制表人:丁一

填表说明:

请将表中学号为"1318017101"的成绩"?"改为"自己学号末 2 位＋60"填列；

另知乙班平均分为 4.1 分,标准差为 1.02 分。

要求:根据上述资料,对甲班《统计学原理》成绩进行简要分析。

一、甲班基本情况分析

根据初始资料说明:

总体:

单位:

标志 1:

标志的变现:

标志 2:

标志值:

指标:

指标值:

变量:

变量值:

二、本次调查分析

根据初始资料说明:

调查对象:

调查单位:

填报单位:

表头:

表体:

表脚:

调查时间:

调查期限:

三、数据初步整理

完成数据初步整理,并将数据填入表 3-17。

表 3-17 甲班《统计学原理》成绩初步整理表

成绩(分)	人数(人)	组距	频率	组中值	向上累计		向下累计	
					次数	频率	次数	频率
60 以下								
60～70								
70～80								
80～90								
90 以上								
合计	50			—	—	—	—	—

四、甲班成绩分析

（一）未分组资料

平均分：

中位数：

众数：

全距：

（二）分组资料

完成甲班"统计学原理"成绩分组计算表如表 3-18 所示。

表 3-18　　　　　　　　甲班"统计学原理"成绩分组计算表

成绩（分）	人数（人）f	组中值x	xf	向上累计次数	$x-\bar{x}$	$(x-\bar{x})^2 f$
60 以下						
60～70						
70～80						
80～90						
90 以上						
合　计		—		—	—	

平均分：

中位数

众数：

偏态分布：

全距：

标准差：

标准差系数：

与乙班的对比分析：

项目四

抽样与抽样推断

> 一个逻辑学家不需要亲眼见到或听过大西洋或尼亚加拉大瀑布,他从一滴水中就能推测出它们存在的可能性。
>
> ——阿瑟·柯南·道尔《福尔摩斯探案集》
>
> 我们无法测量整片海洋,但一滴水有可能告诉我们它的成分。抽样正是这样的"数据显微镜",让我们以小见大。本项目将带你探索如何用样本推断总体,并避免"管中窥豹"的误区。

项目内容

抽样推断的基本理论
抽样误差
抽样估计
抽样组织方式和抽样方案设计

知识目标

了解抽样推断的基本概念、特点。
理解抽样误差的概念。
掌握抽样平均误差、抽样极限误差和抽样估计的计算。

能力目标

会计算抽样平均误差和抽样极限误差。
会进行点估计、区间估计,计算样本容量。
会利用抽样推断的方法进行各种指标的抽样推断。

素质目标

培养系统分析问题的能力,提升统计应用能力。
理解国家战略的统计支撑,体会社会主义制度优势。

任务一　抽样推断的基本理论

一、抽样推断的概念

我们生活在一个数字化时代,时刻都在和数据打交道。例如,农作物的产量、森林木材的蓄积量、产品的合格率、商品的销售量、某些产品的性能和使用寿命检验、居民家庭收支情况等。

你知道这些数据是怎么来的吗？在现实经济生活中,由于所调查的总体中的个体数往往很多,许多总体的数量特征往往是未知的或无法预先知道的,而且有些调查带有破坏性,因此,我们通常只调查总体中的一个样本,通过样本来了解总体的情况,这就是抽样推断。例如,中国烟台三环锁厂与中东一进口商签订了一份出口 5 万把门锁的合同,中国商品检验局在交货时对门锁进行品质检查,检查合格方出具品质合格证书,质量检查员从 1 000 箱(50 把/箱)中随机抽取 10 箱打开,在每箱中随机抽取 5 把门锁,对所抽取的 50 把门锁进行品质检查,据此推断整批货物的质量。

抽样推断的目的不在于了解样本本身的数量特征,而在于借助样本的数量特征,估计和检验总体的数量特征。在现实经济生活中,许多总体的数量特征往往是未知的或无法预先知道的,抽样推断为经济分析提供了一个利用样本的有限信息和了解、掌握总体中未知数量特征的科学方法。

从研究对象的全体(总体)中抽取一部分单位作为样本进行观察,并根据样本指标的观察结果来推断全体,以此达到对全体目标量的了解,这就是广义的抽样推断的概念。而我们一般所讲的抽样推断,是指狭义的抽样推断(随机抽样)。狭义的抽样推断是指遵循随机原则从总体中抽取一部分单位进行观察,并运用数理统计的原理,以被抽取的那部分单位的数量特征为代表,对总体作出数量上的推断分析。

二、抽样推断的特点

抽样推断是在遵循随机原则的基础上,从总体中抽取部分单位进行观察,取得实际数据,运用数理统计方法,对总体某一现象的数量特征作出具有一定可靠程度的估计判断。因此,抽样推断有以下特点。

1. 抽样推断是由部分推断整体的一种研究方法

抽样推断既省时、省力,又经济,并能达到准确认识总体的数量特征这一目的。例如,在实际工作中,人们可以根据部分城镇居民家庭收支情况,来推断全国城镇居民家庭的收入和消费水平;厂家可以根据部分产品的使用寿命,来推断全部产品的使用寿命等。

2. 抽样推断建立在随机抽样的基础上

遵循随机原则进行抽样,是对总体进行科学估计和推断的前提。随,即遵从,因而变化;机,机遇、机会、可能等。随机就是指是何结果依概率而定,碰谁即谁,任由天定,避免任何会带来系统性和趋势性影响的人为干预。所谓随机原则是指在抽样时排除主观上有意识地抽取调查单位,每个受试单位以均等的概率,随机地被分配到实验组与对照组,使每一个单位都有一定的机会被抽中。例如,从 5 000 件产品中抽取 50 件产品进行质检,每一件产品被抽到的可能性都是 1‰。只有这样,样本才对总体具有代表性,我们才可以由样本指标推断总体指标。如果违背随机原则,不论是有意的或无意的,都会人为地夸大或缩小组与组之间的差别,给实验结果带来片面性。

3. 抽样推断运用概率估计方法

利用样本指标来估计总体指标时,在数学上运用的是不确定的概率估计法,这是因为样本指标与总体指标之间存在着抽样误差。由于样本指标的随机性和总体指标的未知性,这个误差的大小只能依靠数理统计中的大数定理和中心极限定理估计出来。因此,由样本指标来推断总体指标的可靠程度有多大,正是概率估计所要解决的问题。

大数定律又称大数定理,是概率论历史上第一个极限定理,它所描述的是当样本充分大时,样本统计量的极限行为,即在充分大规模的抽样下,抽样平均数和总体平均数间的离差可以任意小,这一可能性的概率可以尽量接近于 1,即接近完全的精确性。

中心极限定理的基本内涵是:一组独立同分布的变量的和或平均值当变量值的个数 (n)充分大时近似地具有正态分布特征。通过这个定理,可以知道不论总体服从什么分布,当 n 很大时,样本的平均数 $\bar{x}$ 近似于具有参数 μ 和 $\frac{\sigma}{\sqrt{n}}$ 的正态分布(即极限正态分布),这个定理是大样本统计推断的理论基础。

4. 抽样推断的误差可以事先计算并加以控制

在随机原则下,可以描述出抽样误差的分布,因而可以根据总体标志值的差异程度,通过增加样本单位数或改进抽样方式、方法等途径把抽样误差控制在一定范围内。

三、抽样推断的几个基本概念

抽样推断是在抽样调查的基础上,利用样本的实际资料计算样本指标,并据以推断总体数量特征的一种统计方法。统计活动主要是要了解所要考查的总体状况,特别是要了解总体的各种有关统计指标数值,如总体平均数、总体成数、总体方差等。如果总体中每个个体的标志值都已知,则所求指标值可以通过综合指标的计算方法得到。但是,在实际工作中,我们往往无法掌握总体中全部个体的资料,而能知道的仅仅是总体中部分个体的数据,即样本数据,这就需要我们运用一定的方法根据样本数据来推断总体的指标数值,以达到对现象总体的认识,这一过程就是抽样推断。

在进行抽样推断之前,先要了解抽样推断的几个基本概念。

(一)总体和样本

1. 总体

总体也称为全及总体,指所要认识的研究对象的全体。总体是由所研究范围内具有某种共同性质的全体单位所组成的集合体。总体单位总数用 N 表示。

2. 样本

样本又称子样或抽样总体。样本是从总体中随机抽取出来,作为代表这一总体的部分单位组成的集合体。样本单位数用 n 表示。

例如,某城市有 100 万户家庭,为了解该城市家庭的收支情况,从全部家庭中随机抽取 1%,即抽取 1 万户家庭进行抽样调查,则总体单位总数 $N=100$(万户),样本单位数 $n=1$(万户)。

样本容量是指一个样本所包含的单位数,即总体单位数。样本按照样本单位数的多少分为大样本和小样本。一般来说,样本单位数达到或超过 30 个称为大样本,而在 30 个以下称为小样本,社会经济现象的抽样调查多取大样本。

(二) 总体指标和样本指标

1. 总体指标

总体指标是根据总体各单位的标志值或标志属性计算的,是反映总体数量特征的综合指标。对于总体中的数量标志,常用的总体指标有总体平均数、总体成数、总体方差和总体标准差,一般以大写字母表示。

1) 总体平均数

总体平均数是总体各单位数量标志值的平均数,一般用符号 $\overline{X}$ 表示。

设总体各单位数量标志值为:

$$X_1, X_2, X_3, \cdots, X_N$$

在总体未分组的情况下:

$$\overline{X} = \frac{\sum X}{N}$$

在总体分组的情况下:

$$\overline{X} = \frac{\sum XF}{\sum F}$$

式中:F 表示总体各组次数;$\sum F = N$。

2) 总体方差

根据总体各单位标志值计算的方差称为总体方差,用符号 σ^2 表示,σ 为总体标准差。总体方差的计算公式如下。

在总体未分组的情况下:

$$\sigma^2 = \frac{\sum (X - \overline{X})^2}{N}$$

在总体分组的情况下:

$$\sigma^2 = \frac{\sum (X - \overline{X})^2 F}{\sum F}$$

3) 总体标准差

在总体未分组的情况下:

$$\sigma = \sqrt{\frac{\sum (X - \overline{X})^2}{N}}$$

在总体分组的情况下：

$$\sigma = \sqrt{\frac{\sum (X - \bar{X})^2 F}{\sum F}}$$

4）总体成数

对于总体中的品质标志，由于各单位标志不能用数量来表示，常用的总体指标是总体成数、总体方差、总体标准差。总体成数表示总体中具有某种性质的单位数在总体全部单位数中所占的比重，一般用 P 表示。设 N 个总体单位中有 N_1 个单位具有某种性质，N_0 个单位不具有某种性质，满足 $N_1 + N_0 = N$。具有某种性质的总体成数 $P = \dfrac{N_1}{N}$；不具有某种性质的总体成数 $Q = \dfrac{N_0}{N}$，满足 $P + Q = 1$。总体成数的方差 $P(1-P) = PQ = Q(1-Q)$；总体成数的标准差 $\sqrt{P(1-P)} = \sqrt{PQ} = \sqrt{Q(1-Q)}$。

作为推断对象的总体是确定的，是唯一的，因而根据总体计算得到的总体指标也是确定的、唯一的。但是，通常在抽样调查之前这些总体指标是未知的，即使进行了抽样调查和抽样推断，也只能给出这些指标的估计值。

2. 样本指标

样本指标是根据样本各单位标志值或标志属性计算的综合指标。样本指标和总体指标相类似，常用的总体指标有样本平均数、样本方差、样本标准差、样本成数，一般以小写字母表示。

1）样本平均数

样本平均数是样本各单位数量标志值的平均数，一般用符号 $\bar{x}$ 表示。

设样本各单位数量标志值：

$$x_1, \ x_2, \ x_3, \ \cdots, \ x_n。$$

在样本未分组的情况下：

$$\bar{x} = \frac{\sum x}{n}$$

在样本分组的情况下：

$$\bar{x} = \frac{\sum xf}{\sum f}$$

式中：f 表示总体各组次数；$\sum f = n$。

2）样本方差

根据样本各单位标志值计算的方差称为样本方差，用符号 s^2 表示，s 为样本标准差。样本方差的计算公式如下。

在样本未分组的情况下：

$$s^2 = \frac{\sum(x-\bar{x})^2}{n-1} \approx \frac{\sum(x-\bar{x})^2}{n} \quad (n \geqslant 30 \text{ 时})$$

在样本分组的情况下：

$$s^2 = \frac{\sum(x-\bar{x})^2 f}{\sum f - 1} \approx \frac{\sum(x-\bar{x})^2 f}{\sum f} \quad (n \geqslant 30 \text{ 时})$$

3）样本标准差

在样本未分组的情况下：

$$s = \sqrt{\frac{\sum(x-\bar{x})^2}{n-1}} \approx \sqrt{\frac{\sum(x-\bar{x})^2}{n}} \quad (n \geqslant 30 \text{ 时})$$

在样本分组的情况下：

$$s = \sqrt{\frac{\sum(x-\bar{x})^2 f}{\sum f - 1}} \approx \sqrt{\frac{\sum(x-\bar{x})^2 f}{\sum f}} \quad (n \geqslant 30 \text{ 时})$$

社会经济现象的抽样调查大多取大样本，实际应用中为方便起见，样本方差经常也用 σ^2 表示，样本标准差用 σ 表示。

4）样本成数

对于样本中的品质标志，由于各单位标志不能用数量来表示，常用的样本指标是样本成数、样本方差、样本标准差。样本成数表示样本中具有某种性质的单位数在样本全部单位数中所占的比重，一般用 p 表示。设 n 个样本单位中，有 n_1 个单位具有某种性质，n_0 个单位不具有某种性质，满足 $n_1 + n_0 = n$。具有某种性质的样本成数 $p = \dfrac{n_1}{n}$；不具有某种性质的样本成数 $q = \dfrac{n_0}{n}$，满足 $p + q = 1$。样本成数的方差 $p(1-p) = pq = q(1-q)$；样本成数的标准差 $\sqrt{p(1-p)} = \sqrt{pq} = \sqrt{q(1-q)}$。

由于样本是随机抽取的，所以根据样本资料计算得到的样本指标也是随机的，不同的样本其样本指标也不同。

（三）重复抽样和不重复抽样

重复抽样与不重复抽样是两种具体抽取样本单位的方法，应用中应根据调查对象的特点和研究目的进行选取。在抽样实践中，不重复抽样的应用更为广泛。

1. 重复抽样

重复抽样又叫重置抽样，它是指每次从总体中随机抽取一个样本单位，经观察登记其有关标志后再放回原总体，使其与其他单位具有同等的机会参加下一次抽取，如此进行 n 次，就可以得到一个容量为 n 的样本总体。在每次抽选过程中，总体单位数目 N 始终不变，但同一个单位都有可能被多次重复抽中。

重复抽样有两个特点:第一,每个总体单位都有被重复抽中的可能;第二,每次都是从全部总体单位中抽取一个样本单位,因此,各个单位被抽中的可能性前后相等。

例如,全体总体由甲、乙、丙、丁4个单位构成,从中随机抽取2个单位构成一个样本,如果采取重复抽样的方法,那么可能抽取多少种样本? 每抽取一个样本单位就有4种可能,样本容量是2个单位,那么就有4种可能的样本供选择,具体的配合如下:

$$
甲\begin{cases}甲\\乙\\丙\\丁\end{cases} \quad 乙\begin{cases}甲\\乙\\丙\\丁\end{cases} \quad 丙\begin{cases}甲\\乙\\丙\\丁\end{cases} \quad 丁\begin{cases}甲\\乙\\丙\\丁\end{cases}
$$

这样,每一个样本单位都有4种配合,2个单位构成一个可能样本,则重复抽样的可能样本数为:16个(4×4)。结论是,从总体 N 个单位中,随机重复抽取 n 个单位构成一个样本,一共可抽取 $M=\underbrace{N\cdot N\cdot N\cdots N}_{n}=N^n$ 个可能样本。

2. 不重复抽样

不重复抽样也叫不重置抽样,它是指每次从总体中随机抽取一个样本单位,登记其有关资料后,不再放回原总体,而是从剩余单位中进行下一个样本单位的抽取,直至抽足预定的样本单位数为止。

不重复抽样有以下特点:

(1) 每个总体单位一旦被抽中,就不会再有被抽中的可能性,即不可能重复中选;

(2) 可以一次抽足预定的样本单位数;

(3) 总体单位数在抽选过程中逐渐减少,这样,余下的总体单位被抽中的可能性越来越大。

还以总体有甲、乙、丙、丁4个单位为例来说,从中随机抽取容量为2个单位的样本,采用不重复抽样方法,第一次抽取样本有4种可能,第二次抽取有3种可能。那么,可供选择的可能样本数的配合如下:

$$
甲\begin{cases}乙\\丙\\丁\end{cases} \quad 乙\begin{cases}甲\\丙\\丁\end{cases} \quad 丙\begin{cases}甲\\乙\\丁\end{cases} \quad 丁\begin{cases}甲\\乙\\丙\end{cases}
$$

每一个样本单位有3种配合组成可能样本,有4个样本单位,组成可能样本数为:$4\times3=12$(个)。如果样本是由3个单位构成,那么不重复抽样的可能样本数目就有 $4\times3\times2=24$(个)。结论是,从总体 N 个单位中,随机不重复抽取容量为 n 个单位的样本,则共可抽取的可能样本数目为 $M=N\cdot(N-1)\cdot(N-2)\cdots[N-(n-1)]$ 个可能样本。

其公式可简写为:

$$
M=P_N^n=\frac{N!}{(N-n)!}
$$

例如,从1~9中重复抽取3个数字组成一个样本,共有1 000个($10\times10\times10$)样本数;从1~10中不重复抽取3个数字组成一个样本,共有720个($10\times9\times8$)样本数。

两种抽样方法会产生3种差别:

(1) 抽取的样本数目不同,用重复抽样方法从总体中抽取的样本个数比不用重复抽样方法从总体中抽取的样本个数多；

（2）抽样误差的计算公式不同；

（3）抽样误差的计算公式不同导致抽样误差的大小也不同。在相同条件下，重复抽样产生的抽样误差大于不重复抽样产生的抽样误差。

任务二 抽 样 误 差

一、抽样误差的概念

但凡抽样调查就一定会有误差。在抽样调查中，用样本指标代替总体指标所产生的误差可分为以下三种。

1. 登记性误差

登记性误差是指调查者或被调查者的主观原因而导致调查所得的总体指标与总体实际指标之间的差异。

从理论上来说，只要被调查者提供了真实、准确的个体信息资料，而且调查者能准确记录与整理分析这些个体信息资料，就可以避免登记性误差的产生。事实上，统计总体中的个体可能会基于各种考虑或顾虑不愿提供真实、准确的个体信息资料；即使调查总体中的个体主观想提供真实、准确的个体信息资料，但是由于被调查的个体缺少必要的数据记录，或没有相关数据，或个人信息资料记忆有误，也可能无法提供真实、准确的个人信息资料。另一方面，即使被调查者提供了真实、准确的个体信息资料，也可能因调查者数据记录不熟练、责任心不强造成记录错误，或者发生数据丢失以及分析、整理的个体信息资料有误等，也会产生登记性误差。

2. 系统性误差

系统性误差是由于调查者违反随机原则，有意识地选择较好或较差单位进行调查，造成样本代表性不足所引起的误差。例如，对一批零件的质量进行抽样检查，如果调查人员注重抽选技术水平高、生产认真负责的工人生产的零件，并根据这批零件的合格率来推断全部零件的合格率，产品的合格率就会偏高。在抽样调查中，只要遵循了随机原则就可以避免产生系统性误差。

可见，系统性误差和登记性误差一样，都是由抽样组织工作造成的，可以采取措施预防系统性误差和登记性误差的发生或将误差减小到最低程度。

3. 随机误差

随机误差又叫偶然误差，它是在完全消除登记性误差和系统性误差这种理想情况下，在遵循随机原则的情况下，所产生的样本指标与被它估计的总体相应指标的差数。

在随机抽样的前提下，抽中的样本的内部结构与总体内部结构完全一致的情形，属极小概率事件，现实中几乎不可能发生。例如，假设在全部 10 000 件商品中，有 95% 的合格品和 5% 的不合格品，而在随机抽取的 100 件商品中，也恰好有 95 件合格品和 5 件不合格品的情况是很少或几乎不可能发生的，所以随机误差的产生是不可避免的。

我们所说的抽样误差，既不是登记性误差，也不是系统性误差，而是随机误差。只要进行随机抽样,就必然产生这种随机性的抽样误差。可见,抽样误差是在不违背随机原则的情况下必然出现的误差,它是抽样调查固有的代表性误差,是由于样本不可能完全代表总体所产生的误差。抽样误差是客观存在的,除非进行全面调查,否则,我们不可能用主观的办法来消除它。

二、抽样平均误差的概念与计算

一般来说,抽样误差是指样本指标与总体指标之间的绝对误差。抽样误差是衡量抽样检查准确程度的指标,抽样误差越大,表明样本对总体的代表性越小,抽样调查的结果越不可靠;反之,抽样误差越小,说明样本对总体的代表性越大,抽样调查的结果越准确可靠。对抽样误差深入研究可以发现,抽样误差分为抽样实际误差和抽样平均误差。

抽样实际误差是指随机抽取的某一样本的样本指标与总体指标的差数。例如,样本平均数与总体平均数之差 $\overline{X} - \overline{x}$,样本成数与总体成数之差 $P - p$。由于总体指标的未知性、样本指标的随机性(不唯一性),即按照随机原则从同一总体中抽取样本容量相同的样本可以有多种不同的抽取方法,抽取样本有随机性,产生的样本指标也具有随机性,抽样实际误差也是随机的,是不可求的。

为了用样本指标去推算总体指标,就需要计算这些抽样实际误差的平均数,即抽样平均误差。

(一) 抽样平均误差的概念

抽样平均误差是反映抽样实际误差一般水平的指标,确切地说,抽样平均误差是指样本平均数(或成数)的标准差,也可以理解为所有样本指标与总体指标的平均离差。抽样平均误差一般用希腊字母 μ 表示,其中抽样平均数的平均误差用 $\mu_{\overline{x}}$ 表示,抽样成数的平均误差用 $\mu_{\overline{p}}$ 表示。

抽样平均误差的作用表现在它能够说明样本指标代表性的大小。抽样平均误差越大,说明样本指标对总体指标的代表性越低;抽样平均误差越小,说明样本指标对总体指标的代表性越高。

虽然某一次的抽样实际误差具有不确定性,但是抽样实际误差是客观存在的,是可以计算的。

(二) 抽样平均误差的计算

根据抽样平均误差的概念,抽样平均误差用公式可表示如下:

抽样平均数的平均误差:

$$\mu_{\overline{x}} = \sqrt{\frac{\sum (\overline{x} - \overline{X})^2}{M}}$$

抽样成数的平均误差:

$$\mu_{\overline{p}} = \sqrt{\frac{\sum (p - P)^2}{M}}$$

M 是所有可能抽取的样本个数。

在实际生活中，由于 $\overline{X}$、P 是未知的，也不可能一一列举出所有的样本，并计算出每个样本的指标 $\overline{x}$、p，因此无法按以上定义公式来计算抽样平均误差。

数理统计证明，抽样平均误差的计算公式如下。

1. 抽样平均数的平均误差公式

重复抽样：

$$\mu_{\overline{x}} = \sqrt{\frac{\sigma^2}{n}} = \frac{\sigma}{\sqrt{n}}$$

不重复抽样：

$$\mu_{\overline{x}} = \sqrt{\frac{\sigma^2}{n}\left(\frac{N-n}{N-1}\right)} \qquad (0 < N < 30)$$

式中：$\dfrac{N-n}{N-1}$ 表示修正系数。

通常情况下，当 N 很大时，$(N-1)$ 几乎等于 N，$\dfrac{N-n}{N-1}$ 可以用 $1-\dfrac{n}{N}$ 代替。

不重复抽样下的抽样平均数的平均误差计算公式可简化为：

$$\mu_{\overline{x}} = \sqrt{\frac{\sigma^2}{n}\left(1-\frac{n}{N}\right)} \qquad (N \geqslant 30)$$

在公式中，σ 是总体标准差，但在实际计算时，总体标准差通常是未知的，在大样本的情况下，通常用样本标准差代替。

2. 抽样成数的平均误差

重复抽样：

$$\mu_P = \sqrt{\frac{P(1-P)}{n}}$$

不重复抽样：

$$\mu_P = \sqrt{\frac{P(1-P)}{n}\left(\frac{N-n}{N-1}\right)} \qquad (0 < N < 30)$$

通常情况下，当 N 很大时，$(N-1)$ 几乎等于 N。不重复抽样下的抽样成数的平均误差计算公式可简化为：

$$\mu_P = \sqrt{\frac{P(1-P)}{n}\left(1-\frac{n}{N}\right)} \qquad (N \geqslant 30)$$

上式中 P 应为总体成数，实际计算时通常用样本成数 p 代替。

由于 $1-\dfrac{n}{N} < 1$，在同样条件下不重复抽样的抽样平均误差总小于重复抽样的抽样平均误差。

将上述抽样平均误差计算公式归纳成表 4-1。

表 4-1　　　　　　　　　　　　　　　　抽样平均误差计算公式

项　目	重复抽样	不重复抽样
抽样平均数平均误差	$\mu_{\bar{x}} = \sqrt{\dfrac{\sigma^2}{n}} = \dfrac{\sigma}{\sqrt{n}}$	$\mu_{\bar{x}} = \sqrt{\dfrac{\sigma^2}{n}\left(1 - \dfrac{n}{N}\right)}$
抽样成数平均误差	$\mu_P = \sqrt{\dfrac{P(1-P)}{n}}$	$\mu_P = \sqrt{\dfrac{P(1-P)}{n}\left(1 - \dfrac{n}{N}\right)}$

当总体标准差或方差未知时,可以用以下方法解决:

第一,用样本方差来代替总体方差,即用 s^2 代替 σ^2,用样本成数 $p(1-p)$ 代替总体成数 $P(1-P)$。

第二,可用过去全面调查的资料,也可以用过去抽样调查的资料代替。如果有多个不同的材料,应选择方差数值较大的。

下面举例说明抽样平均误差的计算方法。

【例 4-1】　某厂生产一种新型灯泡共 2 000 只,随机抽出 400 只作耐用时间试验,经测试,这种新型灯泡的平均使用寿命为 4 800 小时,样本标准差为 300 小时,求这批灯泡平均使用寿命的抽样平均误差。

答案与解析　$N = 2\,000$,$n = 400$,$\sigma = 300$。

重复抽样下抽样平均数的平均误差:

$$\mu_{\bar{x}} = \frac{\sigma}{\sqrt{n}} = \frac{300}{\sqrt{400}} = 15\,(\text{小时})$$

不重复抽样下抽样平均数的平均误差:

$$\mu_{\bar{x}} = \sqrt{\frac{\sigma^2}{n}\left(1 - \frac{n}{N}\right)} = \sqrt{\frac{300^2}{400} \times \left(1 - \frac{400}{2\,000}\right)} = 13.42\,(\text{小时})$$

这批灯泡平均使用寿命抽样平均误差在重复抽样下是 15 小时,不重复抽样下是 13.42 小时。

【例 4-2】　某玻璃器皿厂某日生产 15 000 只印花玻璃杯,现从中随机抽取 150 只进行质量检验,结果有 147 只合格,其余 3 只为不合格品,试求这批印花玻璃杯合格率(成数)的抽样平均误差。

答案与解析　$N = 15\,000$,$n = 150$,$p = \dfrac{147}{150} \times 100\% = 98\%$。

重复抽样下抽样成数的平均误差:

$$\mu_P = \sqrt{\frac{p(1-p)}{n}} = \sqrt{\frac{98\% \times (1 - 98\%)}{150}} = 1.143\,1\%$$

不重复抽样下抽样成数的平均误差:

$$\mu_P = \sqrt{\frac{p(1-p)}{n}\left(1 - \frac{n}{N}\right)} = \sqrt{\frac{98\% \times (1 - 98\%)}{150} \times \left(1 - \frac{150}{15\,000}\right)} = 1.137\,4\%$$

这批印花玻璃杯合格率(成数)的抽样平均误差在重复抽样下为 1.143 1%,在不重复抽样下为 1.137 4%。

可见,在相同条件下,不重复抽样的抽样平均误差总小于重复抽样的抽样平均误差。

三、影响抽样平均误差的因素

从上述计算抽样平均误差的公式中可以看出,影响抽样平均误差大小的因素主要有如下几个。

1. 总体各单位标志值的差异程度

在其他条件不变的情况下,总体标志的变异程度越小,抽样误差越小;总体标志的变异程度越大,抽样误差越大。抽样误差和总体标志的变异程度呈正比,这是因为总体标志的变异程度越小,表示总体各单位标志值之间的差异越小,则样本指标与总体指标之间的差异也就会越小。如果总体各单位标志值相等,即总体标志的变异程度为 0,则 σ 或 $p(1-p)$ 均为 0,样本指标等于总体指标,此时就不存在抽样误差。

2. 样本单位数

在其他条件不变的情况下,样本单位数越多,抽样误差越小;样本单位数越少,抽样误差越大。这是因为随着样本单位数的增多,样本结构越接近总体,抽样调查也就越接近全面调查,当样本单位数扩大到总体单位数时,则抽样调查变为全面调查,也就不存在抽样误差了。

3. 抽样方法

抽样方法不同,抽样误差也不同,在其他条件不变的情况下,不重复抽样的抽样平均误差总小于重复抽样的抽样平均误差。当 N 相当大或者 n 相对于 N 很小时,两者的抽样平均误差相近。

4. 抽样组织方式

采用不同的抽样组织方式,会产生不同的抽样误差,这是因为不同的抽样组织方式所抽中的样本对于总体的代表性不同。一般而言,等距抽样和类型抽样产生的抽样误差要比简单随机抽样产生的抽样误差小;单个抽样的效果要比整群抽样的效果好。

四、抽样极限误差的概念与计算

(一) 抽样极限误差的概念

抽样极限误差又称置信区间和抽样允许误差范围,是指样本指标与总体指标之间可能的误差范围。

我们知道,在一个总体中可以抽取许多个样本,计算得到许多个样本指标,这些样本指标总是围绕着总体指标上下波动,这种变动幅度或大或小,即样本指标与总体指标的离差或正或负,因而就有一个变动范围的问题。用绝对值形式表示样本指标与总体指标偏差的可允许的最大范围就是抽样极限误差,一般用希腊字母 Δ 表示。抽样极限误差表明被估计的总体指标有希望落在一个以样本指标为基础的可能范围。

抽样极限误差可表示为:

$$\Delta_{\bar{x}} = |\,\overline{X} - \bar{x}\,|, \quad \Delta_{\bar{p}} = |\,P - p\,|$$

展开得:

$$\overline{x} - \Delta_{\overline{x}} \leqslant \overline{X} \leqslant \overline{x} + \Delta_{\overline{x}}, \quad p - \Delta_p \leqslant P \leqslant p + \Delta_p$$

抽样极限误差的确定依赖于人们希望控制总体样本程度的大小,如果希望控制的把握程度大些,那么就给出较大的抽样极限误差;反之,就给出较小的抽样极限误差。统计上把这种把握程度叫作概率保证程度,又称概率、置信概率、可靠程度。

由此可知,如果只要求以较低的概率保证程度来估计总体平均数 $\overline{X}$ 落在某一区间,那么只要给出较小的误差范围 $\Delta_{\overline{x}}$;而如果要求以较高的概率保证程度来估计总体平均数 $\overline{X}$ 落在某一区间,那么就要给出较大的误差范围 $\Delta_{\overline{x}}$。因此,抽样极限误差与概率保证程度呈正比关系。

那么,如何确定抽样极限误差和概率保证程度?

基于理论上的要求,抽样极限误差需要用抽样平均误差 $\mu_{\overline{x}}$ 或 μ_p 为标准单位来衡量,即把抽样极限误差 $\Delta_{\overline{x}}$ 或 Δ_p 除以相应的 $\mu_{\overline{x}}$ 或 μ_p,其比值记作 t。于是有:

$$t = \frac{\Delta_{\overline{x}}}{\mu_{\overline{x}}} \quad \text{或} \quad t = \frac{\Delta_p}{\mu_p} \quad \text{即} \quad \Delta_{\overline{x}} = t\mu_{\overline{x}} \quad \text{或} \quad \Delta_p = t\mu_p$$

式中:Δ 表示抽样极限误差;μ 表示抽样平均误差;t 表示概率度或置信度。

从概率论和数理统计中可以确定概率度 t 与概率 $F(t)$ 之间的数值关系,它们之间关系可从正态分布概率表中查得,表 4-2 是统计中常用的概率度 t 与概率 $F(t)$。

表 4-2　　　　　　　　　　　常用的概率度 t 与概率 $F(t)$ 之间的关系

概率度 t	概率 $F(t)$
1.00	0.682 7
1.65	0.800 0
1.96	0.950 0
2.00	0.954 5
3.00	0.973 3

(二) 抽样极限误差的计算

1) 抽样平均数的极限误差

重复抽样:

$$\Delta_{\overline{x}} = t\mu_{\overline{x}} = t\sqrt{\frac{\sigma^2}{n}} = \frac{t\sigma}{\sqrt{n}}$$

不重复抽样:

$$\Delta_{\overline{x}} = t\mu_{\overline{x}} = t\sqrt{\frac{\sigma^2}{n}\left(\frac{N-n}{N-1}\right)} \quad (0 < N \leqslant 30)$$

$$\Delta_{\overline{x}} = t\mu_{\overline{x}} = t\sqrt{\frac{\sigma^2}{n}\left(1 - \frac{n}{N}\right)} \quad (N \geqslant 30)$$

2) 抽样成数的抽样平均误差

重复抽样:

$$\Delta_p = t\mu_P = t\sqrt{\frac{P(1-P)}{n}}$$

不重复抽样：

$$\Delta_p = t\mu_P = t\sqrt{\frac{P(1-P)}{n}\left(\frac{N-n}{N-1}\right)} \quad (0 < N \leqslant 30)$$

$$\Delta_p = t\mu_P = t\sqrt{\frac{P(1-P)}{n}\left(1-\frac{n}{N}\right)} \quad (N \geqslant 30)$$

从上述公式可以看出，当 t 和 σ（或 σ^2）增大时 Δ 亦增大；当 n 增大时，则 Δ 减小；当 $t=1$ 时，则 $\Delta = 1 \cdot \mu$，即抽样极限误差等于抽样平均误差。

下面举例说明抽样极限误差的计算方法。

【例 4-3】 从某年级 1 000 名学生中随机抽取 50 名学生，对大学语文课进行检查，得知其平均分为 75.6 分，样本标准差为 10 分。试以 95.45% 的概率推断全年级学生考试平均成绩抽样极限误差。

答案与解析 $n=50$，$N=1\,000$，$\bar{x}=75.6$，$\sigma=10$，$F(t)=95.45\%$，$t=2$。

重复抽样：

$$\Delta_{\bar{x}} = t\mu_{\bar{x}} = \frac{t\sigma}{\sqrt{n}} = \frac{2 \times 10}{\sqrt{50}} = 2.83\,(\text{分})$$

不重复抽样：

$$\Delta_{\bar{x}} = t\mu_{\bar{x}} = t\sqrt{\frac{\sigma^2}{n}\left(1-\frac{n}{N}\right)} = 2 \times \sqrt{\frac{10^2}{50} \times \left(1-\frac{50}{1\,000}\right)} = 2.76\,(\text{分})$$

重复抽样下以 95.45% 的概率推断全年级学生考试平均成绩抽样极限误差为 2.83 分；不重复抽样下以 95.45% 的概率推断全年级学生考试平均成绩抽样极限误差为 2.76 分。

【例 4-4】 某钢铁厂生产某种钢管，现从该厂某月生产的 500 根钢管中抽取 100 根进行质量检测。测得一级品率为 60%，试以 95% 的概率推断这批钢管的一级品率的抽样极限误差。

答案与解析 已知 $p=60\%$，$n=100$，$N=500$，$F(t)=95\%$，$t=1.96$。

重复抽样：

$$\Delta_p = t\mu_P = t\sqrt{\frac{P(1-P)}{n}} = 1.96 \times \sqrt{\frac{60\% \times (1-60\%)}{100}} = 9.60\%$$

不重复抽样：

$$\Delta_p = t\sqrt{\frac{p(1-p)}{n}\left(1-\frac{n}{N}\right)} = 1.96 \times \sqrt{\frac{60\% \times (1-60\%)}{100} \times \left(1-\frac{100}{500}\right)} = 8.59\%$$

重复抽样下以 95% 的概率推断这批钢管一级品率的抽样极限误差为 9.60%；不重复抽样下以 95% 的概率推断这批钢管的一级品率的抽样极限误差为 8.59%。

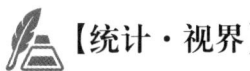

【统计·视界】

幸存者的谎言

任务三　抽样估计

一、抽样估计的方法

抽样估计就是根据样本指标对总体指标进行估计,也称为参数估计。抽样估计是在抽样调查的基础上所进行的数据推测,即用抽样调查所得到的一部分单位的数量特征来估计和推断总体的数量特征。抽样估计是对总体进行描述的另一种重要方法,抽样估计具有花费小、适用性强、科学性高等特点,因此,国内外在许多领域都广泛地运用抽样推断来搜集和分析统计资料。

抽样估计有点估计和区间估计两种方法。

(一) 总体指标的点估计

总体指标的点估计就是以样本指标的实际值直接作为总体指标的估计值。

在实际中,常以样本平均数 $\bar{x}$ 作为总体平均数 $\bar{X}$ 的估计值,以样本成数 p 作为总体成数 P 的估计值,以样本方差 s^2 作为总体方差 σ^2 的估计值。例如,对某城市住户的家庭平均人口数进行抽样调查,得到的样本平均数 $\bar{x} = 3.6$(人),那么采用点估计方法推断该城市住户的家庭平均人口数为 $\bar{X} = 3.6$(人);从一批零件中抽取的 100 个零件进行质量检测,经检测合格率 $p = 98\%$,那么采用点估计方法推断这批零件的合格率为 $P = 98\%$。

样本方差 s_n^2 不是总体方差 σ^2 的无偏估计量,而修正后的样本方差 s_{n-1}^2 才是总体方差 σ^2 的无偏估计量。其中:

$$s_n^2 = \frac{\sum (x - \bar{x})^2}{n}, \quad s_{n-1}^2 = \frac{\sum (x - \bar{x})^2}{n-1}$$

在样本容量 n 不大的情况下,应该用 s_{n-1}^2 来估计 σ^2 才更为准确,而当 n 很大时,仍可用 s_n^2 来估计 σ^2,两者相差甚微。

总体指标的点估计具有简便、易行、原理直观的优点,但是点估计没有表明抽样估计的误差,更没有指出抽样误差在一定范围内的概率保证程度有多大,因此只适用于对推断程度与可靠程度要求不高的情况,在实际中我们经常采用总体指标的区间估计。

(二) 总体指标的区间估计

总体指标的区间估计是根据给定的概率的要求,利用实际抽样资料,指出被估计值的上限和下限,即指出总体参数可能存在的区间范围,区间估计包括对总体平均数和总体成数的估计。在统计实践中,通常用一个区间及其出现的概率来估计总体参数,并以一定的概率来保证总体参数包含在估计区间内,这就是参数的区间估计问题。

区间估计是抽样估计的主要方法,在进行区间估计时要完成两个方面的估计:

其一,根据样本指标和抽样平均误差估计总体指标的可能范围;

其二,估计推断总体指标真实值在这个范围的可靠程度。

区间估计的范围如下所述。

1) 抽样平均数的区间估计范围

上限:$\bar{x} + \Delta_{\bar{x}}$;下限:$\bar{x} - \Delta_{\bar{x}}$

即:$\bar{x} - \Delta_{\bar{x}} \leqslant \bar{X} \leqslant \bar{x} + \Delta_{\bar{x}}$ 或 $\bar{x} - t\mu_{\bar{x}} \leqslant \bar{X} \leqslant \bar{x} + t\mu_{\bar{x}}$

2) 抽样成数的区间估计范围

上限:$p + \Delta_p$;下限:$p - \Delta_p$

即 $p - \Delta_p \leqslant P \leqslant p + \Delta_p$ 或 $p - t\mu_p \leqslant P \leqslant p + t\mu_p$

其中,区间 $[\bar{x} - \Delta_{\bar{x}}, \bar{x} + \Delta_{\bar{x}}]$ 和区间 $[p - \Delta_p, p + \Delta_p]$ 称为置信区间,也可记作:

$$\bar{x} - \Delta_{\bar{x}} \sim \bar{x} + \Delta_{\bar{x}} \quad 和 \quad p - \Delta_p \sim p + \Delta_p$$

需要注意的是:参数区间估计所表示的仅仅是一个可能范围,而不是一个绝对可靠的范围。总体参数在这个范围内只有一定的把握程度,即只有一定的概率保证程度。究竟采用多大的概率保证程度,要具体问题具体分析,一般情况下取 95% 的概率保证程度即可,对于质量要求非常高或非常重要的问题,则要求的概率保证程度也更高。

【例 4-5】 某单位为了了解职工家庭的人均年收入,随机抽取了 100 名职工进行调查,调查结果是家庭人均收入 $\bar{x} = 35\,800$(元),人均年收入的抽样平均误差 $\mu_{\bar{x}} = 1\,200$(元)。要求估计:

(1) 在 80% 的概率保证程度下,估计该单位全体职工家庭人均年收入 $\bar{X}$ 的范围;

(2) 在 95.45% 的概率保证程度下,估计该单位全体职工家庭人均年收入 $\bar{X}$ 的范围。

答案与解析 (1) 由 $F(t) = 80\%$,可知 $t = 1.65$。

该单位全体职工家庭月收入 $\bar{X}$ 的下限:

$$\bar{x} - \Delta_{\bar{x}} = \bar{x} - t\mu_{\bar{x}} = 35\,800 - 1.65 \times 1\,200 = 33\,820(元)$$

该单位全体职工家庭月收入 $\bar{X}$ 的上限:

$$\bar{x} + \Delta_{\bar{x}} = \bar{x} + t\mu_{\bar{x}} = 35\,800 + 1.65 \times 1\,200 = 37\,780(元)$$

在 80% 的概率保证程度下,该单位全体职工家庭人均年收入 $\bar{X}$ 在 33 820~37 780 元之间。

(2) 由 $F(t) = 95.45\%$,可知 $t = 2$。

该单位全体职工家庭月收入 $\bar{X}$ 的下限:

$$\bar{x} - \Delta_{\bar{x}} = \bar{x} - t\mu_{\bar{x}} = 35\ 800 - 2 \times 1\ 200 = 33\ 400(元)$$

该单位全体职工家庭月收入 $\overline{X}$ 的上限:

$$\bar{x} + \Delta_{\bar{x}} = \bar{x} + t\mu_{\bar{x}} = 35\ 800 + 2 \times 1\ 200 = 38\ 200(元)$$

在 95.45% 的概率保证程度下,该单位全体职工家庭人均年收入 $\overline{X}$ 在 33 400～38 200 元之间。

【例4-6】 某学校进行一次英语测验,为了了解学生的考试情况,随机抽选部分学生进行调查,所得资料如表4-3所示。

表 4-3　　　　　　　　　　　　　学生考试结果资料

考试成绩(分)	60 以下	60～70(不含)	70～80(不含)	80～90(不含)	90
学生人数(人)	50	100	110	200	40

试以 95% 的可靠性估计该校学生英语考试的平均成绩的范围及该校学生成绩在 80 分以上的学生所占的比重的范围。

答案与解析　该学校学生总人数 N 未知,应采用重复抽样方式计算抽样平均误差。

答案与解析　抽样平均误差计算如表4-4所示。

表 4-4　　　　　　　　　　　　　抽样平均误差计算

成绩(分)	组中值(x)	学生人数(f)	xf	$x-\bar{x}$	$(x-\bar{x})^2 f$
60 分以下	55	50	2 750	−21.6	23 328.0
60～70(不含)	65	100	6 500	−11.6	13 456.0
70～80(不含)	75	110	8 250	−1.6	281.6
80～90(不含)	85	200	17 000	8.4	14 112.0
90 分	95	40	3 800	18.4	13 542.4
合计	—	500	38 300	—	64 720.0

1) 以 95% 的可靠性估计该校学生英语考试的平均成绩的范围

样本平均数:

$$\bar{x} = \frac{\sum xf}{\sum f} = \frac{38\ 300}{500} = 76.6(分)$$

样本平均数标准差:

$$\sigma = \sqrt{\frac{\sum (x-\bar{x})^2 f}{\sum f}} = \sqrt{\frac{64\ 720}{500}} = \sqrt{129.44} = 11.377\ 1(分)$$

抽样平均数平均误差:

$$\mu_{\bar{x}} = \frac{\sigma}{\sqrt{n}} = \frac{11.377\ 1}{\sqrt{500}} = 0.508\ 8(分)$$

概率度：

$$F(t) = 95\%, \quad t = 1.96$$

抽样平均数极限误差：

$$\Delta_{\bar{x}} = t\mu_{\bar{x}} = 1.96 \times 0.508\,8 = 1.00(\text{分})$$

估计区间下限：

$$\bar{x} - \Delta_{\bar{x}} = 76.6 - 1 = 75.6(\text{分})$$

估计区间上限：

$$\bar{x} + \Delta_{\bar{x}} = 76.6 + 1 = 77.6(\text{分})$$

2）以 95％的可靠性估计该校学生成绩在 80 分以上的学生所占的比重的范围

样本成数：

$$p = \frac{n_1}{n} = \frac{240}{500} = 48\%$$

抽样成数平均误差：

$$\mu_p = \sqrt{\frac{p(1-p)}{n}} = \sqrt{\frac{48\% \times (1-48\%)}{500}} = 2.234\,3\%$$

概率度：

$$F(t) = 95\%, \quad t = 1.96$$

抽样成数极限误差：

$$\Delta_p = t\mu_p = 1.96 \times 2.234\,3\% = 4.38\%$$

估计区间下限：

$$p - \Delta_p = 48\% - 4.38\% = 43.62\%$$

估计区间上限：

$$p + \Delta_p = 48\% + 4.38\% = 52.38\%$$

在 95％的概率保证程度下，该校学生考试的平均成绩在 75.6～77.6 分之间；在 95.45％概率保证程度下，成绩在 80 分以上的学生所占的比重在 43.62％～52.38％之间。

【例 4-7】 在［例 4-6］中，若该校总人数有 5 000 人，试以 95％的可靠性估计该校学生英语考试的平均成绩的范围及该校学生成绩在 80 分以上的学生所占的比重的范围。

答案与分析 该学校学生总人数 $N = 5\,000$，采用不重复抽样方式计算抽样误差。

答案与解析 $N = 5\,000$，$n = 500$，$\bar{x} = 76.6$，$\sigma = 129.44$，$t = 1.96$。

抽样平均数平均误差：

$$\mu_{\bar{x}} = \sqrt{\frac{\sigma^2}{n}\left(1 - \frac{n}{N}\right)} = \sqrt{\frac{129.44}{500} \times \left(1 - \frac{500}{5\,000}\right)} = 0.482\,7(\text{分})$$

概率度：

$$F(t) = 95\%, \quad t = 1.96$$

抽样平均数极限误差:

$$\Delta_{\bar{x}} = t\mu_{\bar{x}} = 1.96 \times 0.482\ 7 = 0.95(分)$$

估计区间下限:

$$\bar{x} - \Delta_{\bar{x}} = 76.6 - 0.95 = 75.65(分)$$

估计区间上限:

$$\bar{x} + \Delta_{\bar{x}} = 76.6 + 0.95 = 77.55(分)$$

估计该校学生成绩在80分以上的学生所占的比重的范围。

抽样成数平均误差:

$$\mu_p = \sqrt{\frac{p(1-p)}{n}\left(1 - \frac{n}{N}\right)} = \sqrt{\frac{48\% \times (1 - 48\%)}{500} \times \left(1 - \frac{500}{5\ 000}\right)} = 2.119\ 6\%$$

抽样成数极限误差:

$$\Delta_p = t\mu_p = 1.96 \times 2.119\ 6\% = 4.15\%$$

估计区间下限:

$$p - \Delta_p = 48\% - 4.15\% = 43.85\%$$

估计区间上限:

$$p + \Delta_p = 48\% + 4.15\% = 52.15\%$$

在95.45%的概率保证程度下,该校学生考试的平均成绩在75.65～77.55分之间;成绩在80分以上的学生所占比重在43.85%～52.15%之间。

根据上述例题,总结估计区间的计算方法。

1. 求总体平均数估计区间解题步骤

(1) 求出样本平均数 $\bar{x}$;

(2) 求出样本平均数方差 $\sigma_{\bar{x}}^2$ 或标准差 $\sigma_{\bar{x}}$;

(3) 求出抽样平均数平均误差 $\mu_{\bar{x}}$;

(4) 求出抽样平均数极限误差 $\Delta_{\bar{x}} = t\mu_{\bar{x}}$;

(5) 求出平均数估计区间: $\bar{x} - \Delta_{\bar{x}} \sim \bar{x} + \Delta_{\bar{x}}$。

若平均数和标准差已知则第(1)、第(2)步可以省去,直接从第(3)步开始做。

2. 求总体成数估计区间解题步骤

(1) 求出样本成数 p;

(2) 求出抽样成数平均误差 μ_p;

(3) 求出抽样成数极限误差 $\Delta_p = t\mu_p$;

(4) 求出成数估计区间 $p - \Delta_p \sim p + \Delta_p$。

注意:在计算估计区间时先要确定好抽样方式是重复抽样还是不重复抽样。

二、总体总量指标的推算

由样本指标对总体指标的推断,包括两方面的推断:其一,通过样本平均数和样本成数推断总体平均数和总体成数;其二,对总体总量指标的推断。之前解决了对总体平均数和总体成数的推断,下面我们将研究对总体总量指标的推断。

对总体总量指标的推断常用直接换算法,即用样本指标值乘以总体单位数(总体总量指标的点估计值),用总体指标的区间估计值乘以总体单位数(总体总量指标的区间估计值)来推算总体总量指标。

【例 4-8】 某地区小麦的播种面积为 10 000 亩,根据抽样调查结果平均亩产为 655 千克,抽样平均误差为 15.3 千克,试在 $F(t)=95\%$ 的概率保证程度下,推断该地区小麦总产量的范围。

答案与解析 $N=10\,000$, $\bar{x}=655$, $\mu_{\bar{x}}=15.3$, $F(t)=95\%$, $t=1.96$。

$$\Delta_{\bar{x}}=t\mu_{\bar{x}}=15.3\times1.96=30\,(千克)$$
$$\bar{x}-\Delta_{\bar{x}}=655-30=625\,(千克)$$
$$\bar{x}+\Delta_{\bar{x}}=655+30=685\,(千克)$$
$$N(\bar{x}-\Delta_{\bar{x}})=10\,000\times625=6\,250\,000\,(千克)$$
$$N(\bar{x}+\Delta_{\bar{x}})=10\,000\times685=6\,850\,000\,(千克)$$

在 $F(t)=95\%$ 的概率保证程度下,该地区小麦总产量在 6 250 000～6 850 000 千克之间。

【例 4-9】 对 10 000 个灯泡抽样检测,测得不合格率为 2%,抽样平均误差 0.5%,在 95% 的概率保证下推断这批产品的不合格灯泡数的范围。

答案与解析 $N=10\,000$, $p=2\%$, $\mu_p=0.5\%$, $F(t)=95\%$, $t=1.96$。

$$\Delta_p=t\mu_p=0.5\%\times1.96=0.98\%$$
$$p-\Delta_p=2\%-0.98\%=1.02\%$$
$$p+\Delta_p=2\%+0.98\%=2.98\%$$
$$N(p-\Delta_p)=10\,000\times1.02\%=102\,(个)$$
$$N(p+\Delta_p)=10\,000\times2.98\%=298\,(个)$$

在 95% 的概率保证下推断这批产品的不合格灯泡数为 102～298 个。

三、确定样本容量

1. 确定样本容量的重要性

样本容量是指一个样本的必要抽样单位数目,又称必要样本容量。确定必要样本容量也是抽样调查方案中的一个重要问题。样本容量越大,抽样误差相对就会减少,估计精度就会提高;样本容量越小,抽样误差就会增大,从而影响抽样估计的精确度。

样本容量的设计通常受到研究经费及调查时间的限制,若样本容量过大,调查单位增多,虽可提高抽样估计的精确度,但增加人力、财力和物力的耗费,还影响到抽样调查的时效性,不能充分发挥抽样调查的优越性。为节省调查费用,体现出抽样调查的优越性,在确定样本容量时,应在满足抽样调查对估计数据的精确度的前提下,尽量减少调查单位数,确保必要的抽样数目。因此,在抽样设计时,必须确定样本单位数目,适当的样本单位数目是保证样本指标具有充分代表性的基本前提。

2. 影响样本容量的主要因素

影响样本容量的因素是多方面的,在抽样调查总体、调查费用和调查时间既定的情况下,为确定最佳的样本容量,应先分析影响样本容量的因素。从理论上说,影响样本容量的因素有以下几个方面:

(1)总体各单位标志变异程度,即总体方差 σ^2 或 $P(1-P)$ 的大小。总体各单位标志的变异程度大,样本容量也应越大;反之,总体单位标志的变异程度小,则样本容量就相应越小,两者呈正比关系。

(2)允许的抽样极限误差 $\Delta_{\bar{x}}$ 或 Δ_p 的大小。抽样极限误差是指估计值的误差范围。允许的抽样极限误差越小,即抽样估计的精确度要求越高,则所需样本容量应越大;允许的抽样极限误差越大,即抽样估计的精确度要求越低,则所需样本容量就越小,两者呈反比关系。

(3)抽样推断的可靠程度 $F(t)$ 的大小。抽样估计所要求的可靠程度越高,即概率保证程度越高,所需的样本容量就越大;反之,概率保证程度越低,所需的样本容量就越小。两者呈正比关系。

(4)抽样组织方式。抽样组织方式主要有简单随机抽样、等距抽样、类型抽样、整群抽样等。一般来说,随机抽样和类型抽样的样本容量可定得小些,若用简单随机抽样和整群抽样,抽样的样本容量就要定得大些。

(5)抽样方法。在其他条件相同的情况下,不重复抽样的误差要小于重复抽样的误差,因此,不重复抽样的样本容量可比重复抽样的样本容量小一些。

3. 样本容量计算公式

这里我们只介绍简单随机抽样的样本容量的计算公式。

1)重复抽样的样本容量

平均数的样本容量:

$$\Delta_{\bar{x}} = t\mu_{\bar{x}} = t\sqrt{\frac{\sigma^2}{n}}$$

$$n = \frac{t^2\sigma^2}{\Delta_{\bar{x}}^2} \qquad\qquad 公式(1)$$

成数的样本容量:

$$\Delta_p = t\mu_P = t\sqrt{\frac{P(1-P)}{n}}$$

$$n = \frac{t^2 P(1-P)}{\Delta_p^2}。$$

2)不重复抽样的样本容量

平均数的样本容量:

$$\Delta_{\bar{x}} = t\mu_{\bar{x}} = t\sqrt{\frac{\sigma^2}{n}\left(1-\frac{n}{N}\right)}$$

$$n = \frac{Nt^2\sigma^2}{N\Delta_{\bar{x}}^2 + t^2\sigma^2} \text{。} \qquad \text{公式（2）}$$

成数的样本容量：

$$\Delta_p = t\mu_P = t\sqrt{\frac{P(1-P)}{n}\left(1-\frac{n}{N}\right)},$$

$$n = \frac{Nt^2P(1-P)}{N\Delta_P^2 + t^2P(1-P)} \text{。} \qquad \text{公式（3）}$$

4. 计算必要样本容量应注意的问题

应用公式(1)～(3)计算样本容量应注意以下问题：

(1) 公式(1)～(3)计算样本容量是必要样本容量，是最低的也是最必要的样本容量。

(2) 用公式(1)～(3)计算样本容量时，一般总体方差 σ^2 或 $P(1-P)$ 是未知的，在实际计算时往往要利用有关资料替代。如果在本次抽样调查之前，曾经有过同类的全面调查，就用之前的全面调查的有关数据来替代；如果全面调查不止一次，就用几次全面调查中方差最大的替代。如果在本次抽样调查之前，没有进行过同类型的全面调查，但组织过抽样调查，就用以前的抽样调查的相关数据替代；如果抽样调查不止一次，就用抽样调查中方差最大的替代。在成数方差完全缺乏的情况下，可用成数方差最大值替代。当 $P=0.5$ 时，成数方差最大，最大值为 $P(1-P)=0.25$。

(3) 在多主题抽样中，一个样本往往需要调查多项指标，即既要对总体平均数进行区间估计，又要对总体成数进行区间估计。例如，城市职工家计调查既要调查职工家庭平均年收入，也要调查职工家庭的消费构成。一个总体不同标志值的变异程度可能不同，对抽样允许误差范围也可能有不同的要求，因此计算所需的样本必要单位数也会有所不同。为了确保所有的抽样误差都控制在允许的范围内，应该采取样本单位数比较大的设计方案。

(4) 用上面公式计算的样本容量一般是小数，一般不采取四舍五入的办法化成整数，而使用比这个数大的临近整数替代（俗称"进"1"法）。例如，根据计算公式得到必要样本容量 $n=99.05$，那么必要样本容量确定为100。

另外，从上式可以看出，必要的样本单位数 n 受允许的误差范围 Δ 的制约，Δ 要求越小则样本单位数 n 就需要越多，但两者并不保持反比例的变化。以重置抽样来说在其他条件不变的情况下，误差 Δ 缩小 1/2，则样本单位数必须增至 4 倍，而 Δ 扩大 1 倍，则样本单位数只需要原来的 1/4。所以在抽样组织中对抽样误差在允许范围要十分慎重地考虑。

【例4-10】 某冷库对贮藏的一批禽蛋的变质率进行抽样调查。根据以往的资料禽蛋贮藏期变质率为 53%、49%、48%，现在允许误差不超过 5%，推断的概率保证程度为 95.45%。问：应至少抽取多少禽蛋进行检查？

答案与解析 由题意，$\Delta_p=5\%$，$F(t)=95.45\%$，$t=2$。

成数用 3 个数值分别计算方差：

$$P_1(1-P_1)=53\%\times(1-53\%)=0.249\,1$$
$$P_2(1-P_2)=49\%\times(1-49\%)=0.249\,9$$
$$P_3(1-P_3)=48\%\times(1-48\%)=0.249\,6$$

在抽样推断中,利用以往资料时,应选择最大的方差 0.249 9,

$$n_p=\frac{t^2p(1-p)}{\Delta_p^2}=\frac{2^2\times0.249\,9}{(5\%)^2}=399.84\approx400(\text{个})$$

至少抽取 400 个禽蛋进行检查。

【例 4-11】 某市开展职工家计调查。根据历史资料该市职工家庭平均每人年收入的标准差为 2 400 元,而家庭消费的恩格尔系数(家庭食品支出占消费总支出的比重)为 54%。现在用重置抽样的方法,要求在 95.45% 的概率保证下,平均收入的极限误差不超过 200 元,恩格尔系数的极限误差不超过 4%,求样本必要的单位数。

答案与解析　$F(t)=95.45\%$,$t=2$,$\sigma_{\bar{x}}=2\,400$,$\Delta_{\bar{x}}=200$。

样本平均数的单位数户:

$$n_{\bar{x}}=\frac{t^2\sigma^2}{\Delta_{\bar{x}}^2}=\frac{2^2\times2\,400^2}{200^2}=576(\text{户})$$

又 $F(t)=95.45\%$,$t=2$,$P=54\%$,$\Delta_P=4\%$。

样本成数的单位数:

$$n_p=\frac{t^2P(1-P)}{\Delta_p^2}=\frac{2^2\times54\%\times(1-54\%)}{4\%^2}=621(\text{户})$$

两个抽样指标所要求的单位数不同,应采取其中比较多的单位数,即抽取 621 户进行家庭调查以满足共同的要求。

【例 4-12】 若样本容量 n 增加 1 倍,则抽样平均误差减少多少? 若抽样平均误差减少 1/2,则样本容量必须增加多少?

答案与解析　(1) 以重复抽样为例,样本平均值的抽样平均误差 $\mu_{\bar{x}}=\dfrac{\sigma}{\sqrt{n}}$,若 n 变为 $2n$,

则抽样平均误差为 $\mu_{\bar{x}}=\dfrac{\sigma}{\sqrt{2n}}$。

则有:$\dfrac{\sigma}{\sqrt{2n}}-\dfrac{\sigma}{\sqrt{n}}=-0.293\dfrac{\sigma}{\sqrt{n}}$,即样本容量 n 增加 1 倍,抽样平均误差减少 29.3%。

(2) 设原样本容量为 n_0,新样本容量为 n_1。

则有:$\mu_{\bar{x}}=\dfrac{\sigma}{\sqrt{n_0}}=\dfrac{2\sigma}{\sqrt{n_1}}$,

解得:$n_1=4n_0$。

样本容量必须扩大到原来的 4 倍,即样本容量必须增加 3 倍。

任务四　抽样组织方式和抽样方案设计

抽样调查的组织形式不仅关系到随机抽样条件的实现和调查费用的节约,而且是合理有效地取得各项实际数据,保证调查结果准确性和可靠性的重要途径,因此必须根据调查的目的、任务,调查对象的性质、特点,采用不同的抽样组织形式进行抽样调查。

一、抽样组织方式分类

(一)简单随机抽样

简单随机抽样又称纯随机抽样,是不对总体作任何处理,直接按随机原则抽取调查单位的抽样组织方式。简单随机抽样是按随机原则直接从总体 N 个单位中取 n 个单位作为样本,无论是重复抽样还是不重复抽样,都要保证每个单位在抽选中有相等的中选机会。由于这种抽样组织方式对于总体除了抽样框的名单外,不需要利用任何其他信息,所以也称为单纯随机抽样。

简单随机抽样是抽样组织方式中最基本、最简单的抽样组织方式,它适用于均匀总体,即具有某种特征的单位均匀地分布于总体的各个部分。常用的简单随机抽样方法有直接抽选法、抽签法、随机数字表法等。

1. 直接抽选法

直接抽选法是指直接从调查对象中随机抽取一个样本的方法。例如,对某市职工收入状况进行研究,该市有职工 100 000 名,采取直接抽选法从职工名单中随机抽取 1 000 名职工进行调查,他们的年平均收入为 50 000 元,据此推断全市职工年收入在 40 000～60 000 元之间。这种抽样组织方式在抽选的过程中往往受到主观判断的影响,难以完全遵循随机原则,在正式调查中,很少采用直接抽选法。

2. 抽签法

抽签法又称抓阄法,它是先将调查总体的每个单位编号,然后采用随机的方法任意抽取号码,直到抽足样本的方法。例如,要在 50 个学生中选取 5 个人作为代表,先把 50 个学生编号,再把号码写在号签上,将号签放在一个容器中,搅拌均匀后,每次从中抽取一个号签,连续抽取 5 次,就得到一个容量为 5 的样本,这就是抽签法。

抽签法的优点是简单易行,缺点是当总体的容量非常大时,费时、费力,又不方便,另外如果标号的签搅拌得不均匀,抽样会不公平。

3. 随机数字表法

随机数字表法又称乱数表法,其操作过程如下:先将总体中的每个个体随机编号,然后从随机数表的任一位置开始,或向左,或向右,或向上,或向下,或一定间隔向一个固定方向顺序取数,选定的数字所对应的单元即选入样本,重复的数字和没有对应单元的数字去掉,直至抽足所需样本容量为止。要注意的是,所有号码的位数均应相同,对于总体单位很多的情形,通常采用随机数字表法来抽样。

例如,某大学共有 30 000 名学生,要求采用随机数字表法从中抽取 100 人作为样本进行关于大学生消费态度的调查。首先,调研人员要将总体中的每个个体从 1～30 000 进行编号;其次,从随机数字表的任意一行和任意一列的某一个五位数开始,按照从左到右的顺序,或者从下到上的顺序,以 30 000 为标准,对随机数字表中依次出现的每个五位数进行取舍:凡小于或等于 30 000 的编码就选出来,但凡大于 30 000 的编码以及已经选出的编码则抛弃,直到选够 100 个编码为止;最后,按照所抽取的编码,从总体名单中找到它们所对应的 100 个个体,这 100 个个体就构成一个随机样本。表 4-5 给出的是随机数字表的一个片段。

表 4-5　　　　　　　　　　　　　随机数字表片段

编码	(1)	(2)	(3)	(4)	(5)	(6)	(7)	(8)	(9)
1	10 480	15 011	1 536	2 011	81 647	91 646	69 179	14 194	62 590
2	22 368	46 573	25 595	85 393	30 955	89 198	27 982	53 403	93 965
3	24 130	48 390	22 527	97 265	76 393	64 809	15 179	24 830	49 340
4	42 167	93 093	6 243	61 680	7 856	16 376	39 440	53 537	71 341
5	37 570	39 975	81 837	16 656	6 121	91 782	60 468	81 305	49 684

随机数表法的优点与抽签法相同,缺点是当总体容量较大时,仍然不是很方便,但是比抽签法公平,因此这两种方法只适合总体容量较少的抽样类型。

任务三介绍的所有公式,都是在简单随机抽样条件下产生的,在简单随机抽样的条件下完全适用。简单随机抽样的优点在于在抽样过程中完全排除了主观因素的干扰,而且简单、易行,只要有总体各单位名单就可以进行,简单随机抽样最能体现抽样的随机原则。所以,抽样误差的计算方法是以此种方式为基础的。虽然简单随机抽样最符合随机原则,但是它的缺点在于只适用于总体单位数量不多的调查对象,如果总体单位数量很大,编制抽样框的工作就十分复杂,对于连续生产的企业产品编号都不可能;其次,当总体单位标志值之间差异很大时,采用这种抽样方式,抽取的样本可能比较分散或者过分集中,抽样误差大,样本代表性较差。

(二)等距抽样

等距抽样也称机械抽样或系统抽样,它先按某种标志对总体各单位进行顺序排列,然后按固定间隔来抽取样本单位。在系统抽样中,先将总体从 $1 \sim N$ 相继编号,并计算抽样距离 $K = \frac{N}{n}$,式中 N 为总体单位数,n 为样本容量;然后在 $1 \sim K$ 中抽一个随机数 k_1,作为样本的第一个单位;接着取 $k_1 + K$,$k_1 + 2K$,$k_1 + 3K$,…,$k_1 + (n-1)K$,直至抽够 n 个单位为止。

例如,某产品的口味测试,需要运用等距抽样的方法从某校营销专业 90 名学生中抽选 9 名进行测试。先将 90 名学生按照姓氏笔画排列,从 $1 \sim 90$ 相继编号,计算抽样距离 $K = 90 \div 9 = 10$,然后在 $1 \sim 10$ 中抽取随机数,如"6"作为样本的第一个单位 k_1,接着取 $6 + 10$,$6 + 2 \times 10$,$6 + 3 \times 10$,…,$6 + 8 \times 10$,直至抽够 9 个单位为止,如表 4-6 所示。

表 4-6　　　　　　　　　　　　　等距抽样列表

1	2	3	4	5	6	7	8	9	10	11	12	13	14	15
16	17	18	19	20	21	22	23	24	25	26	27	28	29	30
31	32	33	34	35	36	37	38	39	40	41	42	43	44	45
46	47	48	49	50	51	52	53	54	55	56	57	58	59	60
61	62	63	64	65	66	67	68	69	70	71	72	73	74	75
76	77	78	79	80	81	82	83	84	85	86	87	88	89	90

等距抽样也需要事先对总体有一定的辅助信息，能够根据相关信息确定各单位的排列位置。在各单位按大小顺序排队的基础上，再按某种规则依一定间隔取样，这样可以保证所取到的样本单位均匀地分布在总体的各个部分，具有较高的代表性。

采用等距抽样时，必须先对总体单位按某种标志进行排序，共有两种排序方法。

1. 按无关标志排序

按无关标志排序是指总体单位排列的顺序和所要研究的标志无关。例如，调查职工的收入水平可在按姓氏笔画排列的职工名单里进行等距抽样，工业生产质量检验可按产品生产的时间顺序进行等距抽样，等等。一般认为，按无关标志排队的等距抽样是一种比抽签法、随机数表法更好的纯随机抽样方式，又称无序系统抽样。无关标志排序法，从总体的排列顺序和调查的标志来看，完全是随机的，因此可以认为其与简单随机抽样的性质完全相同，抽样平均误差可利用简单随机抽样法的有关公式进行计算。

2. 按有关标志排序

按有关标志排序是指总体单位排列的顺序与所要研究的标志有直接关系。例如，农产品产量抽样调查时可按照当年估产或前几年的平均实产由低到高或由高到低的顺序进行抽样。这种按有关标志排队的等距抽样又称有序系统抽样，它能使标志值高低不同的单位，均有可能选入样本，从而提高样本的代表性，减小抽样误差。按有关标志排序是将总体所要调查的标志由小到大或由大到小顺序排列，每个抽样间隔相当于分层抽样中的各层，因此其抽样误差的计算与分层抽样类似。一般认为有序的系统抽样比等比例分层抽样能使样本更均匀地分布在总体中，抽样误差也更小。

等距抽样方式相对于简单随机抽样方式最主要的优势就是经济性，等距抽样方式比简单随机抽样更为简单，花的时间更少，并且花费也少。使用等距抽样方式最大的缺陷在于总体单位的排列上，一些总体单位数可能包含隐蔽的形态或者是不合格单位，调查者可能疏忽，把它们抽选为样本。由此可见，只要抽样者对总体结构有一定的了解，充分利用已有信息对总体单位进行排队后再抽样，就可提高抽样效率。

（三）分层抽样

分层抽样又称分类抽样或类型抽样，是先将总体分成互不交叉的若干个层（类），然后按一定比例从各层次独立地抽取一定数量的个体，将各层次取出的个体合在一起作为样本。

分层抽样应尽量利用事先掌握的信息，并充分考虑保持样本结构和总体结构的一致性，这对提高样本的代表性很重要。当总体是由差异明显的几部分组成时，往往选择分层抽样的方法。其特点是将科学分组法与抽样法结合在一起，使每个个体被抽到的概率都相等。分层减小了各抽样层变异性的影响，抽样保证了所抽取的样本具有足够的代表性。

例如，某公司要估计某地家用电器的潜在用户，这种商品的消费与居民收入水平相关，因而以家庭人均年收入为分层基础。假定某地居民为 100 000 户，已确定样本数为 1 000 户，家庭人均年收入分 3 万元以下，3 万至 5 万元；5 万至 8 万元，8 万元以上四层。其中家庭人均年收入在 3 万元以下有 18 000 户，3 万至 5 万元有 35 000 户，5 万至 8 万元有 30 000 户，8 万元以上有 17 000 户，应进行如表 4-7 所示的抽样。

表 4-7 　分 层 抽 样

总体容量 $N = 100\ 000$	各层容量	$N_1 = 180\ 000$	$N_2 = 350\ 000$	$N_3 = 300\ 000$	$N_3 = 170\ 000$
样本容量 $n = 1\ 000$	子样本容量	$n_1 = 180$	$n_2 = 350$	$n_3 = 300$	$n_4 = 170$

分层抽样的方式一般有等比例分层抽样与非等比例分层抽样两种。

1. 等比例分层抽样

等比例分层抽样是按各层(或各类型)中的个体数量占总体数量按相同的比例分配各层的样本数量。等比例分层抽样比较简单易行,而且抽样误差的计算、总体指标的推断等都比较简单,因此这种方法用得比较多。

2. 非等比例分层抽样

非等比例分层抽样不是按各层中个体数占总体数的比例分配样本个体,而是根据其他因素(如各层平均数或成数均方差的大小、抽取样本的工作量和费用大小等),调整各层的样本个体数,即有的层可多抽些样本个体,有的可少抽些样本个体。在各层基本单位之间的差异过分悬殊、某些层的重要性大于其他层的情况下,采取非比例抽样时,在这些层抽取的样本数就多;反之,抽取的样本数就少。如果采取同时兼顾层的大小和层内差异程度的大小来抽样,则有利于提高综合样本对总体全貌的代表性,并可以提高样本的可信程度。

分层抽样与简单随机抽样相比,往往选择分层抽样,因为它有显著的潜在统计效果。也就是说,如果从相同的总体中抽取两个样本,一个是分层样本,另一个是简单随机抽样样本,那么相对来说,分层样本的误差更小些。而如果目标是获得一个确定的抽样误差水平,那么更小的分层样本将更能达到这一目标。分层随机抽样在实际抽样调查中广泛使用,常见的分层变量有性别、年龄、教育、职业等,在同样样本容量的情况下,分层抽样比纯随机抽样的精度高。另外还有管理方便、费用少、效率高的优点。

(四) 整群抽样

整群抽样也称聚类抽样,是先将总体划分为若干个群(组),每一群内包含若干个单位,然后随机抽取一部分群作为样本群,对样本群中的所有总体单位进行全面调查的抽样组织方式。

在抽样调查中没有总体单位的原始记录可供利用时,常常采用整群抽样。例如,要调查某市 2024 年年底育龄妇女的生育人数,但又没有 2024 年的育龄妇女档案资料,无法对育龄妇女进行抽样,这时可采用整群抽样,将全市按户籍派出所的管辖范围分成许多区域,并对抽中的派出所在某管辖区内按户籍册全面调查育龄妇女的生育人数。整群抽样因为对中选群的全面调查单位很集中,可大大简便抽样工作,节省经费开支。例如,要调查家庭副业发展情况,不是直接抽居民户,而是以村为单位,抽若干村,然后对中选村的全体居民户进行调查,这样就方便多了。

整群抽样的好处是组织工作方便,确定一群便可以调查许多单位。但是,由于其影响抽样误差的群间标志变动度通常较大,所以其抽样误差往往大于简单随机抽样,要保证抽样推断的准确性和可靠性,需要多抽取调查单位(群)。常见的抽样组织方式如表 4-8 所示。

表 4-8　　　　　　　　　　　　抽样组织方式汇总

类型	别称	定义	优缺点及运用范围
简单随机抽样	随机抽样 纯随机抽样	按照随机原则从总体中不进行任何分组、排序,直接随机抽取调查样本的抽样形式	是其他各种随机抽样形式的基础,一般用于总体单位数目不大的情况
等距抽样	系统抽样 机械抽样	将总体各单位按某一标志排序,按一定间隔距离抽取样本的随机抽样形式	使用方便、操作简单、工作量小,但得到的信息却较多,非常适合没有经过培训和缺乏经验的调查人员

（续表）

类型	别称	定　义	优缺点及运用范围
分层抽样	类型抽样	将总体单位按其属性先分为若干层(类),然后在各层中按随机原则抽取样本的随机抽样形式	同一层中每个单位差异较小,各层都能包括在所抽取的样本之中,代表性强,抽样误差比随机抽样和等距抽样要小
整群抽样	聚类抽样	将总体划分为若干群,从总体中随机抽取若干群,再对抽中的群实行全面调查的随机抽样形式	被调查单位集中在少数群里,便于组织调查,节省开支。但由于样本集中在少数群内,在总体中分布不均时代表性较差

二、抽样方案的设计

如何科学地组织抽样调查,保证随机抽样条件的实现,是抽样推断中一个非常重要的问题。抽样方案设计是指依据调查目的,在给定人力、物力、财力等的条件下,在从一定总体中抽取样本资料以前,预先确定抽样程序和方案,在保证所抽取的样本有充分代表性的前提下,力求取得最经济、最有效的结果。

一般来说,抽样设计的主要内容及步骤如下所述。

(一) 定义目标总体

目标总体是指抽样设计者根据调查目的确定的调查研究对象的集合体。目标总体是对整个研究具有重大意义的群体,它们之所以有重要的地位,是因为我们可以从它们身上收集到对研究有关键用途的信息。

(二) 编制抽样框

目标总体选定后就需要由抽样框执行。抽样框是抽样调查前在可能条件下作出的抽样单位一览表或一览图,即由抽样单位构成的名录。例如,以无锡市医生为抽样单位,则无锡市医生名册便是抽样框;以学校班级为抽样单位,则学校所有班级名册便是抽样框。抽样框既可以是一份包含所有抽样单位的名单,也可以是一张地图或其他适当的形式,如电话簿的列表、餐厅的菜单、包含公司所有客户名单的数据库等。无论是哪种形式,抽样框中的抽样单位必须是有序的,以便于编号。

抽样单位是指在抽取样本前将总体依据一定标准分成若干部分,其中的每一部分称为一个抽样单位。各个抽样单位彼此不能交叉,所有这些抽样单位加总起来构成一个总体。抽样单位由抽样的组织形式决定,如果采用单纯随机抽样形式,抽样单位就是调查对象中的每个个体;如果采用分层抽样形式,抽样单位就是总体中的每个层;如果采用整群抽样形式,抽样单位就是总体中的每个群。

抽样框是组织抽样调查的重要依据,调查者必须对其抱有严谨的态度,认真地收集和编制。因为抽样框一旦有重复和遗漏,必然会直接影响到样本的选取,从而影响到整个抽样工作的质量。根据划分标准的不同,抽样框可以在不同层面上进行构建,从而使抽样框呈现不同等级,不同等级的抽样框可以用于各级抽样,就目前的市场调查情况而言,有三种常用的抽样框:地图块、居委会块、居民户。

(三) 确定抽样组织方式和抽样方法

为了控制抽样误差,提高抽样效果,需要根据调查任务及调查对象的具体情况,从各种抽样调查的组织形式及抽样方式中有针对性地进行选择，以便使样本能充分地反映总体，并便于组织实施，节约人力、物力和时间。

传统的抽样调查的组织形式分为两大类：随机抽样与非随机抽样。随机抽样并不是指随便乱抽样，随机抽样时样本会依据在总体中出现的概率高低而被多抽到或少抽到；非随机抽样是指不按照概率抽取样本，而由抽样者主观抽取。

确定抽样方法，可以从以下几方面来考虑。

（1）一般在抽样数目和其他条件相同的情况下，等距抽样和分层抽样的抽样误差要比简单随机抽样的误差小，即等距抽样和分层抽样的抽样效果要比简单随机抽样的抽样效果好；有关标志排队的等距抽样的抽样效果要比无关标志排队的等距抽样的抽样效果好；单个抽样的抽样效果要比整群抽样的抽样效果好；不重复抽样的抽样效果要比重复抽样的抽样效果好。

（2）根据已经掌握的信息多少来确定抽样方式。简单随机抽样是其他各种随机抽样形式的基础，一般用于总体单位数目不大的情况，由于市场调研的总体范围较广，总体内部各单位之间的差异程度较大，一般不直接使用这种方法抽样，而是与其他抽样方法结合使用。若对调查对象了解比较多，已知信息比较丰富，具备了总体分类的条件，则宜采用分层抽样的方式；若对总体各单位主要的调查标志大体上有一个次序上的了解，则可以采用有关标志排队的等距抽样方式。为了节省成本和时间，对抽样总体中每个总体单位的资料不易得到或得到的不完整时，会采用整群抽样。但是，整群抽样时不同群之间差异较大，所以抽样误差也是所有抽样组织方式中最大的。

（四）确定抽样精确程度

由于抽样调查是根据样本的数量特征来推断总体的数量特征的，它必然存在抽样误差，故抽样的结果常常具有某种不确定性。如果抽取较大的样本或运用精密仪器和工具，这种不确定性可以大大降低，但往往要花费很多的费用和时间。因此，抽样调查前要根据所采取的抽样组织形式、经费和对调查指标准确性程度的要求，规定抽样调查所要达到的精度。

（五）确定样本容量

样本规模的大小涉及人力、物力、财力的消耗问题，在抽样调查前要审慎地加以考虑，要根据既定的经费、工作时间及规定的精度，依据抽样理论估计样本容量，使得调查工作既符合调查质量的要求，又不浪费人力、物力和财力。

（六）进行经费核算

经费问题贯穿于抽样工作的始终，经费的充足与否关系整个调查工作的成败，所以调查前要预先核定抽样调查工作的各个阶段、各项工作的费用，明确规定各个环节、各项工作的经费限额，以保证工作按预定的时间、程序进行。

 【统计·中国】

分层抽样探实情，精准评估助脱贫

课后练习题

一、单项选择题

1. 抽样调查所必须遵循的原则是（   ）。

A. 灵活性原则　　　B. 可靠性原则　　　C. 随机性原则　　　D. 准确性原则

2. 抽样平均误差反映了样本指标与总体指标之间的（   ）。

A. 实际误差　　　　　　　　　B. 实际误差的绝对值

C. 平均误差程度　　　　　　　D. 可能误差范围

3. 反映样本指标与总体指标之间的抽样误差的可能范围的指标是（   ）。

A. 抽样误差　　　　　　　　　B. 抽样平均误差

C. 概率保证程度　　　　　　　D. 抽样极限误差

4. 抽样极限误差和抽样估计的可靠程度（概率保证程度）之间的关系是（   ）。

A. 抽样极限误差越大，概率保证程度越大

B. 抽样极限误差越小，概率保证程度越大

C. 抽样极限误差越大，概率保证程度越小

D. 抽样极限误差不变，概率保证程度越小

5. 在抽样推断中，样本容量（   ）。

A. 越小越好

B. 取决于统一的抽样比例

C. 越大越好

D. 取决于对抽样估计的可靠性的要求

6. 在简单随机重复抽样条件下，当概率保证程度从 68.27%（$t=1$）提高到 95.45% 时，若其他条件不变，则必要的样本容量应该（   ）。

A. 增加 1 倍　　　B. 增加 2 倍　　　C. 增加 3 倍　　　D. 减少到三分之一

7. 在其他条件不变情况下，如果允许误差缩小为原来的 $\frac{1}{2}$，则样本容量（   ）。

A. 扩大为原来的 4 倍　　　　　B. 扩大为原来的 2 倍

C. 缩小为原来的 $\frac{1}{4}$ 倍　　　　D. 缩小为原来的 $\frac{1}{2}$ 倍

8. 抽样估计的一致性是指当样本的单位数充分大时，（   ）。

A. 抽样指标小于总体指标　　　B. 抽样指标等于总体指标

C. 抽样指标大于总体指标　　　D. 抽样指标充分靠近总体指标

9. 能够事先加以计算和控制的误差是（   ）。

A. 抽样误差　　　B. 登记误差　　　C. 代表性误差　　　D. 系统性误差

10. 成数与成数方差的关系是（   ）。

A. 成数的数值越接近 0.5，成数的方差越大

B. 成数的数值越接近 0.25，成数的方差越大

C. 成数的数值越接近 1，成数的方差越大

D. 成数的数值越接近 0，成数的方差越大

11. 以下关于抽样误差的大小,说法正确的是(   )。

A. 既可以避免,也可以控制　　　　　　　B. 既无法避免,也无法控制

C. 可以避免,但无法控制　　　　　　　　D. 无法避免,但可以控制

12. 抽样单位数与抽样误差的关系是(   )。

A. 呈正比　　　　B. 呈反比　　　　C. 呈反向　　　　D. 相等

13. 抽样误差与标准差的关系是(   )。

A. 呈正比　　　　B. 呈反比　　　　C. 呈反向　　　　D. 相等

14. 先将全及总体各单位按某种标志进行排列,然后按固定间隔来抽取样本单位,这是(   )。

A. 纯随机抽样　　　　B. 等距抽样　　　　C. 类型抽样　　　　D. 整群抽样

15. 通常所说的大样本是指样本容量(   )。

A. 小于 10　　　　B. 大于 10　　　　C. 小于 30　　　　D. 大于 30

二、多项选择题

1. 以下关于抽样误差的说法,正确的有(   )。

A. 是不可避免的

B. 是可以事先计算的

C. 其大小是可以控制的

D. 是可以通过改进调查方法来消除的

E. 只能在调查结束之后才能计算

2. 影响抽样平均误差的因素有(   )。

A. 样本容量　　　　　　　　　　　　　　B. 总体标志变异程度

C. 抽样方法　　　　　　　　　　　　　　D. 抽样组织方式

E. 样本指标值的大小

3. 影响必要样本容量的因素有(   )。

A. 总体各单位标志变异程度　　　　　　　B. 允许的极限误差大小

C. 抽样方法　　　　　　　　　　　　　　D. 抽样组织方式

E. 概率保证程度

4. 为了提高抽样推断的可靠程度必须(   )。

A. 扩大估计值的误差范围　　　　　　　　B. 降低概率度

C. 提高概率度　　　　　　　　　　　　　D. 缩小估计值的误差范围

E. 增加样本容量

5. 在区间估计中,概率保证程度与估计准确程度之间的关系是(   )。

A. 保证程度高,准确程度亦高　　　　　　B. 保证程度低,准确程度高

C. 保证程度低,准确程度亦低　　　　　　D. 保证程度高,准确程度低

E. 不能确定

6. 对总体指标作区间估计的计算公式为(   )。

A. $\bar{x} - \Delta_{\bar{x}} \leqslant \bar{X} \leqslant \bar{x} + \Delta_{\bar{x}}$　　　　　　B. $p - \Delta_p \leqslant P \leqslant p + \Delta_p$

C. $\bar{X} - \Delta_{\bar{x}} \leqslant \bar{x} \leqslant \bar{X} + \Delta_{\bar{x}}$　　　　　　D. $P - \Delta_p \leqslant p \leqslant P + \Delta_p$

E. $P = p \pm \Delta_p, \bar{X} = \bar{x} \pm \Delta_{\bar{x}}$

7. 纯随机抽样平均误差的计算公式为（ ）。

A. $\mu_x = \sqrt{\dfrac{\sigma^2}{n}}$ B. $\mu_x = \sqrt{\dfrac{\sigma^2}{n}\left(1-\dfrac{n}{N}\right)}$

C. $\mu_x = \sqrt{\dfrac{\sigma^2}{n}\left(\dfrac{N-n}{n-1}\right)}$ D. $\mu_p = \sqrt{\dfrac{p(1-p)}{n}}$

E. $\mu_p = \sqrt{\dfrac{p(1-p)}{n}\left(1-\dfrac{n}{N}\right)}$

三、判断题

1. 总体指标与样本指标均为随机变量。　　　　　　　　　　　　　　　（　　）

2. 抽样推断必须遵守的首要原则是随机原则。　　　　　　　　　　　　（　　）

3. 抽样调查也会产生登记性误差，这与全面调查是一样的。　　　　　　（　　）

4. 重复抽样的抽样误差不一定大于不重复抽样的抽样误差。　　　　　　（　　）

5. 当总体容量 N 很大时，重复抽样与不重复抽样基本相同。　　　　　（　　）

6. 用样本指标估计总体指标，当样本单位 n 充分大时，抽样指标充分地接近总体指标。

　　　　　　　　　　　　　　　　　　　　　　　　　　　　　　　　（　　）

7. 在重复抽样下，若样本容量 n 增加 1 倍，则抽样平均误差减少 1/2。　（　　）

8. 纯随机抽样适用于均匀总体，类型抽样适用于变异程度较大的总体。　（　　）

9. 在各种抽样组织方式中，整群抽样误差总是较大的。　　　　　　　　（　　）

10. 在重复抽样且其他条件不变的情况下，若样本容量增加 1 倍，则抽样平均误差减少 1/2。　　　　　　　　　　　　　　　　　　　　　　　　　　　　　　　（　　）

四、计算题

1. 某铸造厂生产某种铸件，现从该厂某月生产的 500 吨铸件中随机抽取 100 吨。已知一级率为 60%，按重复抽样和不重复抽样求其一级品率的抽样平均误差。

2. 从某轴承厂生产的全部 800 件产品中随机不重复抽取 50 件进行检验，样本平均重量为 382 克，样本合格率为 97%，重量的样本标准差为 3 克。分别求样本平均重量和样本合格率的抽样平均误差。

3. 根据题 2 资料，以 95% 置信度求全部产品平均重量、全部产品合格率的置信区间。

4. 一个电视节目主持人想了解观众对某个电视专题节目的喜爱情况，她选取了 500 个观众作样本，结果发现喜爱该节目的有 175 人。试以 95% 的概率估计观众喜爱这一专题节目的区间范围。若该节目主持人希望估计的极限误差不超过 5%，问有多大把握程度？

5. 2024 年上半年，某校有 10 000 名在校学生，某校学生抽取了 1 000 名在校学生进行了调查，其中月伙食开支资料计算结果表明，这 1 000 名学生平均伙食月支出额为 550 元，标准差为 100 元：

（1）在 95.45% 的概率保证程度下，求此校所有在校学生平均月开支的置信区间；

（2）2024 年下半年该校又要开展同样的调查，如果置信区间保持不变，但采用重复抽样调查，而且概率保证度提高为 99.73%，则至少要调查多少名学生？

6. 某高校有 4 500 名学生，随机抽选 20%，调查其在校期间撰写论文或调查报告的篇数，所得分布数列如表 4-9 所示。

撰写论文数（篇）	4 以下	4～6(不含)	6～8(不含)	8～10(不含)	10	合 计
学生人数比重	8%	22%	40%	25%	5%	100%

表 4-9　　　　　　　　　　调查在校期间撰写论文抽样资料情况表

试以 $F(t) = 95.45\%$ 的概率保证推断：

（1）全校学生在校期间平均每人撰写论文篇数；

（2）撰写论文篇数在 6 篇以上的比重。

项目五

相关分析与回归分析

> 无序隐有序,统计解迷离。
>
> ——严加安
>
> 身高和体重有何关联?广告投入如何影响销量?相关与回归分析就像数据的"侦探工具",帮我们找出变量间隐藏的线索。本项目将带你破解这些数字密码。

项目内容

相关关系的意义和种类

相关关系的表示

线性回归与一元线性回归

知识目标

了解相关关系的含义和种类,掌握相关关系的判断方法。

了解回归分析的概念,掌握简单线性回归方程的确立方法。

理解并掌握估计标准误差的计算方法。

理解相关关系与函数关系的区别,相关分析与回归分析的关系。

能力目标

会计算相关系数并进行定量判断。

会计算回归系数并拟合一元线性回归模型。

会用一元线性回归方程进行分析预测。

素质目标

培养严谨务实的理性精神和精益求精的工匠精神,强化社会责任感。

从政策效果量化分析中,体会中国特色社会主义实践的成果。

任务一 相关关系的意义和种类

无论是在自然界还是在社会经济领域,客观现象总是普遍联系和相互依存的。在社会经济活动中,我们经常要对变量之间的关系进行分析。例如,在企业生产中,我们要对影响生产成本的各种因素进行分析,进而达到控制成本的目的;在农业生产中,我们需要研究农作物产量与施肥量之间的关系,以便分析施肥量对产量的影响,进而确定合理的施肥量;在商业活动中,我们需要研究广告费支出与销售量之间的关系,进而通过广告费支出来预测销售量等。

研究客观现象之间的相互关系,既要做定性分析,也要做定量分析,以测定它们之间联系的紧密程度,揭示它们之间的依存规律。本章介绍的相关分析与回归分析就是一种重要的定量分析方法,在自然科学、工程技术以及社会经济领域都得到广泛的应用。

一、函数关系与相关关系

客观现象之间的数量关系可分为函数关系与相关关系,这两种关系之间存在一定的联系。

(一) 函数关系

函数关系是指客观现象之间存在的、严格依存的、确定的数量关系。在这种关系中,对于某一变量的每一个数值,都有另一变量的确定值与之相对应,并且这种关系可以用一个数学表达式反映出来。

例如,圆的面积 S 与半径 R 之间的关系可以用 $S=\pi R^2$ 来表示,某商品的销售量 x 和销售价格 p 与该商品销售收入 y 之间的关系可以用 $y=px$ 来表示,在国民经济核算中用"国内生产总值＝消费＋积累＋进出口净额""国内生产总值＝固定资产折旧＋劳动者报酬＋企业盈利＋生产税净额"来反映国民经济核算中的数量平衡关系等,这些都是变量之间确定性的数量关系,即函数关系。

(二) 相关关系

如果我们所研究的事物或现象之间,存在着一定的数量关系,即当一个或几个相互联系的变量取一定数值时,与之相对应的另一变量的值虽然不能一一确定,但它在按照某种规律在一定范围内变化,我们把变量之间的这种不稳定、不精确的变化关系称为相关关系。

例如,人的身高与体重这两个变量,一般而言是相互依存的,但它们并不表现为确定的函数的关系,因为制约这两个变量的还有其他因素,如遗传因素、营养状况和运动水平等,以至于同一身高的人可以有不同的体重,同一体重的人又表现出不同身高。又如,居民收入水平与消费需求之间的关系,居民收入水平提高,居民对消费品的需求量也相应提高,但这种提高不是严格的一一对应关系,人们消费需求水平的高低不仅受到收入水平的影响,还受到其他因素,如消费习惯、消费预期高低等的影响。

变量间的这种不严格的依存关系就构成了相关分析与回归分析的对象。相关关系反映现象之间确实存在的,但关系数值不确定的相互依存关系。这一概念表明:

（1）相关关系是指现象之间确实存在数量上的相互依存关系。就是说，一个现象发生数量上的变化，另一个现象也会相应地发生数量上的变化。

（2）现象之间数量依存关系的具体关系值不是确定的。就是说，一个现象发生数量上的变化，另一个现象会有几个可能值与之对应，而不是确定的唯一的值。

（三）函数关系与相关关系之间的联系

函数关系与相关关系虽然是两种不同类型的变量关系，但是它们之间没有严格的界限，在一定的条件下可以互相转化。具有函数关系的变量，当存在观测误差和随机因素影响时，其函数关系往往以相关关系的形式表现出来；具有相关关系的变量之间的联系，如果我们对其有了深刻的规律性的认识，并且能够把影响因变量变动的因素全部纳入函数中，这时相关关系也可以转化为函数关系。

在复杂的社会系统中，各种事物或现象之间的联系大多体现为相关关系，而不是函数关系，这主要是由于影响一个变量的因素很多，而其中一些因素还没有被人们所完全认识和掌握，或是人们已经认识但对其产生的影响还不能完全控制和测量；另外，有些因素尽管可以被控制和测量，但人们在操作过程中或多或少都会有误差，所有这些偶然因素的综合作用导致了变量之间的不确定性。

应该指出，不论在哪种情况下，作为研究对象之间的相关关系，必须是真实的，具有内在联系的，绝不是臆造的，或是形式上的偶然巧合。因此，统计学在研究相关关系时，应当根据有关的科学理论，通过观察或实验，在对现象进行定性分析研究的基础上，建立这种联系，并且需要通过理论或实践来检验。只有这样，才能通过研究得出科学的、有意义的结论。

二、相关关系的种类

从数量上研究现象间的相关关系，一般把作为影响因素的变量叫做自变量，记为 x，把对应发生变化的变量叫作因变量，记为 y，并用变量之间的依存关系来表示。例如，某种商品的销售额（y）与销售量（x）之间的关系可表示为 $y = px$（p 是单价）。

从不同的分类角度进行分析，相关关系可以有多种分类。不同的相关关系往往要用不同的方法进行研究。

（一）根据相关关系的程度划分

根据相关关系的程度划分，相关关系可划分为完全相关、不相关和不完全相关。

（1）完全相关。当一个变量的变化完全由另一个变量所决定时，变量间的这种关系称为完全相关关系。例如，在价格保持不变的情况下，某种商品的销售总额与其销售量之间的关系总是呈正比；又如，在银行利率不变的条件下，储户一定的储蓄额对应于一定的利息，我们会发现，完全相关关系就是函数关系，因此我们也可以说函数关系是相关关系的一个特例。

（2）不相关。当两个变量的变化相互独立、互不影响时，变量间的这种关系称为不相关或完全不相关。实际上，这里的不相关就是概率中的独立，即变量间没有任何关系。例如，一般认为学习成绩的高低与天气变化是不相关的；又如，企业产品产量的多少与学生学习成绩的高低是不相关的。

（3）不完全相关。当变量之间存在不严格的依存关系时，变量间的这种关系称为不完全相关。不完全相关是两个现象之间的关系介于完全相关与不相关之间。一般的相关关系都是指这种不完全相关，不完全相关是现实生活中相关关系的主要表现形式，也是相关分析的主要研究对象。

（二）根据相关关系的方向划分

根据相关关系的方向划分，相关关系可分为正相关和负相关。

（1）正相关。当自变量的数值增加或减少时，因变量的数值也相应增加或减少，即两者呈同方向变化，则称为正相关。例如，居民的消费支出随着收入的增长而增加，工人的工资随着劳动生产率的提高而增加，企业的产品成本总额随着产量的减少而减少等。

（2）负相关。当自变量的数值增加而因变量的数值反而减少，或自变量的数值减少，而因变量的数值反而增加，即两者呈反方向变化，则称为负相关。例如，出口某种货物的实物量越大，单位运费成本反而越低；商品的流转规模越大，流通费用率则越低；企业的产品产量越大，单位产品成本越低等。

（三）根据相关关系的形式划分

根据相关关系的形式划分，相关关系分为线性相关和非线性相关。

（1）线性相关。线性相关是指根据自变量与因变量各对应数值在平面直角坐标系中描绘出若干个坐标点，若点的分布趋于一条直线，则称为线性相关或直线相关。例如，在一定范围内 GDP 与主要制成品出口额之间的关系、人均消费水平与人均收入水平、农作物产量与施肥量大致呈线性相关。直线相关在相关散点图上可呈现为一条直线的倾向。

（2）非线性相关。非线性相关是指若自变量与因变量在坐标系中的坐标点分布趋于某种曲线，则称为非线性相关或曲线相关。例如，企业的产品产量每增加一个单位，则单位产品成本的降低量逐步减小；随着商品流转规模的扩大，流通费用率下降的速度逐步趋缓，它们之间是非线性相关关系。非线性相关在相关散点图上可呈现为弯月形。

上述这些相关关系我们可以用图 5-1 来表示。

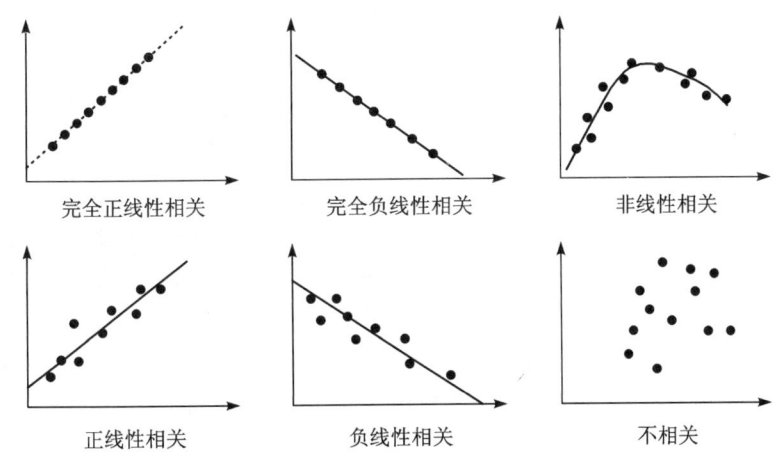

图 5-1 相关关系分类示意图

（四）根据相关关系影响因素的多少划分

根据相关关系影响因素的多少划分，相关关系分为单相关和复相关。

（1）单相关。单相关是指两个变量之间的相关，即一个变量对一个变量的相关关系。例如，关税收入与国民经济增长之间的关系、学生数学成绩与物理成绩之间的关系、居民的储蓄额与居民的收入、企业的产品产量与单位产品成本的关系等。

（2）复相关。复相关是指3个或3个以上变量之间的相关，即一个变量对两个或两个以上变量的相关关系。例如，经济增长率对进口增长率及出口增长率的关系；学生的学习成绩与其学习动机、方法、习惯等方面的关系，居民的储蓄额与居民的收入和居民的消费水平的关系，企业的单位产品成本与产品产量和原材料价格的关系便是复相关。在复相关的研究中，假定其他变量不变，专门研究其中两个变量之间的相关关系时称其为偏相关。例如，在假定居民消费水平不变的条件下，居民的储蓄额与居民收入的关系就是偏相关。

变量之间的相关关系需要用相关分析方法来识别和判断。相关分析，就是借助于图形和若干分析指标（如相关系数）对变量之间的依存关系的密切程度进行测定的过程。

三、相关分析的主要任务

现象之间客观存在的不确定的相互依存关系叫做相关关系，变量之间的相关关系需要用相关分析方法来识别和判断。相关分析就是借助于图形和若干分析指标（如相关系数）对变量之间依存关系的密切程度进行测定的过程。

相关分析的主要目的就是要在错综复杂的客观现象中，通过大量观察统计资料，对现象间相互关系的密切程度和变化规律，有一个具体的数量观念，并进一步找出相互关系的模式，以便进行统计预测和推算，为推算未知和预测未来提供数据，为制订计划、决策提供资料。为实现这一目的，相关分析要完成以下具体任务。

（1）确定现象之间有无相关关系。确定研究现象之间是否具有依存关系，这是相关分析的起点，也是我们研究各种现象之间相互关系的前提条件。因为只有确定了依存关系的存在，才有继续研究和探索各种现象之间相互作用、制约以及变化规律的必要和价值。确定现象之间是否具有相关关系要从两个方面加以判断：一方面要对现象之间的联系开展理论研究，按照经济理论、专业知识和实践经验，进行定性分析和判断；另一方面要对大量的实际统计资料，通过编制相关表、绘制相关图等一系列统计分析方法，对被研究的现象变量之间是否真正存在相关关系作出判断。

（2）测定现象相关关系的密切程度。变量之间的相关关系是一种不精确的数量关系，相关分析就是要从这种不确定的数量关系中，判断相关关系的方向和密切程度。相关分析不但可以描述变量之间的关系状况，而且可以用来进行预测。

（3）确定选择相关关系的表现形式以及相关分析方法。在确定了变量之间存在依存关系之后，就需要明确体现变量相互关系的具体表现形式。在此基础上，要选择恰当的相关分析方法，只有这样才能确保研究目的的实现，收到预期的效果。

（4）测定因变量估计值的误差程度。根据已确定的变量之间的直线方程或曲线方程，在给定若干个自变量值时，可求出因变量相应的估计值。一般来说，估计值与实际值是有一定出入的，相关分析要通过科学方法测定估计值与实际值的误差程度，从而确认相关与回归分析的可靠性大小。

任务二　相关关系的表示

要分析说明现象之间是否存在相关关系必须做到以下两点。

1. 根据客观事物的定性认识来判断相关关系是否存在

相关关系是现象之间内在联系的一种表现形式,判断现象之间是否具有这种关系,显然应该首先从现象的性质上来判断,然后再进行定量分析。任何事物都有质的规定性,它表明了事物自身和其他事物的联系,对事物的这种质的规定性的认识和分析,就是定性分析。按照人们认识的一般顺序,先有对事物和现象的定性判断,才能据此进行量的分析和判断,这种判断的正确与否,取决于对现象的认识程度。一般来说,对现象做过亲自考察,理论知识又比较丰富的人,对现象、性质的认识就比较深刻,判断就比较可靠。

用定性分析来判断相关关系,对回归与相关这种定量分析来讲,是至关重要的,可以说定性分析是定量分析的前提和根据。

2. 通过编制相关表和绘制相关图来判断相关关系是否存在

如果通过定性分析确定现象之间确实具有相关关系,我们就可以进一步从现象数量表现上来判断这种关系是否存在,以及关系所属的类型和关系的密切程度。在统计中通常采用绘制相关表或绘制相关图(亦称散点图)来进行这种判断。将现象之间的相关关系,用表格来反映,这种表格称为相关表。将相关表的数值在平面直角坐标系中绘制成相关点(坐标点),就是相关图。

相关关系的判断方法主要有相关表(表格法)、相关图(图示法)、相关系数法。

一、相关表

编制相关表前要通过实际调查取得一系列成对的标志值资料作为相关分析的原始数据,然后将所研究的两个变量的数值,按自变量的大小排序,将因变量数值一一对应排列在统计表中,这就形成了相关表。相关表的编制,一般以 x 为自变量,以 y 为因变量。

相关表是表现相关关系的最基本形式,通过相关表可以初步看出相关关系的形式、相关方向和密切程度。根据资料是否分组,相关表有简单相关表和分组相关表。

1. 简单相关表

简单相关表是资料未经分组的相关表。简单相关表的编制方法是:先将自变量的值按照从小到大的顺序排列出来,然后对应列入因变量的值而编排成的表格,如表 5-1 所示。

表 5-1　　　　　　　　　　　　　拉伸倍数与强度的对应表

编号	拉伸倍数 x	强度 y	编号	拉伸倍数 x	强度 y	编号	拉伸倍数 x	强度 y
1	1.9	14	7	3.0	30	13	5.2	35
2	2.0	13	8	3.5	27	14	6.0	55
3	2.1	18	9	4.0	40	15	6.3	64
4	2.5	25	10	4.5	42	16	6.5	60
5	2.7	28	11	4.6	35	17	7.1	53
6	2.7	25	12	5.0	55	18	8.0	65

仔细观察表中的数据可以发现,随着拉伸倍数 x 的增加,强度 y 不断增强。

2. 分组相关表

如果原始资料很多,运用简单相关表来表示就很困难,这时就要将原始资料进行分组,然后编制成相关表,这种相关表我们称为分组相关表。分组相关表包括单变量分组表和双变量分组表两种。

1) 单变量分组表

在原始资料比较多时,对自变量数值进行分组,计算出各组的次数和因变量的组平均数,这样编制的相关表,称为单变量分组相关表。例如,根据某地 120 家水果进出口公司出口苹果数量与单位运费成本的资料,编制单变量分组相关表,如表 5-2 所示。

表 5-2 出口苹果数量与单位运费成本分组表

苹果出口量(吨)x	单位运费成本(千元/吨)y	水果出口公司数(个)f
5～10(不含)	13	10
10～15(不含)	11	14
15～20(不含)	8	21
20～25(不含)	6	25
25～30(不含)	4	28
35～40(不含)	3	22

从表 5-2 可以粗略地看出,随着苹果出口量 x 的增加,单位运费成本 y 呈下降的趋势。

在单变量分组相关表中,自变量分组并计算次数,而对应的因变量不分组,只计算其平均值。单变量分组相关表的特点是使冗长的资料简化,能够更清晰地反映出两个变量之间的相关关系。

2) 双变量分组表

对两个相关变量都进行分组,交叉排列,并列出两个变量各组间的共同次数,这种相关表称为双变量分组表。双变量分组表形似棋盘,故又称棋盘式相关表。

例如,根据某省 40 家贸易公司的市场营销人员数和营业额的资料,编制双变量分组相关表,如表 5-3 所示。

表 5-3 营业额与市场营销人员数分组表

营业额(万元)y	营销人员数(人) x					合 计（人）
	1～3	3～5	5～7	7～9	9～11	
25～30(含)				1	6	7
20～25(含)			2	4	4	10
15～20(含)		2	4	5		11
10～15(含)	2	1	4			7
5～10(含)	1	2				3
3～5(含)	2					2
合 计	5	5	10	10	10	40

制作双变量分组相关表,需注意将自变量放在横行,按变量值从小到大、自左至右排列;将因变量放在纵栏,按变量值从大到小、自上而下排列,这样做的目的是将相关表与相关图一致起来,便于判断相关关系的方向。

二、相关图

相关图法又叫散点图法、简易相关分析法,是直观描述变量之间关系的一种工具。相关图是利用直角坐标系第一象限,将变量 x 置于横轴、变量 y 置于纵轴,再将两个变量相对应的变量值用坐标点的形式描绘出来,用于表明坐标点分布状况的图形。通过坐标点在坐标系中的分布和走向,我们可以判断出两个变量是否有关系,是什么样的关系,从而为选择回归模型提供依据。

根据表 5-1 数据,我们将各个点画到平面直角坐标系中。从图 5-2 中可以明显地看出,拉伸倍数和强度几乎是呈线性关系的。由此可见,相关图法可以帮助我们分析某两个变量之间的关系是否存在,这对于问题的最终解决具有非常大的启发作用。

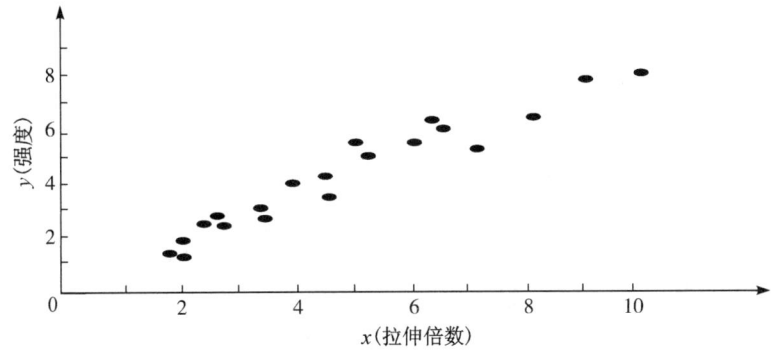

图 5-2 拉伸倍数和强度散点图

例如,某公司 10 个企业的销售收入和销售利润的资料如表 5-4 和图 5-3 所示。

表 5-4 企业销售收入与销售利润相关表 单位:万元

企业编号	销售收入（x）	销售利润（y）
1	10	1.8
2	20	2.0
3	24	2.4
4	30	3.5
5	30	4.4
6	40	5.0
7	50	5.0
8	56	5.6
9	60	6.0
10	60	6.4

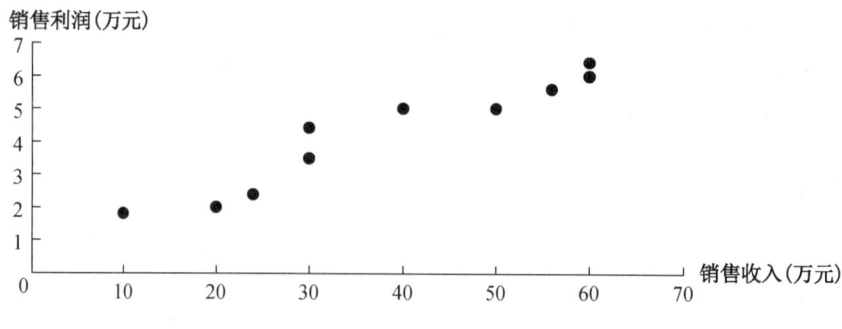

图 5-3　企业销售收入与销售利润相关图

通过图 5-4,我们可以大致看出两个变量之间有无相关关系,以及相关关系的形态、方向和密切程度。其判断方法如下:

(1)强正相关。当变量 x 的数值增大时,变量 y 的数值也明显增大,相关点分布比较集中,呈直线形状,说明两个变量间是强正相关。

(2)强负相关。当变量 x 的数值增大时,变量 y 的数值显著减少,相关点的分布比较集中,呈直线形状,说明两个变量间是强负相关。

(3)弱正相关。当变量 x 的数值增大时,变量 y 的数值也增大,但其相关点的分布比较分散,说明两个变量间是弱正相关。

(4)弱负相关。当变量 x 的数值增大时,变量 y 的数值趋于下降,但相关点的分布较松散,这表明两个变量间是弱负相关。

(5)非线性相关(曲线相关)。当变量 x 的数值增大时,各相关点的分布呈某种曲线状态,这说明两个变量间是非线性相关。

(6)不相关。在图像中各相关点很分散,呈现出不规则状态,这说明变量 x 和变量 y 之间没有相关关系。

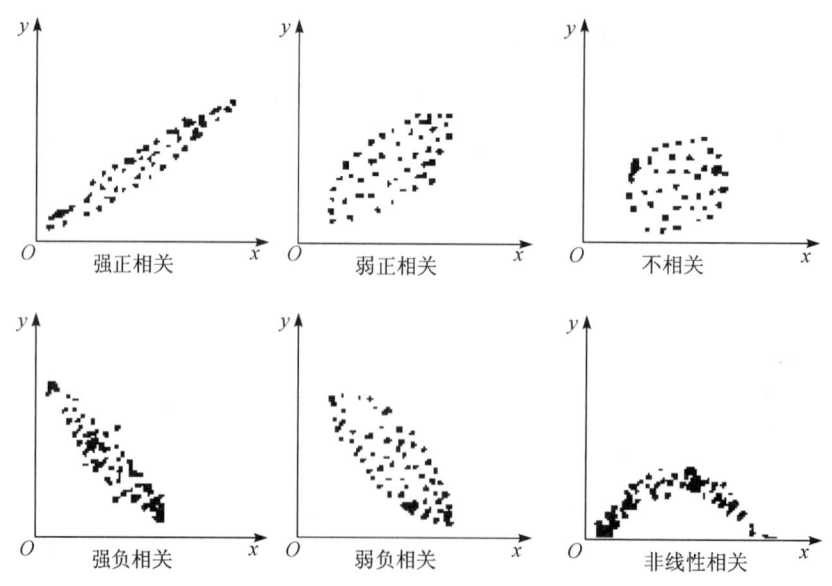

图 5-4　相关图分类

通过相关表和相关图可以明确、直观地判断两个变量间有无关系,并对变量间的关系形态作出大致的描述,但这不能准确反映变量之间关系的密切程度。因此,在初步判定变量间存在相关关系的基础上,通常还要计算相关关系的度量指标——相关系数。相关系数比相关图更能概括地表现相关的形式和程度。

三、相关系数法

(一) 相关系数的含义

相关系数是指在直线相关条件下,说明两个现象之间相关关系密切程度的统计分析指标,通常用 r 表示。

相关系数的取值范围在 -1 和 $+1$ 之间,即 $-1 \leqslant r \leqslant 1$。相关系数 $r = \pm 1$,表示两个现象完全相关,它们之间存在确定的函数关系;相关系数 r 的数值越接近于 1($+1$ 或 -1),表示相关关系越强;相关系数 r 的数值越接近于 0,表示相关关系越弱;相关系数 $r = 0$,表示两种现象完全不相关(仅指不是直线相关);相关系数 $r > 0$,表示正相关;相关系数 $r < 0$,表示负相关。

但需要注意的是,r 只表示 x 与 y 的直线相关密切程度。当 r 很小甚至等于 0 时,只能表示 x 与 y 之间不直线相关,并不表示 x 与 y 之间就不存在其他非直线类型的相关关系。

为了在判断时有个标准,现介绍一种常用的相关关系密切程度的划分标准:

在原始数据比较多时,计算出的相关系数 r 的绝对值在 0.3 以下是无直线相关,在 0.3 以上是有直线相关,$0.3 \sim 0.5$ 是低度相关,$0.5 \sim 0.8$ 是显著相关(中度相关),0.8 以上是高度相关。

按照上面的标准来判断,严格说要有一个条件,就是计算系数的原始数据要比较多,如果数据太少,判断相关的密切程度需要查相关系数检验表来判断。

(二) 相关系数的计算公式

在未分组资料条件下有以下几种公式。

1. 相关系数的定义公式

相关系数的定义公式为:

$$r = \frac{\sigma_{xy}^2}{\sigma_x \sigma_y} = \frac{\dfrac{\sum (x - \bar{x})(y - \bar{y})}{n}}{\sqrt{\dfrac{\sum (x - \bar{x})^2}{n}} \sqrt{\dfrac{\sum (y - \bar{y})^2}{n}}} \qquad \text{公式(1)}$$

式中:$\sigma_{xy}^2 = \dfrac{\sum (x - \bar{x})(y - \bar{y})}{n}$ 表示 x,y 的两个变量的协方差;$\sigma_x = \sqrt{\dfrac{\sum (x - \bar{x})^2}{n}}$ 表示变量 x 的标准差;$\sigma_y = \sqrt{\dfrac{\sum (y - \bar{y})^2}{n}}$ 表示变量 y 的标准差。

协方差 σ_{xy} 的作用如下:

(1) 协方差显示 x 与 y 是正相关还是负相关。相关系数的正负性完全由协方差的正负性决定。协方差为负,则相关系数为负,相关关系是负相关;协方差为正,则相关系数为负,相关关系是正相关。

(2)协方差显示 x 与 y 相关程度的大小。当标准差 σ_x 和 σ_y 为定值时,协方差 σ_{xy} 的绝对值越小,表示 x 与 y 的相关程度越低;协方差 σ_{xy} 的绝对值越大,表示 x 与 y 的相关程度越高。

2. 相关系数的"积差法"公式

对公式(1)中的分子分母同时乘以 n,相关系数 r 的公式可写成:

$$r = \frac{\sum(x-\bar{x})(y-\bar{y})}{\sqrt{\sum(x-\bar{x})^2}\sqrt{\sum(y-\bar{y})^2}} \qquad 公式(2)$$

由于公式(2)是通过将各个离差相乘的方法来说明相关程度的,所以通常把这种相关系数的公式叫做积差法,积差法是计算相关系数的基本方法。

相关系数的定义公式是根据 $\bar{x}$ 与 $\bar{y}$ 的数值计算的,当 $\bar{x}$ 或 $\bar{y}$ 的值为除不尽的小数时,计算既麻烦又影响其准确性。在实际工作中,如果根据变量的原始数值计算相关系数,可运用简捷公式。

3. 相关系数的简捷公式

相关系数的简捷公式为:

$$r = \frac{n\sum xy - \sum x \sum y}{\sqrt{n\sum x^2 - \left(\sum x\right)^2}\sqrt{n\sum y^2 - \left(\sum y\right)^2}} \qquad 公式(3)$$

公式(3)不用计算两个变量的平均值与标准差,既减少了工作量,又可以减少计算平均值除不尽所带来的误差。

(三)相关系数的计算举例

【例5-1】 对一公司的10名职工的月消费支出和可支配收入进行调查得到如表5-5所示的原始资料,根据相关资料计算职工月消费支出和可支配收入相关系数。

表5-5　　　　　　　　　　居民消费支出和可支配收入的原始资料　　　　　　　单位:元

编号	1	2	3	4	5	6	7	8	9	10
消费支出	600	450	500	800	420	750	920	780	1 200	1 500
可支配收入	950	680	720	1 020	750	1 000	1 350	1 260	1 800	2 150

答案与解析 根据相关资料列出职工消费支出和可支配收入相关系数计算表如表5-6所示。

表5-6　　　　　　　　职工消费支出和可支配收入相关系数计算表　　　　　　　单位:元

编号	可支配收入 x	消费支出 y	x^2	y^2	xy
1	750	420	562 500	176 400	315 000
2	680	450	462 400	202 500	306 000
3	720	500	518 400	250 000	360 000

(续表)

编号	可支配收入 x	消费支出 y	x^2	y^2	xy
4	950	600	902 500	360 000	570 000
5	1 000	750	1 000 000	562 500	750 000
6	1 260	780	1 587 600	608 400	982 800
7	1 020	800	1 040 400	640 000	816 000
8	1 350	920	1 822 500	846 400	1 242 000
9	1 800	1 200	3 240 000	1 440 000	2 160 000
10	2 150	1 500	4 622 500	2 250 000	3 225 000
合计	11 680	7 920	15 758 800	7 336 200	10 726 800

将有关数据代入计算公式,可计算出相关系数:

$n = 10$，$\sum x = 11\,680$，$\sum y = 7\,920$，$\sum x^2 = 15\,758\,800$，$\sum y^2 = 7\,336\,200$，$\sum xy = 10\,726\,800$。

得：
$$r = \frac{n\sum xy - \sum x \sum y}{\sqrt{n\sum x^2 - \left(\sum x\right)^2}\sqrt{n\sum y^2 - \left(\sum y\right)^2}}$$
$$= \frac{10 \times 10\,726\,800 - 11\,680 \times 7\,920}{\sqrt{10 \times 15\,758\,800 - 11\,680^2} \times \sqrt{10 \times 7\,336\,200 - 7\,920^2}} = 0.98$$

相关系数 0.98＞0.8,接近 1,说明职工月消费支出和可支配收入为高度正相关关系。

【例 5-2】 某公司 10 家连锁店销售额和利润率的资料如表 5-7 所示,计算相关系数。

表 5-7　　　　　　　　　　　　某公司 10 家连锁店销售资料

序号	销售额（万元）x	利润率 y	x^2	y^2	xy
1	60	12.6%	3 600	158.76	756
2	50	10.4%	2 500	108.16	520
3	80	18.5%	6 400	342.25	1 480
4	10	3.0%	100	9.00	30
5	40	8.1%	1 600	65.61	324
6	70	16.3%	4 900	265.69	1 141
7	60	12.3%	3 600	151.29	738
8	30	6.2%	900	38.44	186
9	30	6.6%	900	43.56	198
10	70	16.8%	4 900	282.24	1 176
合计	500	110.8%	29 400	1 465.00	6 549

答案与解析

$$n=10, \quad \sum x=500, \quad \sum y=110.8, \quad \sum x^2=29\,400, \quad \sum y^2=1\,465,$$

$$\sum xy=6\,549。$$

$$r=\frac{n\sum xy-\sum x\sum y}{\sqrt{n\sum x^2-\left(\sum x\right)^2}\sqrt{n\sum y^2-\left(\sum y\right)^2}}$$

$$=\frac{10\times6\,549-500\times110.8}{\sqrt{10\times29\,400-500^2}\times\sqrt{10\times1\,465-110.8^2}}=0.99$$

相关系数 0.99＞0.8，接近 1，表明销售额和利润率之间存在高度正相关关系。

【例 5-3】 某企业近 8 年产品产量与生产费用资料如表 5-8 所示，求相关系数。

表 5-8 产品产量与生产费用资料

年份	产量(千吨) x	费用(千元) y	x^2	y^2	xy
2017	1.2	620	1.44	384 400	744
2018	2	860	4	739 600	1 720
2019	3.1	800	9.61	640 000	2 480
2020	3.8	1 100	14.44	1 210 000	4 180
2021	5	1 150	25	1 322 500	5 750
2022	6.1	1 320	37.21	1 742 400	8 052
2023	7.2	1 350	51.84	1 822 500	9 720
2024	8	1 600	64	2 560 000	12 800
合计	36.4	8 800	207.54	10 421 400	45 446

答案与解析

$$n=8, \quad \sum x=36.4, \quad \sum y=8\,800, \quad \sum x^2=207.54, \quad \sum y^2=10\,421\,400,$$

$$\sum xy=45\,446。$$

$$r=\frac{n\sum xy-\sum x\sum y}{\sqrt{n\sum x^2-\left(\sum x\right)^2}\sqrt{n\sum y^2-\left(\sum y\right)^2}}$$

$$=\frac{8\times45\,446-36.4\times8\,800}{\sqrt{8\times207.54-36.4^2}\times\sqrt{8\times10\,421\,400-8\,800^2}}=0.97$$

相关系数 0.97＞0.8，接近 1，结果表明产品产量与生产费用之间存在高度正相关关系。

 【统计·中国】

乡村振兴中的真实相关——数商兴农

任务三 线性回归与一元线性回归

弗朗西斯·高尔顿先生被誉为现代相关和回归的创始人。1875年,他利用豌豆试验来确定豌豆尺寸的遗传规律。他挑选7组不同尺寸的豌豆,说服他的朋友每一组种植10粒豌豆种子,最后把原始的豌豆种子与新长的豌豆种子进行尺寸比较,当结果被绘制出来之后,他发现并非每一个子代都与父代一样。相同的是,尺寸小的豌豆会得到更大的子代,而尺寸大的豌豆却得到较小的子代。高尔顿将此方法用到人类身上,他将父母和孩子的身高转换成 z 值,对比父母的身高与他们孩子的身高。他发现孩子们的 z 值偏离均值的程度小于父母的偏离程度,即非常矮小的父母倾向于有偏高的孩子;而非常高大的父母则倾向于有偏矮的孩子。他把这叫做对均值的"回归",这一发现构成了回归分析的基础。

一、回归分析的概念

通过相关系数,只能了解因变量和自变量相关关系的方向和密切程度,但不能用来根据自变量的变动来推知因变量的变动。要根据某一因素的数值来估计另一因素的数值,根据已知推求未知,就需要进行回归分析。

回归分析就是根据一组样本数据,确定出变量之间的数量依存关系,并对这种关系的可信程度进行各种统计检验,然后可利用所求的数学关系式,根据一个或几个变量的取值来预测或估计另一个特定变量的取值。我们把被预测或被解释的变量称为因变量,用 y 表示;把用来预测或解释因变量的一个或多个变量称为自变量,用 x 表示。

在回归分析中,根据变量的多少可分为一元回归分析和多元回归分析;按变量之间的具体变动形式可以分为线性回归分析和非线性回归分析。把这两种标志结合起来,就有一元线性回归分析和一元非线性回归分析、多元线性回归分析和多元非线性回归分析。其中,一元线性回归分析是最简单的也是最基本的回归分析,通常称为简单线性回归分析。本节仅介绍一元线性回归分析。

二、回归分析与相关分析的区别与联系

1. 回归分析与相关分析的区别

(1) 相关分析所研究的两个变量是对等关系,回归分析所研究的两个变量不是对等关系。必须根据研究目的,先确定其中一个是自变量,另一个是因变量。

(2) 对两个变量 x 和 y 来说,相关分析只能计算出一个反映两个变量间相关关系密切程度的相关系数,而且计算中改变 x 和 y 的地位不影响相关系数的数值;回归分析有时可以根据研究目的不同分别建立两个不同的回归方程:一个是以 x 为自变量,y 为因变量,建立 y 对 x 的回归方程;一个是以 y 为自变量,x 为因变量,建立 x 对 y 的回归方程。

(3) 相关分析对资料的要求是两个变量都必须是随机变量;而回归分析对资料的要求是自变量是可控变量(给定的变量),因变量是随机变量。

2. 回归分析与相关分析的联系

(1) 相关分析是回归分析的基础和前提。如果缺少相关分析,没有从定性上说明现象

间是否具有相关关系,没有对相关关系的密切程度作出判断,就不能进行回归分析,即使勉强进行了回归分析,也可能是没有实际意义的。

（2）回归分析是相关分析的深入和继续。仅仅说明现象间具有密切的相关关系是不够的,只有进行了回归分析,拟合了回归方程,才有可能进行有关分析和回归预测,相关分析才有实际的意义。

因此,如果仅有回归分析而缺少相关分析,将会因为缺乏必要的基础和前提而影响回归分析的可靠性;如果仅有相关分析而缺少回归分析,就会降低相关分析的意义。因此,只有把两者结合起来,才能达到统计分析的目的。

三、一元线性回归模型

（一）一元线性回归模型的概念

一元线性回归模型又称简单直线回归模型,它是根据成对的两个变量的数据而配合的直线方程式。设有两个变量 x 和 y,变量 y 的取值随变量 x 取值的变化而变化,我们称 y 为因变量,x 为自变量;反之,亦然。一般来说,对于具有线性相关关系的两个变量,可以用一条直线方程来表示它们之间的关系:

$$y_c = a + bx$$

$y_c = a + bx$ 称为因变量 y 对自变量 x 的一元线性回归方程或回归直线方程。式中:a 和 b 是确定回归直线模型的两个待定参数。其中 a 表示直线在 y 轴上的截距,代表经济现象经过修匀的基础水平;b 表示直线的斜率,称为 y 对 x 的回归系数,表明 x 每变动一个单位时,影响 y 平均变动的数量。

（二）拟合一元线性回归模型的条件

任何一个数学模型的运用都是有条件的,一元线性回归模型也不例外。为使配合的直线模型最佳,应当遵循下列条件。

1. 两个变量之间确实存在显著的相关关系

要通过实践经验、理论分析、相关图、相关表及相关系数的验证,表明两个变量之间确实具有显著的相关关系时,才能配合回归模型。如果两个变量之间没有相关关系或相关程度不显著,所配合的回归模型就无法表明两个变量之间的依存关系,而只能成为数字游戏。

2. 两个变量之间确实存在着直线相关关系

将两个变量的对应数值绘成散点图,只有当图上各点的散布趋势近于直线时,才能配合一元线性回归模型。

3. 应根据最小平方法（最小二乘法）原理配合一元线性回归模型

应用最小平方法原理确定两个待定参数 a 和 b 的数值来配合直线模型,可以使因变量的实际值与理论值离差的代数和等于零,即 $\sum(y - y_c) = 0$;使离差的平方和为最小,即 $\sum(y - y_c)^2 = $最小值,因而最具有代表性,是最佳的回归直线模型。在这里,我们将回归直线作为相关关系的代表直线,也就是说,它是代表所有相关点的理论直线,而不是实际直线。

（三）一元线性回归模型中待定参数的确定

配合回归直线模型的关键是求出 a、b 两个待定参数。由于掌握的资料不同,配合回归直线模型的公式也有所不同,现详细介绍如下。

1. 根据未分组资料配合回归直线模型

将 $y_c = a + bx$ 代入 $\sum(y - y_c)^2 = $ 最小值中，得到如下的算式：

$$\sum(y - a - bx)^2 = \text{最小值}$$

令：

$$Q = \sum(y - a - bx)^2$$

要满足 $\sum(y - a - bx)^2 = $ 最小值，根据极值原理，对式中的 a 和 b 两个参数求偏导数，偏导数应为 0，即：

$$\begin{cases} \dfrac{\partial Q}{\partial a} = -2\sum(y - a - bx) = 0 \\ \dfrac{\partial Q}{\partial b} = 2\sum(y - a - bx)(-x) = 0 \end{cases}$$

整理上述两式，得到：

$$\begin{cases} \sum y = na + b\sum x \\ \sum xy = a\sum x + b\sum x^2 \end{cases}$$

解析方程组，得到两个参数的计算公式如下：

$$\begin{cases} a = \dfrac{\sum y - b\sum x}{n} \\ b = \dfrac{n\sum xy - \sum x\sum y}{n\sum x^2 - \left(\sum x\right)^2} \end{cases}$$

即：

$$\begin{cases} a = \bar{y} - \bar{x} \\ b = \dfrac{\overline{xy} - \bar{x}\,\bar{y}}{\overline{x^2} - (\bar{x})^2} \end{cases}$$

根据：

$$r = \frac{\sigma_{xy}^2}{\sigma_x \sigma_y},$$

回归系数 b 可化作：

$$b = \frac{\sigma_{xy}^2}{\sigma_x^2}$$

根据 x、y 的实际资料，通过上述公式的计算，可以直接求解 a、b 参数，将求解结果代入 $y_c = a + bx$，就配合出一元线性回归模型。

这个模型表现了 x、y 之间相关关系的关系值，可根据 x 的变化来预测 y 的数值。但要注意，这个模型只能进行单方面的预测。若要根据 y 的变化来预测 x 的数值，则需以 y 为自变量，以 x 为因变量，再重新配合 x 对 y 的回归模型 $x_c = d + ey$。其中 d、e 为待定参数，配合方法同上。

$$r = \frac{\sigma_{xy}^2}{\sigma_x \sigma_y} = \frac{\dfrac{\sum (x-\bar{x})(y-\bar{y})}{n}}{\sqrt{\dfrac{\sum (x-\bar{x})^2}{n}} \sqrt{\dfrac{\sum (y-\bar{y})^2}{n}}}$$

【例 5-4】 承[例 5-2]资料,计算利润率对销售额的回归直线方程,并根据回归直线方程计算利润率的估计值如表 5-9 所示。

表 5-9   **某公司 10 家连锁店销售资料**

序号	销售额(万元)x	利润率 y	x^2	xy	y_c
1	60	12.6%	3 600	756	13.373
2	50	10.4%	2 500	520	11.080
3	80	18.5%	6 400	1 480	17.959
4	10	3.0%	100	30	1.908
5	40	8.1%	1 600	324	8.787
6	70	16.3%	4 900	1 141	15.666
7	60	12.3%	3 600	738	13.373
8	30	6.2%	900	186	6.494
9	30	6.6%	900	198	6.494
10	70	16.8%	4 900	1 176	15.666
合计	500	110.8%	29 400	6 549	—

答案与解析

第一步,列出有关数据计算表:

$$n = 10, \quad \sum x = 500, \quad \left(\sum x\right)^2 = 250\,000, \quad \sum x^2 = 29\,400, \quad \sum y = 110.8,$$

$$\sum xy = 6\,549。$$

第二步,将上述资料代入公式,求解 a 和 b 的数值:

$$b = \frac{n\sum xy - \sum x \sum y}{n \sum x^2 - \left(\sum x\right)^2} = \frac{10 \times 6\,549 - 500 \times 110.8}{10 \times 29\,400 - 250\,000} = 0.229\,3$$

$$a = \frac{\sum y - b \sum x}{n} = \frac{110.8 - 0.229\,3 \times 500}{10} = -0.385$$

第三步,将 a 和 b 的数值代入方程式,得出利润率对销售额的回归直线方程:

$$y_c = -0.385\,0 + 0.229\,3x$$

把销售额代入回归直线方程中,即可计算出对应利润率的估计值如表 5-9 所示。

【例5-5】　计算[例5-3]中生产费用对产品产量的回归直线方程并根据回归直线方程计算生产费用的估计值,估计2026年产量达10千吨时所需生产费用,如表5-10所示。

表5-10　　　　　　　　　　　　　　产品产量与生产费用资料

年份	产量(千吨)x	费用(千元)y	x^2	xy	y_c
2017	1.2	620	1.44	744	667.983 9
2018	2	860	4	1 720	771.151 8
2019	3.1	800	9.61	2 480	913.007 7
2020	3.8	1 100	14.44	4 180	1 003.279 6
2021	5	1 150	25	5 750	1 158.031 5
2022	6.1	1 320	37.21	8 052	1 299.887 4
2023	7.2	1 350	51.84	9 720	1 441.743 3
2024	8	1 600	64	12 800	1 544.911 2
合计	36.4	8 800	207.54	45 446	—

答案与解析

第一步,列出有关数据计算表:

$$n=8, \sum x=36.4, \left(\sum x\right)^2=1\,324.96, \sum x^2=207.54, \sum y=8\,800,$$

$$\sum xy=45\,446。$$

第二步,将上述资料代入公式,求解 a 和 b 的数值:

$$b=\frac{n\sum xy-\sum x\sum y}{n\sum x^2-\left(\sum x\right)^2}=\frac{8\times45\,446-36.4\times8\,800}{8\times207.54-1\,324.96}=128.959\,9$$

$$a=\frac{\sum y-b\sum x}{n}=\frac{8\,800-128.959\,9\times36.4}{8}=513.232\,0$$

第三步,将 a 和 b 的数值代入方程式,得出利润率对销售额的回归直线方程:

$$y_c=513.232\,0+128.959\,9x$$

把 $x=10$ 代入回归直线方程:

$$y_c=513.232\,0+128.959\,9\times10=1\,802.83(万元)$$

产量达10千吨时所需生产费用约为1 802.83万元。

2. 使用分组资料拟合一元线性回归模型

分组资料拟合一元线性回归模型的方法步骤与未分组资料基本相同,其主要区别在于求待定参数时要注意加权,其标准方程组为:

$$\begin{cases} \sum xy=a\sum f+b\sum xf \\ \sum xyf=a\sum xf+b\sum x^2f \end{cases}$$

解析方程组,得到两个参数 a 和 b 的计算公式如下:

$$\begin{cases} a = \dfrac{\sum yf}{\sum f} - b\,\dfrac{\sum xf}{\sum f} \\[4mm] b = \dfrac{\sum f \sum xyf - \sum xf \sum yf}{\sum f \sum x^2 f - \left(\sum xf\right)^2} \end{cases}$$

【例5-6】 根据表 5-11 的资料,计算劳动生产率 y 对工人看管织机台数 x 的一元线性回归直线方程并根据回归直线方程计算劳动生产率的估计值,估计看管织机台数达 20 台时的劳动生产率。

表 5-11   工人劳动情况统计

工人看管织机台数 x（组中值）	时劳动生产率（米）y	工人数 f	xf	yf	$x^2 f$	xyf	y_c
6	14	10	60	140	360	840	12.045 1
8	17	14	112	238	896	1 904	16.961 3
10	22	21	210	462	2 100	4 620	21.877 5
12	25	30	360	750	4 320	9 000	26.793 7
14	32	33	462	1 056	6 468	14 784	31.709 9
16	37	32	512	1 184	8 192	18 944	36.626 1
18	42	21	378	882	6 804	15 876	41.542 3
合计	—	161	2 094	4 712	29 140	65 968	—

答案与解析 由表 5-11 资料得:

$$\sum f = 161,\quad \sum xf = 2\,094,\quad \sum yf = 4\,712,\quad \sum x^2 f = 29\,140,$$
$$\sum xyf = 65\,968。$$

将这些资料代入公式得:

$$b = \frac{\sum f \sum xyf - \sum xf \sum yf}{\sum f \sum x^2 f - \left(\sum xf\right)^2} = \frac{1.61 \times 65\,968 - 2\,094 \times 4\,712}{161 \times 29\,140 - (2\,094)^2} = 2.458\,1$$

$$a = \frac{\sum yf}{\sum f} - b\,\frac{\sum xf}{\sum f} = \frac{4\,712}{161} - 2.458\,1 \times \frac{2\,094}{161} = -2.703\,5$$

则所求的一元线性回归直线方程为:

$$y_c = -2.703\,5 + 2.458\,1x$$

当看管织机台数 $x = 20$ 台时,预测的时劳动生产率为:

$$y_c = -2.703\,5 + 2.458\,1 \times 20 = 46.46$$

看管织机台数达 20 台时的时劳动生产率为 46.46 米。

四、估计标准误差

建立回归直线方程的一个主要作用在于根据自变量的已知数据推算因变量的估计值，这个估计值又称理论值或称平均值。估计值 y_c 与因变量的实际值 y 可能相同，也可能不同，因而就产生了估计值的代表性问题。y_c 值与 y 值相同，则表明推断准确；y_c 值与 y 值不一致时，则可以发现其中存在着一系列离差。有的是正离差，有的是负离差。

如何来反映这些离差的大小？一般通过估计标准误差指标来测定。

(一)估计标准误差的概念

估计标准误差是因变量的实际值与理论值的平均离差，是用来说明回归方程代表性大小的统计分析指标，简称为估计标准差。估计标准误差的计算原理与标准差基本相同，可以反映因变量理论值 y_c 与实际观测值 y 之间的差距大小，用来检测回归直线对相关关系的代表程度。若估计标准误差小，表明回归方程代表性大，进行回归预测的准确性高；反之，若估计标准误差大，则表明回归方程代表性小，用它来进行回归预测的准确性低。

(二)估计标准误差的计算方法

估计标准误差的定义公式为：

$$S_y = \sqrt{\frac{\sum (y - y_c)^2}{n - 2}}$$

式中：S_y 表示估计标准误差；y 表示因变量的实际值；y_c 表示根据回归方程推算出的因变量的估计值；$n - 2$ 表示回归估计自由度。

【例 5-7】　承[例 5-4]资料，计算估计标准误差如表 5-12 所示。

表 5-12　　　　　　　　　　10 家连锁店销售额和利润率

序号	销售额 (万元) x	利润率 y	y^2	xy	y_c	$y - y_c$	$(y - y_c)^2$
1	60	12.6%	158.76	756	13.373	−0.773	0.597 5
2	50	10.4%	108.16	520	11.080	−0.680	0.462 4
3	80	18.5%	342.25	1 480	17.959	0.541	0.292 7
4	10	3.0%	9.00	30	1.908	1.092	1.192 5
5	40	8.1%	65.61	324	8.787	−0.687	0.472 0
6	70	16.3%	265.69	1 141	15.666	0.634	0.402 0
7	60	12.3%	151.29	738	13.373	−1.073	1.151 3
8	30	6.2%	38.44	186	6.494	−0.294	0.086 4
9	30	6.6%	43.56	198	6.494	0.106	0.011 2
10	70	16.8%	282.24	1 176	15.666	1.134	1.286 0
合计	500	110.8%	1 465.00	6 549	—	—	5.954 0

由表 5-12 相关资料得到的估计标准误差为：

$$S_y = \sqrt{\frac{\sum (y - y_c)^2}{n-2}} = \sqrt{\frac{5.954}{10-2}} = 0.862\,7\%$$

利用回归直线方程式计算的估计值 y_c 是实际观察值 y 的理论预测值，此时利用 y_c 代表 y，我们希望实际观察值以 y_c 为中心形成对称的正态分布，即 y 在 y_c 的上下波动。根据正态分布的性质，越接近 y_c，实际值 y 出现的可能性越大，即发生的概率越大；越远离 y_c，实际值 y 出现的可能性越大，发生的概率越小。

实际计算时，估计标准误差通常采用以下简捷公式：

$$S_y = \sqrt{\frac{\sum y^2 - a \sum y - b \sum xy}{n-2}}$$

[例 5-7]可用简捷公式计算。

答案与解析

$n = 10$，$\sum y = 110.8$，$\sum xy = 6\,549$，$\sum y^2 = 1\,465$，$a = -0.385$，$b = 0.229\,3$。

则估计标准误差：

$$
\begin{aligned}
S_y &= \sqrt{\frac{\sum y^2 - a \sum y - b \sum xy}{n-2}} \\
&= \sqrt{\frac{1\,465 - (-0.385) \times 110.8 - 0.229\,3 \times 6\,549}{10-2}} = 0.864\,0\%
\end{aligned}
$$

利用回归直线方程进行预测，需要注意以下两个问题：

（1）应用回归预测法时应首先确定变量之间是否存在相关关系。

（2）如果变量之间不存在相关关系，对这些变量应用回归预测法就会得出错误的结果。

估计标准误差 S_y 与相关系数 r 在数量上存在着密切关系，S_y 和 r 的变化方向是相反的。r 越大时，S_y 越小，这说明相关密切程度较高，回归直线的代表性较大；r 越小时，S_y 越大，这说明相关密切的程度较低，回归直线的代表性较小；$r = \pm 1$ 时，$S_y = 0$，说明现象间完全相关，各相关点均落在回归直线上，此时对 x 的任何变化，y 总有一个相应的值与之对应；对 $r = 0$ 时，S_y 取得最大值，这说明现象间不存在直线关系。

五、应用回归分析预测需注意问题

（1）在定性分析的基础上进行定量分析，是保证正确运用回归分析的必要条件，也就是说，在确定哪个变量是自变量，哪个变量是因变量之前，必须对所要研究的问题有充分正确的认识。

（2）在回归方程中，回归系数的绝对值只能表示自变量和因变量之间的联系程度，以及两个变量之间的变动比例。

（3）在进行回归分析时，为了使推算和预测更准确，应将相关系数、回归方程和估计标准误差结合使用。

（4）要具体问题具体分析。回归方程是根据实际资料计算出来的，是一种经验数据，如条件发生变化，则测算或预算会不准确，因此不能机械照搬，以免造成失误。

【统计·视界】

如何用多元线性回归
量化你的选择

课后练习题

一、单项选择题

1. 下面的函数关系是（　　　）。

A. 销售人员测验成绩与销售额多少的关系

B. 圆周的长度决定于它的半径

C. 家庭的收入和消费的关系

D. 数学成绩与统计学成绩的关系

2. 年劳动生产率 x（千元）和工人工资 y（元）之间的关系为：$y=10+70x$。这意味着年劳动生产率每提高 1 千元时，工人工资平均（　　　）。

A. 增加 70 元　　　　B. 减少 70 元　　　　C. 增加 80 元　　　　D. 减少 80 元

3. 若要证明两个变量之间线性相关程度是高的，则计算出的相关系数应接近于（　　　）。

A. 1　　　　　　　B. 0　　　　　　　C. 0.5　　　　　　D. ±1

4. 回归系数和相关系数的符号是一致的，其符号均可用来判断现象是（　　　）。

A. 线性相关还是非线性相关　　　　B. 正相关还是负相关

C. 完全相关还是不完全相关　　　　D. 单相关还是复相关

5. 对某校经济管理类的学生学习统计学的时间（x）与考试成绩（y）之间建立线性回归方程 $y_c=a+bx$。经计算，方程为 $y_c=200-0.8x$，该方程参数的计算（　　　）。

A. a 值是明显不对的　　　　　　B. b 值是明显不对的

C. a 值和 b 值都是不对的　　　　D. a 值和 b 值都是正确的

6. 进行相关分析，要求相关的两个变量（　　　）。

A. 都是随机的

B. 都不是随机的

C. 一个是随机的，一个不是随机的

D. 随机或不随机都可以

7. 下列关系中，属于正相关关系的是（　　　）。

A. 合理限度内，施肥量和平均单产量之间的关系

B. 产品产量与单位产品成本之间的关系

C. 商品的流通费用与销售利润之间的关系

D. 流通费用率与商品销售量之间的关系

8. 相关分析是研究（　　）。

A. 变量之间的数量关系　　　　　　　B. 变量之间的变动关系

C. 变量之间的相互关系的密切程度　　D. 变量之间的因果关系

9. 配合回归方程对资料的要求是（　　）。

A. 因变量是给定的数值，自变量是随机的

B. 自变量是给定的数值，因变量是随机的

C. 自变量和因变量都是随机的

D. 自变量和因变量都不是随机的。

10. 估计标准误差说明回归直线的代表性，因此（　　）。

A. 估计标准误差数值越大，说明回归直线的代表性越大

B. 估计标准误差数值越大，说明回归直线的代表性越小

C. 估计标准误差数值越小，说明回归直线的代表性越小

D. 估计标准误差数值越小，说明回归直线的实用价值越小

11. 回归直线 $y_c = a + bx$，$b < 0$，则 x 与 y 之间的相关系数（　　）。

A. $r = 0$　　　　　　B. $r = 1$　　　　　　C. $0 < r < 1$　　　　　D. $-1 < r < 0$

12. 在回归直线 $y_c = a + bx$ 中，b 表示（　　）。

A. 当 x 增加一个单位时，y 增加 a 的数量

B. 当 y 增加一个单位时，x 增加 b 的数量

C. 当 x 增加一个单位时，y 的平均增加量

D. 当 y 增加一个单位时，x 的平均增加量

13. 当相关系数 $r = 0$ 时，表明（　　）。

A. 现象之间完全无关　　　　　　　　B. 相关程度较小

C. 现象之间完全相关　　　　　　　　D. 无直线相关关系

14. 如果两个变量之间的相关系数 $|r| > 0.8$，说明这两个变量之间存在（　　）关系。

A. 低度相关　　　　　　　　　　　　B. 高度相关

C. 完全相关　　　　　　　　　　　　D. 显著相关

15. 下列现象中，相关密切程度最高的是（　　）。

A. 某商店的职工人数与商品销售额之间的相关系数为 0.87

B. 流通费用水平与利润率之间的相关系数为 -0.94

C. 商品销售额与利润率之间的相关系数为 0.51

D. 商品销售额与流通费用水平的相关系数为 -0.81

16. 估计标准误差是反映（　　）。

A. 平均数代表性的指标　　　　　　　B. 相关关系的指标

C. 回归直线的代表性指标　　　　　　D. 序时平均数代表性指标

二、多项选择题

1. 下列现象之间为相关关系的有（　　）。

A. 家庭收入与消费支出的关系　　　　B. 圆的面积与它的半径的关系

C. 广告支出与商品销售额的关系　　　D. 单位产品成本与利润的关系

E. 在价格固定的情况下,销售量与商品销售额的关系

2. 相关系数表明两个变量之间的(　　)。

A. 线性关系　　　B. 因果关系　　　C. 变异程度　　　D. 相关方向

E. 相关的密切程度

3. 对于一元线性回归分析来说,(　　)。

A. 两个变量之间必须明确哪个是自变量,哪个是因变量

B. 回归方程是据以利用自变量的给定值来估计和预测因变量的平均可能值

C. 可能存在着 y 依 x 和 x 依 y 的两个回归方程

D. 回归系数只有正号

E. 确定回归方程时,要求自变量是给定的。

4. 可用来判断现象相关方向的指标有(　　)。

A. 相关系数　　　　　　　　　　B. 回归系数

C. 回归方程参数 a　　　　　　　D. 估计标准误差

E. x、y 的平均数

5. 单位成本(元)依产量(千件)变化的回归方程为 $y_c=78-2x$,这表示(　　)。

A. 产量为 1 000 件时,单位成本为 76 元

B. 产量为 1 000 件时,单位成本为 78 元

C. 产量每增加 1 000 件时,单位成本下降 2 元

D. 产量每增加 1 000 件时,单位成本下降 78 元

E. 当单位成本为 72 元时,产量为 3 000 件

6. 估计标准误差的作用是表明(　　)。

A. 回归方程的代表性　　　　　　B. 样本的变异程度

C. 估计值与实际值的平均误差　　D. 样本指标的代表性

E. 总体的变异程度

7. 在直线相关和回归分析中,(　　)。

A. 据同一资料,相关系数只能计算一个

B. 据同一资料,相关系数可以计算两个

C. 据同一资料,回归方程只能配合一个

D. 据同一资料,回归方程随自变量与因变量的确定不同,可能配合两个

E. 回归方程和相关系数均与自变量和因变量的确定无关

8. 相关系数 r 的数值(　　)。

A. 可为正值　　　B. 可为负值　　　C. 可大于 1　　　D. 可等于 -1

E. 可等于 1

9. 从变量之间相互关系的表现形式看,相关关系可分为(　　)。

A. 正相关　　　B. 负相关　　　C. 线性相关　　　D. 非线性相关

E. 不相关和完全相关

10. 在直线回归分析中,确定直线回归方程的两个变量必须(　　)。

A. 一个是自变量,一个是因变量　　B. 均为随机变量

C. 对等关系　　　　　　　　　　　D. 一个是随机变量,一个是可控制变量

E. 不对等关系

三、判断题

1. 如果两个变量的变动方向一致,同时呈上升或下降趋势,则两者呈正相关关系。

（　　）

2. 假定变量 x 与 y 的相关系数是 0.8,变量 m 与 n 的相关系数为 -0.9,则 x 与 y 的相关密切程度高。 （　　）

3. 相关系数 r 有正负、有大小,因而它反映的是两个现象之间具体的数量变动关系。

（　　）

4. 回归系数 b 的符号与相关系数 r 的符号可以相同也可以不相同。 （　　）

5. 在直线回归分析中,两个变量是对等的,不需要区分因变量和自变量。 （　　）

6. 进行相关与回归分析应注意对相关系数和回归直线方程的有效性进行检验。（　　）

7. 工人的技术水平提高,使得劳动生产率提高,这种关系是一种不完全的正相关关系。

（　　）

8. 回归分析和相关分析所分析的两个变量都一定是随机变量。 （　　）

9. 相关关系的两个变量,只能算出一个相关系数。 （　　）

10. 一种回归直线只能作一种推算,不能反过来进行另一种推算。 （　　）

四、计算题

1. 某部门 8 个企业产品销售额和销售利润资料如表 5-13 所示。

表 5-13　　　　　　　　　　8 个企业产品销售额和销售利润资料

企业编号	产品销售额	销售利润	企业编号	产品销售额	销售利润
1	170	8.1	5	480	26.5
2	220	12.5	6	560	40.0
3	390	18.0	7	950	64.0
4	430	22.0	8	1 000	69.0

要求:(1) 计算产品销售额与利润额的相关系数。

(2) 建立以利润额为因变量的直线回归方程,说明斜率的经济意义。

(3) 当企业产品销售额为 500 万元时,销售利润为多少?

2. 根据某企业产品销售额（万元）和销售利润率资料计算出如下数据:$n = 7$, $\sum x = 1\,890$,$\sum y = 31.1$,$\sum x^2 = 535\,500$,$\sum y^2 = 174.15$,$\sum xy = 9\,318$。

要求:(1) 确定以利润为因变量的直线回归方程。

(2) 解释式中回归系数的经济含义。

(3) 当销售额为 500 万元时,利润率为多少?

3. 某地经回归分析,其每亩地施肥量 x 和每亩粮食产量 y 的回归方程为:$y_c = 500 + 10.5x$,试解释式中回归系数的经济含义。若每亩最高施肥量为 20 千克,最低施肥量为 10 千克,问每亩粮食产量的范围为多少?

4. 检查 5 位同学会计学的学习时间与学习成绩,如表 5-14 所示。

要求:

(1) 由此计算出学习时数与学习成绩之间的相关系数。

（2）建立学习成绩 y 依学习时间 x 的直线回归方程。

（3）计算估计标准误差。

表 5-14　　　　　　　　　　　学习时数与学习成绩资料

学习时数（小时）	学习成绩（分）
4	40
6	60
7	50
10	70
13	90

5．有 10 个同类企业的生产性固定资产年平均价值和工业总产值资料如表 5-15 所示。

表 5-15　　　　　　10 个同类企业的生产性固定资产年平均价值和工业总产值

企业编号	生产性固定资产价值（万元）	工业总产值（万元）
1	318	524
2	910	1 019
3	200	638
4	409	815
5	415	913
6	502	928
7	314	605
8	1 210	1 516
9	1 022	1 219
10	1 225	1 624
合计	6 525	9 801

要求：

（1）说明两个变量之间的相关方向。

（2）建立直线回归方程。

（3）计算估计标准误差。

（4）估计生产性固定资产（自变量）为 1 100 万元时总产值（因变量）的可能值。

6．从某地区家计调查资料得知，每户平均年收入为 6 800 元，均方差为 800 元，每户平均年消费支出为 5 200 元，方差为 40 000 元，支出对于收入的回归系数为 0.2。

要求：

（1）计算收入与支出的相关系数。

（2）拟合支出对于收入的回归方程。

（3）估计年收入在 7 300 元时的消费支出额。

（4）计算收入每增加 1 元支出的平均增加额。

综合实训(二)

一、实验(实训)概述

目的与要求：

理解相关分析与线性回归分析的基本思想和操作方法,掌握一元线性回归方程的确立和回归方程代表性的判断方法,并能够用线性回归方程进行分析和估计预测。

基本原理：相关分析、简单线性回归分析和估计预测

实施环境：初始资料;Excel

二、实验(实训)内容

根据某品牌手机一年内每个月的广告费用与销售量的数据资料,完成以下内容：

(1) 请编制手机广告费用与销售量的相关表。

(2) 确定自变量和因变量,绘制散点图。

(3) 求手机广告费用与销售量的相关系数,进行相关分析。

(4) 运用最小二乘法,建立一元线性回归模型。

(5) 计算估计标准误差,检验回归模型。

(6) 若下一阶段广告费用增加至 70 万元,以 95.45% 的置信度,预测该品牌手机的销量区间。

【原始资料】

某品牌手机一年内每个月的广告费用与销售量的数据资料如表 5-16 所示。

表 5-16　　　　某品牌手机一年内每个月的广告费用与销售量的数据资料

月份	广告费用(万元)	销量(万部)
1	60.0	18.1
2	34.3	10.3
3	50.2	8.0
4	38.3	6.6
5	6.3	6.1
6	0.5	3.5
7	10.2	2.8
8	0.7	2.2
9	4.6	4.3
10	2.8	2.1
11	10.7	4.8
12	20.3	7.4

解答提示：

(1) 编制手机广告费用与销售量的相关表。

根据表 5-16 的原始资料,将广告费用从小到大按顺序排列,可编制手机广告费用与销

售量的简单相关表。可以看出,随着广告费用的提高,手机销售量也相应地提高,二者之间大体上呈正相关关系。

（2）绘制广告费用与手机销量散点图。

广告费用为自变量 x，对应的手机销售量为因变量 y，将每一个广告费用与其对应的手机销售量作为一对数据，在直角坐标系上标出一个点，表中共有 12 对数据，可以标出 12 个点形成一个相关图。

（3）求广告费用与手机销量之间的相关系数，进行相关分析，如表 5-17 所示。

表 5-17 相关系数计算表

月份	x 广告费用（万元）	y 销量（万部）	x^2	y^2	xy
1	60	18.1			
2	34.3	10.3			
3	50.2	8			
4	38.3	6.6			
5	6.3	6.1			
6	0.5	3.5			
7	10.2	2.8			
8	0.7	2.2			
9	4.6	4.3			
10	2.8	2.1			
11	10.7	4.8			
12	20.3	7.4			
合计					

根据相关系数公式计算：

$$r = \frac{n\sum xy - \sum x\sum y}{\sqrt{n\sum x^2 - (\sum x)^2}\sqrt{n\sum y^2 - (\sum y)^2}}$$

根据计算结果进一步判断手机销售量与广告费用之间是否存在高度的正线性相关关系。

（4）建立一元线性回归模型。

设建立的一元线性回归方程为 $y_c = a + bx$，其中 x 为广告费用，y 为手机销售量。根据原始的数据，可得到线性回归模型计算表，代入公式计算：

$$\begin{cases} b = \dfrac{n\sum xy - \sum x\sum y}{n\sum x^2 - (\sum x)^2} \\ a = \dfrac{\sum y}{n} - b\dfrac{\sum x}{n} \end{cases}$$

将 a 和 b 的值代入一元线性回归方程,可得到手机销售量与广告费用之间的线性回归方程。

(5) 计算估计标准误差,检验回归模型。

将自变量(广告费用)的每一组数值代入所得的回归方程中,就可以得到因变量(手机销售量)对应的估计值,如表 5-18 所示。

表 5-18   回归估计值计算表

月份	x 广告费(万元)	y 销量(万部)	$y_c = 2.647 + 0.186x$
1	60.0	18.1	
2	34.3	10.3	
3	50.2	8	
4	38.3	6.6	
5	6.3	6.1	
6	0.5	3.5	
7	10.2	2.8	
8	0.7	2.2	
9	4.6	4.3	
10	2.8	2.1	
11	10.7	4.8	
12	20.3	7.4	

再将 $n=12$ 代入公式 $S_y = \sqrt{\dfrac{\sum (y - y_c)^2}{n-2}}$ 或者 $S_y = \sqrt{\dfrac{\sum y^2 - a\sum y - b\sum xy}{n-2}}$ 计算。

根据相关系数和回归标准差分析,判断此回归方程是否有较高的代表性,若有较高代表性,可以用于销量预测。

(6) 若下一阶段广告费用增加至 70 万元,以 95.45% 的置信度,预测该品牌手机的销量区间。

将 $x=70$ 代入回归方程 $y_c = 2.647 + 0.186x$ 计算得到 y_c。

由 $F(t) = 95.45\%$,求得 t,进而求出手机销量的置信区间为 $(y_c - ts, y_c + ts)$。

项目六

时间数列的分析

> 预测未来的最好方式,就是理解现在的趋势。
>
> ——彼得·德鲁克
>
> 股票走势、气温变化、经济增长……时间序列分析是数据的"时光机",让我们从动态变化的时光中寻找规律,预测未来。本项目将教你如何解读时间背后的故事。

项目内容

时间数列的概念、分类和编制　　　　时间数列的水平指标

时间数列的速度指标　　　　　　　　时间数列的变动分析

知识目标

掌握时间数列的概念、分类、作用和编制原则。

掌握时间数列的水平指标和速度指标的概念及计算方法。

了解时间数列的变动趋势。

掌握长期趋势测定方法。

能力目标

能够计算时间数列水平指标并进行分析。

能够计算时间数列速度指标并进行分析。

能够对长期趋势和季节变动进行分析。

素质目标

培养可持续发展的全局观,提升统计预测能力。

深化对国家战略的认同,感悟改革开放的历史性成就。

任务一 时间数列的概念、分类和编制

一、时间数列的概念

时间变化中包含了丰富的事物发展变化的现象和信息,变化的过程蕴含着事物发展变化的规律。我们要以发展的眼光和方法从发展动态上来研究社会经济现象及其发展规律,利用规律对于事物发展的变化趋势做出科学的预测和估计。

时间数列又称动态数列,是指在不同时间的同一现象某一系列的统计指标值按时间先后顺序加以排列后形成的数列。编制时间数列这一统计方法有着广泛的应用,如:教师需要编制学生所教科目学习过程中的按时间排列的各项测验成绩;经济工作者需要对各类经济现象进行定期的数据统计,并根据这些数据编制相应图表,反应所统计的经济线性变化发展的趋势,总结变化发展规律,以此指导经济操作或政策调整。

观察我国 2013—2020 年粮食产量如图 6-1 和表 6-1 所示,并进行分析。

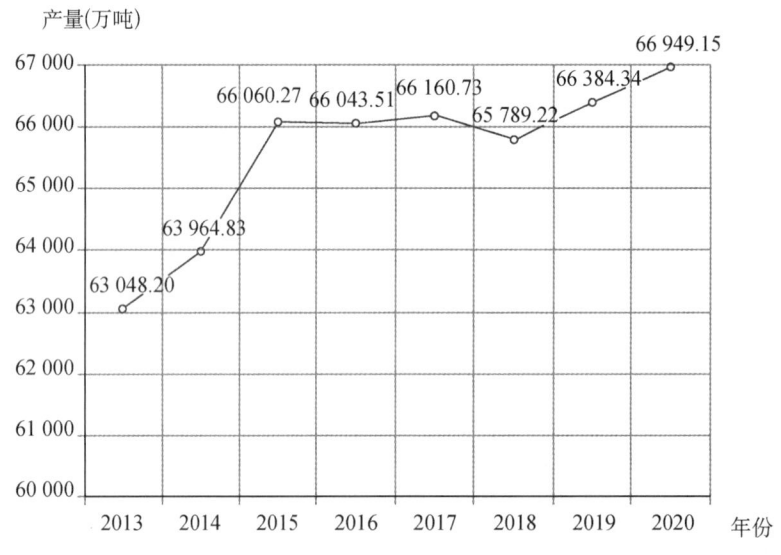

图 6-1 我国 2013—2020 年粮食产量趋势图

表 6-1　　　　　　　　　　我国 2013—2020 年粮食产量表　　　　　　　　　单位:万吨

年份	2013	2014	2015	2016	2017	2018	2019	2020
产量	63 048.20	63 964.83	66 060.27	66 043.51	66 160.73	65 789.22	66 384.34	66 949.15

从表 6-1 中,可以看出,时间数列由两部分构成:一部分是反映时间按序变化的数列,即第一行年份;另一部分是反映各个指标值变化的数列,即第二行产量。

时间数列由两个基本要素组成:一是现象所属时间(t),一般使用"年、季度、月、周、日"

等表示；二是现象不同时间上的指标数值（y）。即时间数列由两个互相对应的两个数列构成：时间顺序变化数列和统计指标变化数列。

二、时间数列的作用

研究社会经济各个方面的变化，并寻求变化规律离不开统计相关经济指标各个时间的数据。例如，研究近些年我国人口增长变化趋势可以参考相关时间数列编制的图表。2005—2015 年我国人口与自然增长率与变化趋势如图 6-2 所示。

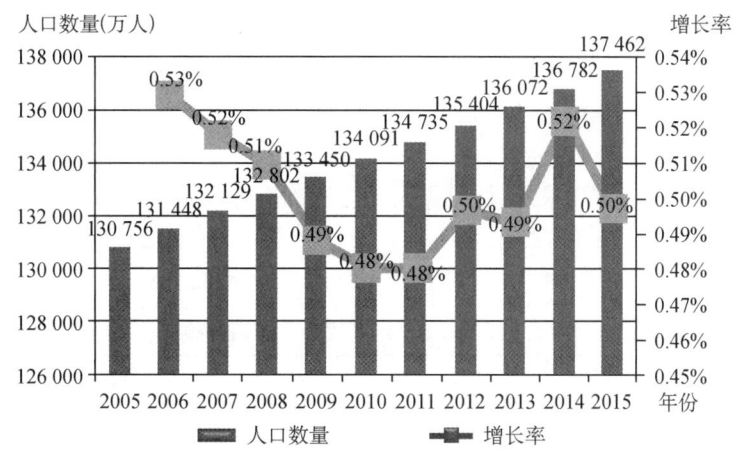

图 6-2 2005—2015 年我国人口与自然增长率与变化趋势

根据对时间数列进行图表的编制，通过观察分析不难看出：2005—2015 年我国人口总量依然很高，且人口总量在这一时期依然保持了逐年增长的趋势，但是人口增长的趋势正在放缓。

通过对于时间数列的处理与分析可以得到时间数列的作用：

（1）反映社会经济现象发展变化的过程和特点。

（2）研究现象发展变化的速度、规律和发展趋势。

（3）比较、评价和预测不同地区、不同国家的发展状况。

时间数列的计算与分析是为统计预测服务的，研究时间数列的目的是通过对时间数列的比较和分析，对某些社会经济现象的发展变化进行预测。时间数列是研究对象按时间顺序发展变化的一系列同类的统计指标值按时间的先后顺序排列起来而形成的数列。它通过描述社会经济现象发展的过程和结果研究社会经济现象的发展方向、水平、速度和趋势，以探索各种社会、经济、自然现象发展变化的数量规律。

三、时间数列的种类

统计指标分为总量指标、相对数和平均指标，时间数列按其指标表现形式的不同分为总量指标时间数列、相对指标时间数列、平均指标时间数列。其中，总量指标为基本的研究指标，总量指标时间数列是时间数列研究的基础。

（一）总量指标时间数列

总量指标时间数列是将总量指标在不同时间上的数值按时间先后顺序排列形成的数

列。它反映的是现象在一段时间内达到的绝对水平增减变化情况。总量指标可分为时期指标和时点指标,其对应的时间数列也分为时期数列和时点数列。

1. 时期数列

时期数列是指由时期指标构成的数列,即数列中每一指标数值都是反映某现象在一段时间内发展过程的总量,也称为流量。由时期指标中的如销售额、利润额、新生儿人数等按时间顺序统计后,可以得到时期指标相关的时期数列。

时期数列具有以下特点:

(1)时期数列为某一时间段需要统计的现象或事物数量的累计,具有连续统计的特点。

(2)时期数列中各个指标数值相加等于总的时期内事物现象发展的总量,指标值具有可加性。

(3)数列中各个指标值的大小与所包括的时期长短有直接关系,通常时间越长,指标值越大。

例如,表6-2中,月销售额为该月份每天销售额的总计,为连续统计的形式;各月销售额相加为该企业上半年销售总额,月销售额这一指标具有可加性;通常统计时间越长,在这一时间段内的销售额越大,指标的大小与时间的长度具有直接的关系。

表 6-2 某企业 2024 年上半年度各月的销售额

月份	1	2	3	4	5	6
月销售额(万元)	560	550	570	570	580	600

2. 时点数列

时点数列是指由时点指标构成的数列,即数列中的每一指标数值反映的是现象在某一时刻上的总量,也称存量。由时点指标中的某地常住人口数、库存额、流动资金数等按时间顺序统计后,可以得到时点指标相关的时点数列。

时点数列具有以下特点:

(1)时点数列为需要统计的事物或现象在某一时点达到或具有的水平,其指标不具有连续统计的特点。

(2)时点数列各个时点的指标数值相加没有实际意义,其指标值不具有可加性。

(3)时点数列指标值的大小与其时间间隔长短没有直接的联系。

表6-3中该企业月末人数只需在月末进行登记,并非是该月各时间阶段的人数累计。时点数列只在某些时间点上采用间断登记取得;各月月末职工人数之和仅用于计算平均数,其求和没有实际的意义;月末人数与记录间隔时间长短没有直接联系,没有出现随时间推移而增长或减少的情况。

表 6-3 某企业 2024 年 6～9 月月末职工人数资料

日期	6 月 30 日	7 月 31 日	8 月 31 日	9 月 30 日
月末职工人数(人)	400	510	460	420

(二)相对指标时间数列

相对指标时间数列是将同一系列相对指标值按时间先后顺序排列而成的数列,反映的是社会经济现象之间相互联系的发展过程。

相对指标时间数列各个指标数值都是相对数,通常是由总量指标相除得到,不具有可加性,相对指标相加的结果没有实际意义。

（三）平均指标时间数列

平均指标时间数列是将同一系列平均指标值按时间先后顺序排列而成的数列,反映的是社会经济现象一般水平的变化过程或发展趋势。

平均指标时间数列各个指标数值都是平均数,因此平均指标时间数列各个指标数值相加的结果没有实际意义,不具有可加性。某企业2024年上半年职工月平均职工人数和出勤率资料如表6-4所示。

表6-4　　　　　某企业2024年上半年职工月平均职工人数和出勤率

月份	1	2	3	4	5	6
月均人数（人）	192	186	200	200	198	190
出勤率	96％	93％	100％	100％	99％	95％

月均人数为平均指标,出勤率为结构相对指标,这两类时间数列反映了这些指标不同时间阶段达到的水平,但各月出勤率相加或各月平均人数相加均无实际意义。

四、编制时间数列的原则

编制时间数列的目的是通过各个时期指标值的对比,来研究社会经济现象的发展变化及其规律性。因而各时期指标值的可比性是编制时间数列的基本条件。编制时间数列的原则主要包括以下几个方面。

（一）时间长短应当一致

不论时期数列还是时点数列都应尽量保持时间数列的时间的可比性,包括时期数列的时期跨度和时点数列的时点间隔的一致性。应注意时间单位（年、月、季）间隔的合适选择,时间的长短应一致。但这个原则不能绝对化,有时在特殊的研究目的下,可将时期不同的指标编成动态数列进行比较。

（二）总体范围保持一致

在同一时间数列中总体范围前后应该一致,若有变化,指标数值就不能直接对比,必须经过调整后才能进行比较。

（三）指标的经济内容保持一致

既使经济指标的名称是相同的,但其所包含的经济含义有可能不一样。在实际工作中应注意不同历史时期、不同国家或地区的同一指标的经济内容的一致性。

（四）指标的计算方法和计量单位保持一致

计算方法有时也称计算口径。例如,要研究企业劳动生产率的变动,产量指标是用实物量指标还是用价值量指标,人数指标是用全部职工人数还是用生产工人数,若进行动态对比,前后应一致。

（五）缺失资料尽可能弥补

根据历史资料编制时间数列,可能因为某些原因没有足够的资料,会影响时间数列分析的结果。因此,在可能的条件下,应尽可能弥补,保证数列完整性与真实性。

年均增长 5% 背后的
中国外贸韧性

任务二　时间数列的水平指标

在编制时间数列的基础上,为了反映社会经济现象在不同时间条件下的发展变化、研究事物的发展变化规律,需要进行各种动态分析,常见的动态分析指标包括:

(1)反映现象发展水平的分析指标:发展水平、平均发展水平、增长量和平均增长量。

(2)反映现象发展速度的分析指标:发展速度、增长速度、平均发展速度、平均增长速度。

一、发展水平和平均发展水平

(一)发展水平

发展水平又称发展量,是指按顺序排列的时间点上,客观现象变化所达到的状态、规模或水平。发展水平一般用 a_i 表示。a_0,a_1,a_2,a_3,$\cdots$,a_{n-1},a_n 代表数列中各个发展水平;其中,a_0 为最初水平,a_1,a_2,a_3,$\cdots$,a_{n-1} 为中间水平,a_n 为最末水平。

在进行动态对比时,作为对比基础的观察值称为基期水平,用 a_{i-1} 表示。作为比较对象的特定时期观察值称为报告期水平,用 a_i 表示。基期水平对应时间为基期,报告期水平对应时间为报告期。基期与报告期的选择是不固定的,随着研究目的与研究时间的不同而灵活选择,前一期的报告期水平可能为下一期的基期水平,某一期的报告期水平可能成为将来的基期水平。

(二)平均发展水平

平均发展水平是不同时期发展水平的平均数,又称序时平均数或动态平均数。

序时平均数与一般的算术平均数虽然都是通过具体数值计算,反映整体的一般水平,但两者存在着明显的差异,主要表现在:

(1)序时平均数平均的是事物在不同时间上的数量差异;算术平均数平均的是总体各单位某一数量标志在同一时间上的数量差异。

(2)序时平均数是从动态上说明某一事物在不同时间上发展的一般水平;算术平均数是从静态上说明同一事物总体不同单位在同一时间上的一般水平(又称静态平均数)。

(3)序时平均数是根据时间数列计算的;算术平均数是根据变量数列计算的。

两者的共同点是:它们都是将各个变量值的差异抽象化。

二、平均发展水平的计算方法

平均发展水平为某一指标较长时期内各个不同时间的发展水平的平均数,又称动态平均数或序时平均数,是指标在这一时期内发展的代表值,用"$\bar{a}$"表示。

(一)总量指标时间数列计算平均发展水平

1. 时期数列的平均发展水平

时期数列各期指标相加有实际意义,时期数列发展水平为各期发展水平之和除以时间长度。时期数列的平均发展水平计算公式如下:

$$\bar{a} = \frac{a_1 + a_2 + \cdots + a_n}{n} = \frac{\sum a}{n} \quad \text{(简单算术平均法)}$$

其中,$\sum a$ 为各期发展水平之和,n 为总的时间长度(如天数、月数、年数等)。

【例6-1】 某连锁店 2024 年 5 个月的销售额和利润额资料如表 6-5 所示,计算该连锁店 5 个月的平均销售额与平均利润额。

表 6-5　　　　　　　　　　某连锁店 5 个月的月销售额与利润额

月份数	1 月	2 月	3 月	4 月	5 月
销售额(千万元)	3	5	6	7	9
利润额(千万元)	0.2	0.3	0.3	0.4	0.5

销售额与利润额为时期指标,形成两个时期数列。

答案与解析　月均销售额:$\bar{a} = \dfrac{\sum a}{n} = \dfrac{3+5+6+7+9}{5} = \dfrac{30}{5} = 6$(千万元)

月均利润额:$\bar{a} = \dfrac{\sum a}{n} = \dfrac{0.2+0.3+0.3+0.4+0.5}{5} = \dfrac{1.7}{5} = 0.34$(千万元)

答:该连锁店 5 个月月均销售额为 6 千万元,月均利润额为 0.34 千万元。

2. 时点数列的平均发展水平

1)连续登记的时点数列的平均发展水平

第一种情况:资料逐日登记,形成间隔相等的连续的时点数列,这时采用简单算术平均法计算平均发展水平。

公式与时期数列相同:$\bar{a} = \dfrac{a_1 + a_2 + \cdots + a_n}{n} = \dfrac{\sum a}{n}$

其中,a 为各时点的指标值,n 为时点项数(为时间长度,如天数、月数、年数等)。

【例6-2】 某商店 2024 年 12 月某一周产品库存额资料如表 6-6 所示,试计算该周平均库存额。

表 6-6   某商店 2024 年 12 月某一周商品库存额资料

时间	星期一	星期二	星期三	星期四	星期五
库存额（万元）	48	42	40	50	45

答案与解析   一周平均库存额：$\bar{a} = \dfrac{\sum a}{n} = \dfrac{48+42+40+50+45}{5} = \dfrac{225}{5} = 45（万元）$

答：该商店一周内平均库存额为 45 万元。

第二种情况：资料不是逐日登记，只在指标数值发生变动时登记，此种情况为间隔不相等的连续时点数列，这时需要将每个指标数值乘以这一指标数值持续的时间长度并求和，即需用以时间长度为权数的加权平均数方法计算时点数列平均发展水平。

$$\bar{a} = \frac{a_1 f_1 + a_2 f_2 + \cdots + a_n f_n}{f_1 + f_2 + \cdots + f_n} = \frac{\sum af}{\sum f}$$

其中，f 为各时点指标值持续的天数。

【例 6-3】   某企业车间 2023 年 1 月份职工人数情况如表 6-7 所示，求该车间 1 月份平均工人数。

表 6-7   某企业车间 2023 年 1 月份职工人数

日期	职工人数（a）	天数（f）	af
1 月 1～8 日	100	8	800
1 月 9～15 日	106	7	742
1 月 16～31 日	102	16	1 632
合计	—	31	3 174

答案与解析 $\bar{a} = \dfrac{\sum af}{\sum f} = \dfrac{100 \times 8 + 106 \times 7 + 102 \times 16}{8 + 7 + 16} = \dfrac{3\,174}{31} = 102.39（人）$

答：该企业 1 月份每日平均工人数为 102.39 人。

2）间断登记的时点数列

第一种情况：时间间隔相等的时点数列。计算时假定指标值在两个相邻时点间变动是均匀的，这一时期内的平均指标数值求法为：将相邻两个时点的指标数值相加后除以 2，得到这两个时点之间的序时平均数，再使用简单算术平均法得到较长时间的时点数列平均数。

【例 6-4】   某商业企业月初库存额如表 6-8 所示。

计算：(1) 1～3 月各月平均库存额。

　　　　(2) 第一季度的月平均库存额。

表 6-8   某商业企业月初库存额

项目	1 月	2 月	3 月	4 月
月初库存额（万元）	120	100	90	80

答案与解析   (1) 分析：计算时认为每个时间段内时点数列的数值变化是均匀的，因此

$$月均库存额 = \frac{月初库存额 + 月末库存额}{2}$$

并认为上月末库存额＝下月初库存额。因此各月平均库存额计算如下：

$$1月平均库存额 = \frac{1月初库存额 + 1月末库存额}{2}$$

$$= \frac{a_0 + a_1}{2} = \frac{120 + 100}{2} = 110（万元）$$

$$2月平均库存额 = \frac{2月初库存额 + 2月末库存额}{2}$$

$$= \frac{a_1 + a_2}{2} = \frac{100 + 90}{2} = 95（万元）$$

$$3月平均库存额 = \frac{3月初库存额 + 3月末库存额}{2}$$

$$= \frac{a_2 + a_3}{2} = \frac{90 + 80}{2} = 85（万元）$$

该商业企业1月平均库存为110万元,2月平均库存为95万元,3月平均库存为85万元。

(2) 对各月份的平均库存额求简单算术平均数,得到第一季度平均库存额。

$$第一季度平均库存额 = \frac{110 + 95 + 85}{3} = \frac{290}{3} = 96.67（万元）$$

该商业企业第一季度平均库存为96.67万元。

若需要直接求得第一季度平均库存额,将上述计算和并得到：

$$\bar{a} = \frac{\dfrac{a_0 + a_1}{2} + \dfrac{a_1 + a_2}{2} + \dfrac{a_2 + a_3}{2}}{3} = \frac{\dfrac{a_0}{2} + a_1 + a_2 + \dfrac{a_3}{2}}{3}$$

$$= \frac{\dfrac{120}{2} + 100 + 90 + \dfrac{80}{2}}{3} = 96.67（万元）$$

将这一计算方法推广到一般情况,可知,间隔相等的时点数列求解平均发展水平的计算方法为：

$$时点数列平均发展水平 = \frac{各期时点数列平均发展水平之和}{时间总长度}$$

$$= \frac{\dfrac{最初水平}{2} + 中间各期水平之和 + \dfrac{最末水平}{2}}{时间总长度} \quad （首末折半法）$$

这一计算用符号表示为：

$$\bar{a} = \frac{\dfrac{a_0 + a_1}{2} + \dfrac{a_1 + a_2}{2} + \cdots + \dfrac{a_{n-1} + a_n}{2}}{n} = \frac{\dfrac{a_0}{2} + a_1 + a_2 + \cdots + a_{n-1} + \dfrac{a_n}{2}}{n}$$

其中，a_0，a_1，…，a_n 共为 $n+1$ 项，时间长度之和为 n。

或表示为：

$$\bar{a} = \frac{\frac{a_1+a_2}{2} + \frac{a_2+a_3}{2} + \cdots + \frac{a_{n-1}+a_n}{2}}{n-1} = \frac{\frac{a_1}{2} + a_2 + a_3 + \cdots + a_{n-1} + \frac{a_n}{2}}{n-1}$$

其中，a_1，a_2，…，a_n 共为 n 项，时间长度之和为 $n-1$。

使用 $\bar{a} = \dfrac{\frac{a_0}{2} + a_1 + a_2 + \cdots + a_{n-1} + \frac{a_n}{2}}{n}$ 公示的方法称为首末折半法，用于计算间隔相等的时点数列的平均发展水平。

第二种情况：时间间隔不相等，先对每个现象数量变化求出简单的算术平均数，然后再以时间间隔为权数，计算加权序时算术平均数。

【例 6-5】 某企业 2023 年职工情况如表 6-9 所示，求平均职工人数。

表 6-9   某企业 2023 年职工情况

登记日期	1月1日	4月1日	6月1日	12月31日
职工人数（人）	100	106	102	104

答案与解析 将两个时间点中的指标变化看做是均匀的，得到：

1 月 1 日至 4 月 1 日平均职工人数为：

$$\overline{a_1} = \frac{\sum a}{n} = \frac{100+106}{2} = 103 \text{（人）}$$

4 月 1 日至 6 月 1 日平均职工人数为：

$$\overline{a_2} = \frac{\sum a}{n} = \frac{106+102}{2} = 104 \text{（人）}$$

6 月 1 日至 12 月 31 日平均职工人数为：

$$\overline{a_3} = \frac{\sum a}{n} = \frac{102+104}{2} = 103 \text{（人）}$$

1 月 1 日至 4 月 1 日间隔时间为 3 个月，4 月 1 日至 6 月 1 日间隔时间为 2 个月，6 月 1 日至 12 月 31 日间隔时间为 7 个月。

因此，年均职工人数为：

$$\bar{a} = \frac{\sum \bar{a} f}{\sum f} = \frac{103 \times 3 + 104 \times 2 + 103 \times 7}{3+2+7} = 103.17 \text{（人）}$$

答：该企业一年平均职工人数为 103.17 人。

将计算进行合并得到：

$$\frac{\frac{100+106}{2}\times 3+\frac{106+102}{2}\times 2+\frac{102+104}{2}\times 7}{3+2+7}=103.17（人）$$

推广到一般情况，得到公式：

$$\bar{a}=\frac{\frac{a_1+a_2}{2}f_1+\frac{a_2+a_3}{2}f_2+\cdots+\frac{a_{n-1}+a_n}{2}f_{n-1}}{\sum f}$$

总结：相邻两个时点指标的平均数，乘上以间隔时间作为的权数，求加权算术平均数。分母上依然为时间的长度之和。这一用于计算间断不等的时点数列的平均发展水平的方法称为折半加权平均法。

由此可知时点数列平均发展水平共有四种情况，可概括为：时点连续无须折半，时点不连续需要折半；间隔相等用简单平均，间隔不等用加权平均。

特殊的情况：如果已知的是各时间段内时点数列指标的平均值，则直接求解平均数，不使用"折半法"，等同于时期数列的平均发展水平的求解。

若时间间隔相等，采用简单算术平均形式：

$$\bar{a}=\frac{\overline{a_1}+\overline{a_2}+\cdots+\overline{a_n}}{n}=\frac{\sum \bar{a}}{n}$$

若时间间隔不相等，则采用以时间间隔为权数的加权形式：

$$\bar{a}=\frac{\overline{a_1}f_1+\overline{a_2}f_2+\cdots+\overline{a_n}f_n}{\sum f_i}=\frac{\sum \bar{a}f}{\sum f}$$

求解平均发展水平公式及适用条件如表 6-10 所示。

表 6-10　　　　　　　　　平均发展水平公式及适用条件

公式	使用条件
$\bar{a}=\dfrac{a_1+a_2+\cdots+a_n}{n}=\dfrac{\sum a}{n}$	（1）时期数列 （2）连续统计或间隔相等的时点数列的时点数列 （3）间隔相等的时点指标的平均值
$\bar{a}=\dfrac{a_1f_1+a_2f_2+\cdots+a_nf_n}{f_1+f_2+\cdots+f_n}=\dfrac{\sum af}{\sum f}$	间隔不相等的连续时点数列
$\bar{a}=\dfrac{\dfrac{a_0}{2}+a_1+a_2+\cdots+a_{n-1}+\dfrac{a_n}{2}}{n}$	间隔相等且间断计数的时点数列
$\bar{a}=\dfrac{\overline{a_1}+\overline{a_2}+\cdots+\overline{a_n}}{n}=\dfrac{\sum \bar{a}}{n}$	（1）间隔相等的时点数列 （2）间隔相等的时点指标的平均值
$\bar{a}=\dfrac{\overline{a_1}f_1+\overline{a_2}f_2+\cdots+\overline{a_n}f_n}{\sum f_i}=\dfrac{\sum \bar{a}f}{\sum f}$	（1）间隔不等的时点数列 （2）间隔不等的时点指标的平均值

(二) 相对指标或平均指标时间数列计算平均发展水平

计算方法：按指标的性质，先根据资料分别计算出相对指标 c 所需对比的两个总量指标 a、b 的时间数列平均发展水平 $\bar{a}$、$\bar{b}$，然后将两个总量指标的平均发展水平进行对比，从而得到相对指标或平均指标的平均发展水平 $\bar{c}$。

公式：由于 $c=\dfrac{a}{b}$，则 $\bar{c}=\dfrac{\bar{a}}{\bar{b}}$

其中，$\bar{c}$ 为相对指标或平均指标时间数列的平均发展水平；$\bar{a}$ 为某一总量指标数列的平均发展水平；$\bar{b}$ 为某一总量指标数列的平均发展水平。

如：相对指标：

$$\text{利润率}\ c=\frac{\text{利润额}\ a}{\text{销售额}\ b}\ ,\ \text{平均利润率}\ \bar{c}=\frac{\text{利润额平均发展水平}\ \bar{a}}{\text{销售额平均发展水平}\ \bar{b}}$$

平均指标：

$$\text{劳动生产率}\ c=\frac{\text{产品实物量}\ a}{\text{平均工人数}\ b}\ ,\ \text{平均劳动生产率}\ \bar{c}=\frac{\text{产品实物量平均发展水平}\ \bar{a}}{\text{工人数平均发展水平}\ \bar{b}}$$

【例 6-6】 某单位某年考勤情况如表 6-11 所示。

计算：(1) 第一季度平均出勤率。

(2) 全年平均出勤率。

表 6-11 　　　　　　　　　　　　　 某单位某年考勤情况

考勤时期	1月1日	2月1日	3月1日	4月1日	6月1日	10月1日	12月31日
出勤人数 a	100	106	108	104	100	110	120
职工人数 b	110	120	114	110	110	116	120

答案与解析 出勤人数与职工人数均为时点指标，第一季度人数登记间隔相等，采用首末折半法；全年登记间隔不等，采用折半加权平均法。

(1) 第一季度平均出勤率 $=\dfrac{\text{第一季度平均出勤人数}}{\text{第一季度平均职工人数}}$

$$=\frac{\dfrac{100}{2}+106+108+\dfrac{104}{2}}{4-1}\Bigg/\frac{\dfrac{110}{2}+120+114+\dfrac{110}{2}}{4-1}=94.05\%$$

该单位第一季度平均出勤率为 94.05%。

(2) 全年平均出勤率 $=\dfrac{\text{全年出勤平均人数}}{\text{全年平均职工人数}}=\dfrac{\bar{a}}{\bar{b}}$

$$\frac{\dfrac{100+106}{2}\times1+\dfrac{106+108}{2}\times1+\dfrac{108+104}{2}\times1+\dfrac{104+100}{2}\times2+\dfrac{100+110}{2}\times4+\dfrac{110+120}{2}\times3}{1+1+1+2+4+3}$$
$$\Bigg/\frac{\dfrac{110+120}{2}\times1+\dfrac{120+114}{2}\times1+\dfrac{114+110}{2}\times1+\dfrac{110+110}{2}\times2+\dfrac{110+116}{2}\times4+\dfrac{116+120}{2}\times3}{1+1+1+2+4+3}$$

$=94.35\%$

该单位全年平均出勤率为 94.35%。

【例 6-7】　某企业 2024 年职工人数和产值统计资料如表 6-12 所示,计算年均季度劳动生产率。

2023 年末该企业职工人数为 198 人。

表 6-12　　　　　　　　　　　**某企业 2024 年职工人数和产值统计资料**

季　度	一	二	三	四
企业产值(亿元)	90.2	96.8	96.9	120.1
季度末职工人数(人)	201	208	228	205

答案与解析　劳动生产率 $=\dfrac{总产值}{职工人数}$,因此平均季劳动生产率 $=\dfrac{平均季产值}{平均季职工人数}$

产值为时期指标,平均季产值 $=\dfrac{总产值}{季度数}$,采用简单算术平均法:

$$平均季产值=\frac{总产值}{季度数}=\frac{90.2+96.8+96.9+120.1}{4}=101(亿元)$$

人数为时点指标,且为间隔相等的间断计数方式,应采用首末折半法计算年均人数:

$$年均人数=\frac{\dfrac{a_0}{2}+a_1+a_2+a_3+\dfrac{a_4}{2}}{4}$$

$$=\frac{\dfrac{198}{2}+201+208+228+\dfrac{220}{2}}{4}=211.5(人)$$

$$平均季劳动生产率=\frac{平均季产值}{平均季职工人数}=\frac{211.5}{110}=1.92(亿元/人)$$

该企业 2024 年平均季劳动生产率为每人 1.92 亿元。

由于相对指标是由总量指标相除得到,相对指标的平均发展水平同样是由总量指标平均发展水平相除得到,计算可在同一步骤中完成,也可以先分别求解分子分母的总量指标平均发展水平,再进行相除得出结论。

平均指标时间数列是由平均指标按时间排列构成的时间数列。每一个指标都是所对应的时间阶段,总体某项指标的平均值。其平均发展水平可以参照总量指标中时期数列的平均发展水平的计算方式。当间隔时期相等,可使用简单算术平均法进行计算,间隔不等,则按照以时间长度为权数的加权算术平均法进行计算。

此外,若平均指标的由两个总量指标相除得到,也可以参照相对指标的运算方式,分别求解分子分母的平均发展水平后,相除得到。

三、增长量与平均增长量

增长量为某指标的报告期水平减去基期水平。增长量大于零,表明指标值在报告期增加;反之则表明指标值在报告期降低。其计算公式为:

$$增长量=报告期水平-基期水平$$

由于基期的选择不同,增长量分为逐期增长量与累计增长量。

(一)逐期增长量

逐期增长量的基期选择为报告期的前一期,表明时间数列相邻两期之间的增长或减少的数量。其计算公式为:

$$逐期增长量＝报告期发展水平－前一期发展水平$$

用符号表示为:$a_1－a_0, a_2－a_1, \cdots, a_n－a_{n-1}$。

(二)累计增长量

累计增长量的基期选择为历史上的某一固定时期,表明时间数列报告期比历史上某一时期的增长或减少的数量。其计算公式为:

$$累计增长量＝报告期发展水平－某一特定时期发展水平$$

用符号表示为:

$$a_1－a_0, a_2－a_0, \cdots, a_n－a_0$$

基期水平固定为 a_0。

【例6-8】 某企业"十四五"期间年产值情况如表6-13所示。计算年平均增长量。

表6-13   某企业"十四五"期间年产值情况

年份	2020	2021	2022	2023	2024
产值(亿元)a_i	100	120	150	180	200
逐期增长量(亿元)$a_i－a_{i-1}$	—	20	30	30	20
累计增长量(亿元)$a_i－a_0$	—	20	50	80	100

(三)逐期增长量与累计增长量间的关系

(1)累计增长量为该期及之前各期逐期增长量之和。

用符号表示为:$(a_1－a_0)＋(a_2－a_1)＋\cdots＋(a_n－a_{n-1})＝a_n－a_0$

(2)相邻两期累计增长量之差,为后一期逐期增长量。

用符号表示为:$(a_n－a_0)－(a_{n-1}－a_0)＝a_n－a_{n-1}$

(3)某两期累计增长量之差,为期间各期逐期增长量之和。

用符号表示为:$(a_{m+1}－a_m)＋(a_{m+2}－a_{m+1})＋\cdots＋(a_n－a_{n-1})＝a_n－a_m$

(四)平均增长量

平均增长量为一定时期内时间数列增长量的序时平均数。其计算公式为:

$$平均增长量＝\frac{累计增长量}{时间长度}＝\frac{累计增长量}{起止时间点之差}$$

因此,表6-13中2020—2024年产值的年均增长量:

$$年均增长量＝\frac{累计增长量}{时间长度}＝\frac{100}{2\,024－2\,020}＝25(亿元)$$

2020—2024年产值的年均增长量为25亿元。

若使用逐期增长量求和,计算可为:

$$年均增长量 = \frac{逐期增长量之和}{起止时间点之差} = \frac{20+30+30+20}{2\,024-2\,020} = 25\,(亿元)$$

2020—2024 年产值的年均增长量为 25 亿元。

任务三　时间数列的速度指标

一、发展速度

(一) 发展速度的概念

发展速度又称动态相对数,类似于个体指数,是由某一指标两个不同时期发展水平相除的结果,通常用百分数表示。其计算公式为:

$$发展速度 = \frac{报告期水平}{基期水平} \times 100\%$$

发展速度为正数,且大于 100% 表示指标上升,小于 100% 表示指标下降。根据所选取的基期不同,发展速度分为环比发展速度与定基发展速度。

(二) 环比发展速度和定基发展速度

环比发展速度是各期水平与前一期水平的对比,表明报告期水平对比前一期水平的逐期发展变动的情况。环比发展速度用符号表示为:

$$\frac{a_1}{a_0},\ \frac{a_2}{a_1},\ \cdots,\ \frac{a_i}{a_{i-1}},\ \cdots,\ \frac{a_n}{a_{n-1}}$$

定基发展速度是以历史上某一固定期为基期,报告期水平与之对比,说明现象在较长一段时间内的变动情况。定基发展速度用符号表示为:

$$\frac{a_1}{a_0},\ \frac{a_2}{a_0},\ \cdots,\ \frac{a_i}{a_0},\ \cdots,\ \frac{a_n}{a_0}$$

此外,在研究经济发展水平中还经常使用同比发展速度,即以上一年的同月或同季(统称为同期)为基期,相除得到的发展速度,称为同比发展速度。计算公式为:

$$同比发展速度 = \frac{报告期水平}{去年同期水平} \times 100\%$$

在实际经济统计工作中,经常使用这个指标,如某年、某季、某月与上年同期对比计算的发展速度,就是同比发展速度。

【例6-9】 某厂"十四五"期间年产值情况如表 6-14 所示。

表 6-14　　　　　　　　　　　　　　某厂"十四五"期间年产值情况

年份	2020	2021	2022	2023	2024
产值（亿元）	100	120	150	180	200

答案与解析　计算各年产值环比发展速度与定基发展速度，计算结果如表 6-15 所示。

表 6-15　　　　　　　　　　　　　　　　计算结果

年份	2020	2021	2022	2023	2024
产值（亿元）	100	120	150	180	200
定基发展速度	—	120%	150%	180%	200%
环比发展速度	—	120%	125%	120%	111.11%

（三）环比发展速度与定基发展速度的关系

（1）定基发展速度为该期及之前各期环比发展速度之积，用公式表示为：

$$\frac{a_1}{a_0} \times \frac{a_2}{a_1} \times \frac{a_3}{a_2} \times \cdots \times \frac{a_n}{a_{n-1}} = \frac{a_n}{a_0}$$

（2）相邻两期的定基发展速度之比为相应的环比发展速度，用公式表示为：

$$\frac{\dfrac{a_i}{a_0}}{\dfrac{a_{i-1}}{a_0}} = \frac{a_i}{a_{i-1}}$$

（3）某两期定基发展速度相除，为期间各期环比发展速度之积，用公式表示为：

$$\frac{a_{m+1}}{a_m} \times \frac{a_{m+2}}{a_{m+1}} \times \frac{a_{m+3}}{a_{m+2}} \times \cdots \times \frac{a_n}{a_{n-1}} = \frac{a_n}{a_m}$$

二、平均发展速度

平均发展速度表示社会经济现象变化发展速度的平均值，反映现象定基发展速度在一段时期内的平均，是各个时期环比发展速度的几何平均数。

平均发展速度描述社会经济现象在较长时期内速度变化的平均程度，是一个重要并得到广泛运用的动态分析的平均指标，经常用来对比不同发展阶段的代表性指标的发展速度，经常用以对比同一时间段内不同国家或地区经济发展的情况。

时间数列的平均发展速度是各时期环比发展速度的序时平均数，用以说明现象在一定时间内发展变化的平均速度。平均发展速度的计算一般采用几何平均法或代数平均法。

1. 几何平均法

几何平均法又称水平法。水平法计算方式把其中各期发展水平 a_1，a_2，$\cdots$，a_{n-1} 约分去除，即不论中间发展水平如何变化，不会影响最终平均发展速度。平均发展速度仅由首期与末期发展水平决定，而中间水平变化发展情况如何，均最终不能影响水平法平均速度，不能体现各个时期的特殊发展情况。

几何平均法计算公式为：

$$\bar{x}=\sqrt[n]{x_1 x_2 x_3 \cdots x_n}=\sqrt[n]{\prod x}=\sqrt[n]{\frac{a_1}{a_0}\times\frac{a_2}{a_1}\times\frac{a_3}{a_2}\times\cdots\times\frac{a_n}{a_{n-1}}}=\sqrt[n]{\frac{a_n}{a_0}}$$

其中，$\bar{x}$ 为平均发展速度，x_1，x_2，$\cdots$，x_n 为各期环比发展速度，也可表示为：

$$\frac{a_1}{a_0},\ \frac{a_2}{a_1},\ \frac{a_3}{a_2},\ \cdots,\ \frac{a_n}{a_{n-1}}$$

【例6-10】 用水平法计算[例6-9]中该厂2020年至2024年产值平均发展速度。

答案与解析　（1）使用时间数列发展水平计算：

$$\bar{x}=\sqrt[n]{\frac{a_1}{a_0}\times\frac{a_2}{a_1}\times\frac{a_3}{a_2}\times\cdots\times\frac{a_n}{a_{n-1}}}$$

$$=\sqrt[4]{\frac{120}{100}\times\frac{150}{120}\times\frac{180}{150}\times\frac{200}{180}}=118.92\%$$

（2）使用时间数列定基发展速度计算：

$$\bar{x}=\sqrt[n]{\frac{a_n}{a_0}}=\sqrt[4]{2}=118.92\%$$

（3）使用时间数列环比发展速度计算：

$$\bar{x}=\sqrt[n]{x_1 x_2 x_3 \cdots x_n}=\sqrt[4]{1.2\times1.25\times1.2\times1.1111}=118.92\%$$

2020年至2024年产值平均发展速度为118.92%。

2. 代数平均法

代数平均法又称累计法。它的原理是：基期发展水平 a_0 在经过一定时期发展后得到的各期发展水平 a_1、a_2、$\cdots$、a_n 之和，与由基期水平 a_0 以平均发展速度 $\bar{x}$ 发展后得到的 $a_0\bar{x}$、$a_0\bar{x}^2$、$\cdots$、$a_0\bar{x}^n$ 之和相等，即：$a_1+a_2+\cdots+a_n=a_0\bar{x}+a_0\bar{x}^2+\cdots+a_0\bar{x}^n$。

即：$\sum_{i=1}^{n}a_i=a_0(\bar{x}+\bar{x}^2+\cdots+\bar{x}^n)$

则有 $(\bar{x}+\bar{x}^2+\cdots+\bar{x}^n)=\frac{1}{a_0}\sum_{i=1}^{n}a_i=\sum_{i=1}^{n}\frac{a_i}{a_0}=\sum_{i=1}^{n}x_i$

平均发展速度为 $\bar{x}$，为这一高次方程的正实数解。

x_1，x_2，$\cdots$，x_i，$\cdots$，x_n 为各期定基发展速度，也可表示为 $\frac{a_i}{a_0}$；

a_0，a_1，a_2，$\cdots$，a_n 为各期发展水平；n 为时间长度，即时间数列项数。

累计法计算的平均发展速度考虑了每个时期的发展水平，主要侧重各期发展水平的总和，按累计法推算的各期水平之和与各期实际水平之和是一致的。在实际工作中，如果所关心的是现象在整个时期内的总量时，应采用此法计算的平均发展速度。该方法需要解高次方程，比较麻烦，实际中可借助事先编好的平均发展速度查对表。

几何平均法和代数平均法的数理论据、计算方法和应用条件有所不同。

几何平均法的侧重点是从最末水平出发来进行研究，按照几何平均法所确定的平均发展速度推算的最末一年发展水平,与实际资料最末一年的发展水平相同。

代数平均法的侧重点则是从各年发展水平的累计总和出发来进行研究,按照方程法所确定的平均发展速度推算的全期各年发展水平的总和与全期各年的实际发展水平的总和相同。我国制定国民经济发展长期计划,大致也有两种规定指标数值的方法。一种是以长期计划的最后一年应达到的水平来规定,如人口数、国内生产总值、工业主要产品产量、社会消费品零售总额等等;另一种是以整个计划期应达到的累计数来规定,如固定资产投资额等。在计算平均发展速度时,前者应采用几何平均法,后者应采用代数平均法。

三、增长速度

增长速度又称增长率,是增长量除以基期水平,或由对应的发展速度减去 1 求得,表明报告期水平较基期水平上升的百分比。

当发展速度大于 100% 时,增长速度为正值,表明时间数列在一定时期内逐渐上升;当发展速度小于 100% 时,增长速度为负值,表明时间数列在一定时期内逐渐下降。其计算公式为:

$$增长速度 = \frac{增长量}{基期水平} = \frac{报告期水平 - 基期水平}{基期水平} = \frac{报告期水平}{基期水平} - 1$$

由于基期的选择不同,发展速度分为环比发展速度与定基发展速度,增长速度相应有环比增长速度和定基增长速度之分。

环比增长速度:环比增长速度 = 环比发展速度 - 1,用符号表示:

$$\frac{a_1}{a_0} - 1, \frac{a_i}{a_{i-1}} - 1, \frac{a_n}{a_{n-1}} - 1$$

定基增长速度:定基增长速度 = 定基发展速度 - 1,用符号表示:

$$\frac{a_1}{a_0} - 1, \frac{a_i}{a_0} - 1, \frac{a_n}{a_0} - 1$$

若已知各期环比增长速度,需求定基增长速度时,先将各期环比增长速度加 1,得到各期环比发展速度,再连乘求得各期定基发展速度,然后再分别减 1,得出相应的定基增长速度。

四、平均增长速度

平均增长速度表示现象逐期增长的平均速度,是增长速度的平均数。平均增长速度虽是各期环比增长速度的序时平均数,但并不是由各期环比增长速度或定基增长速度直接计算所得,而同样是根据发展速度与增长速度之间的关系,需要先求解平均发展速度,而后减去 1 或 100% 而取得。其公式:

$$平均增长速度 = 平均发展速度 - 100\%$$

平均增长速度有正有负,分别表明时间数列各期平均递增速度或各期平均递减速度。

【例 6-11】 根据[例 6-9]某厂"十四五"期间年产值情况。

计算:

(1) 环比增长速度、定基增长速度、平均增长速度(水平法)。

（2）根据平均增长速度，预计2025年产值。

（3）从2024年开始每年保持怎样的增长速度，某厂产值才能在10年内翻一番？

（4）若前两年的平均发展速度为105%，则之后的平均发展速度至少为多少时才能保证产值在2034年时较2024年翻一番？

答案与解析 计算结果如表6-16所示。

表6-16 计算结果

年份	2020	2021	2022	2023	2024
产值（亿元）	100	120	150	180	200
定基发展速度	—	120%	150%	180%	200%
环比发展速度	—	120%	125%	120%	111.11%
定基增长速度	—	20%	50%	80%	100%
环比增长速度	—	20%	25%	20%	11.11%

（1）平均增长速度为：$\bar{x}-1=\sqrt[n]{\dfrac{a_n}{a_0}}-1=\sqrt[4]{2}-1=18.92\%$

2020年至2024年产值平均增长速度为18.92%。

（2）$a_n=a_{n-1}\bar{x}=200\times118.92=237.84$（亿元）

2025年年产值预计为237.84亿元。

（3）$\bar{x}=\sqrt[n]{\dfrac{a_n}{a_0}}=\sqrt[10]{2}=107.18\%$

$107.18\%-1=7.18\%$

从2024年开始要保持7.18%的平均增长速度，产值才能在10年内翻一番。

（4）$\dfrac{2026\text{年产值}}{2024\text{年产值}}=1.05^2=1.1025$

$\bar{x}=\sqrt[n-2]{\dfrac{a_n}{a_2}}=\sqrt[8]{\dfrac{2}{1.1025}}=107.74\%$

$107.74\%-1=7.74\%$

后8年开始要保持7.74%的平均增长速度，产值才能在2034年翻一番。

 【统计·中国】

从时间序列看中国
粮食安全演进

任务四 时间数列的变动分析

一、影响时间数列变动趋势

时间数列的变化有着不同类型的反映,可以将在各种因素影响下时间数列的变化概括为四种,分别为长期趋势、季节变动、循环变动和不规则变动。

(一) 长期趋势

长期趋势(T)是指事物或现象由于受到某些决定性因素较长时间的稳定作用,在一段较长时间内维持向上或向下运动的状态。例如,经济繁荣的长期发展趋势是指经济发展规模大且持续时间长的增长。其明显特征是需求旺盛,生产供不应求,销售量上升,价格提高,企业盈利水平较高,生产扩张,企业出现良性发展,就业率提高。

(二) 季节变动

季节变动(S)是指事物或现象受自然条件季节性变动,或特定日期的社会风俗习惯的影响,在一年内产生的季节性周期变动。例如,服装行业,当温度上升时,春夏季较薄的服装销量上升,而当温度下降时,秋冬季较厚的服装销量上升。

(三) 循环变动

循环变动(C)又称周期变动,是指事物或现象受各种因素影响,在 1 年以上时间内出现涨落相间的波动。如苏联学者康德拉季耶夫提出,资本主义经济生活中存在着 45~60 年的长期波动。这种长期波动被人们称为康德拉季耶夫周期。1930 年美国经济学家库涅茨以建筑业的兴旺和衰落提出的一种为期 15~25 年,平均长度为 20 年的经济周期。

循环变动掩盖在长期趋势与季节变动下,更不明显,形成原因更为复杂。因此,循环变动的测定比较困难,测定方法较多,但所得结论有所差异。需要对于测定方法的基本原理和特点与所研究的经济现象规律有较为深刻的了解,才能较为科学的测定循环变动。

(四) 不规则变动

不规则变动(I)是指事物或现象由于受突发性的,偶然出现的或不明原因而引起的突发性、无规则、非周期性的变动,如战争、自然灾害、社会动荡等强烈而无规则的突发性变动。

按照时间数列变动因素和作用方式,将这些因素共同影响进行组合,可以得到不同的构成模型,常用的是乘法模型与加法模型。

1. 乘法模型:$Y = T \cdot S \cdot C \cdot I$

以 Y 表示时间数列的各个数值,并将变化的因素认为是相互影响的,并以长期趋势值为绝对数,其余变动值以相对数表示。

2. 加法模型:$Y = T + S + C + I$

以 Y 表示时间数列的各个数值,并认为四类时间数列变化因素相对独立,四种变化均以绝对数形式出现。

在现实经济统计中,乘法模型的应用更为普遍。

本任务只对长期趋势分析和季节变动分析作简单介绍。

二、长期趋势分析

研究时间数列长期趋势,可以对事物未来变化发展状况进行预测;通过对时间数列长期趋势的分析,可以掌握现象发展、变化的影响因素,并据此评价其效果;确定时间数列长期趋势后,可以将影响时间数列变化的因素分离出来,有助于更好的研究其他因素对于事物变化的影响。下面介绍几种常用的长期趋势测定方法。

(一)时距扩大法

时距扩大法(间隔扩大法)是将原来时间序列中较小时距单位的若干个数据加以合并,得出较大时距单位的数据。扩大了时距单位的数据可以使较小时距单位数据所受到的偶然因素的影响相互抵消,而显示出现象变动的基本趋势。时距扩大法是测定长期趋势最原始、最简单的方法。时距扩大的方法通常包括时距扩大总数法和时距扩大平均法。

【例6-12】 已知某地2015—2023年出口额如表6-17和图6-3所示。计算某地出口额三年合计情况。

表6-17 　　　　　　　　　　　　某地 2015—2023 年出口额

年份	2015	2016	2017	2018	2019	2020	2021	2022	2023
出口额(亿元)	93	103	98	102	100	110	107	115	112

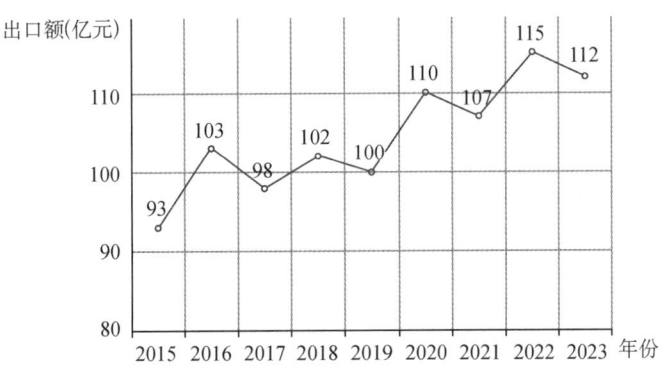

图 6-3　某地 2015—2023 年出口额折线图

从图6-3与表6-19中,可以看出某地出口额的变动情况,但其长期趋势并不直观,可以使用时距扩大法与时距扩大平均法展示其长期趋势。某地出口额三年合计情况如表6-20所示。

表6-18 　　　　　　　　　　　某地出口额三年合计情况　　　　　　　　　　单位:亿元

年度	2015—2017	2018—2020	2021—2023
三年合计	294.00	312.00	334.00
三年平均	98.00	104.00	111.33

时距扩大以后,可以明确表达某地出口额呈现增长的长期趋势。

运用时距扩大法来修匀动态数列,应注意:只能用于时期数列;扩大后的各个时期的时距应该相等;时距的大小要适中。

(二)移动平均法

移动平均法是通过对原有的时间数列进行修匀,以测定长期趋势的一种比较简单的方法。即对时间数列采用逐项移动的办法按一定时期分别计算一系列序时平均数,形成一个派生的时间数列。

移动平均是指从动态数列的第一位数值开始,按一定项数求序时平均数,逐项移动,边移动边平均。这样就可以得到一个由移动平均数构成的新的动态数列,这个派生的新动态数列把原数列中的某些不规则变动加以修匀,变动更平滑,趋势倾向更明显,可以更深刻地描述现象发展的基本趋势。利用移动平均法求移动平均的项数时应根据其为奇数或偶数时,采用不同的方法。

【例 6-13】 已知某地 2016—2024 年出口额如表 6-19 所示,对其出口额求三项、五项、四项移动平均。

表 6-19   某地 2016—2024 年出口额

年份	2016	2017	2018	2019	2020	2021	2022	2023	2024
出口额(亿元)	93	103	98	102	100	110	107	115	112

答案与解析 对某地年出口额进行三项移动平均,从第一年开始,每个连续的三年计算平均值,并记录在中间的年份。

计算三项移动平均时,第一个数据为从 2016 年开始的三个数值的算术平均数,即

$$\frac{93+103+98}{3}=98(亿元)$$

并记录在中间年份,即 2017 年。

第二个数据为从 2017 年开始的三个数值计算的平均数,即

$$\frac{103+98+102}{3}=101(亿元)$$

并记录在中间年份,即 2018 年。

以此类推,得到三年移动平均值;同理,得到所有三年移动平均、四年移动平均与五年移动平均的数值如表 6-20 所示。

表 6-20   某地出口移动平均计算表   单位:亿元

年份	出口额	三年移动平均值	五年移动平均值	四年移动平均值	四项移正平均值
2016	93.000	—	—		—
2017	103.000	98.000	—		—
2018	98.000	101.000	99.200	99.000	99.875
2019	102.000	100.000	102.600	100.750	101.625
2020	100.000	104.000	103.400	102.500	103.625
2021	110.000	105.670	106.800	104.750	106.375
2022	107.000	110.670	108.800	108.000	109.500
2023	115.000	111.330	—	111.000	—
2024	112.000	—	—		—

奇数项平均数正好对着中间时期,一次平均即可。偶数项移动平均因为中点错开了半期,需要再作一次两项移动平均才能对正。可见,偶数项移动平均,计算较繁,故一般多用奇数移动平均。采用移动平均法测定事物发展的长期趋势,其优点是简单易行,便于操作,同时它的局限性亦很明显。

利用移动平均法求时间数列长期趋势时,应注意:

(1) 时间间隔的选取。确定一个合适的时间间隔长度,应根据所研究的问题需求来确定,若研究短期趋势,则选择较短的时间间隔;若研究长期趋势,则选择较长的时间间隔。

(2) 时间数列的完整性问题。通过移动平均得到的新时间数列的项数,一般比原时间数列的项数要少,要保证新时间数列充分反映信息,不能将移动平均的时间间隔定得过大。

(3) 移动平均法采用算术平均法。在研究长期趋势时,移动平均法更适用于现象发展趋势为直线型的时间数列的修匀,不适用于曲线型发展趋势的数列。

(三) 方程法

为了计算出一个多年份的数据序列逐年的趋势值,可以考虑对原始数据拟合一条数学曲线。假如趋势是线性的,就可以用最小平方法拟合直线方程;如果趋势是指数曲线型的,则可考虑拟合指数曲线方程。

如果一个多年的数据序列,其相邻两年数据的一阶差近似为一常数,就可以配合一直线:

$$\hat{y} = a + bt$$

t:公式中的自变量、代表时间点。

a:是趋势直线的截距,时间项数为零时 y 的理论值。

b:是趋势直线的斜率,y 的理论逐期变化(平均变化)量,即 t 每变化一个单位时,y 的变化量。

逐期变化量大致相等时,拟合得到趋势直线方程。趋势直线方程可采用分段平均法或最小平方法等方法求得。

1. 分段平均法

将时间数列平均分为两半,分别计算前后的平均数。前后半部分的 y 与 t 求算术平均数 $\overline{y_1}, \overline{t_1}$ 与 $\overline{y_2}, \overline{t_2}$,可据此在坐标系中绘制两个点,连接这两点,得到的直线即为趋势直线。分段平均法得到的趋势直线的依据为:实际值与趋势值的离差之和为零,即:$\sum(\hat{y}_t - y_t) = 0$。

由 $\overline{y_1}, \overline{t_1}$ 与 $\overline{y_2}, \overline{t_2}$ 联立直线方程组:

$$\begin{cases} \overline{y_1} = a + b\overline{t_1} \\ \overline{y_2} = a + b\overline{t_2} \end{cases}$$,求解出 a、b 的值。

解得:$b = \dfrac{\overline{y_1} - \overline{y_2}}{\overline{t_1} - \overline{t_2}}$,$a = \overline{y_1} - b\overline{t_1}$

2. 最小平方法

通常,采用较为科学的最小平方法 $\left(\sum(y - \hat{y})^2\ \text{为最小值时的}\ a、b\ \text{的值}\right)$,求解趋势直线方程。能满足 $\sum(y - \hat{y})^2$ 为最小值就能满足 $\sum(\hat{y}_t - y_t) = 0$。

设 $Q = \sum (y - \hat{y})^2 = \sum [y - (a + bt)]^2$

对 a、b 求偏导：

$$\begin{cases} \dfrac{\partial Q}{\partial a} = -2 \sum (y - a - bt) = 0 \\ \dfrac{\partial Q}{\partial b} = -2 \sum t(y - a - bt) = 0 \end{cases}$$

整理得规范方程组：

$$\begin{cases} \sum y = na + b \sum t \\ \sum ty = a \sum t + b \sum t^2 \end{cases}$$

解得：

$$\begin{cases} b = \dfrac{n \sum ty - \sum t \sum y}{n \sum t^2 - (\sum t)^2} \\ a = \dfrac{\sum y}{n} - b \dfrac{\sum t}{n} \end{cases}$$

分子分母同除以 n^2 得：

$$\begin{cases} b = \dfrac{\overline{ty} - \bar{y} \cdot \bar{t}}{\overline{t^2} - \bar{t}^2} \\ 0a = \bar{y} - b\bar{t} \end{cases}$$

由于时间数列中，起点年份可以人为设定，前后年份只要保持位公差为 1 的等差数列即可，当时间数列项数为奇数时，可以选择中间年份数值为 0，上下两端分别表示为 -1，-2，-3，…与 1，2，3，…。此时 $\dfrac{\sum t}{n} = 0$，则：

$$b = \frac{\sum ty}{\sum t^2}, \quad a = \frac{\sum y}{n}$$

【例 6-14】 已知某地 2015—2023 年出口额如表 6-21 所示。

表 6-21　　　　　　　　　　　某地 2015—2023 年出口额

年份	2015	2016	2017	2018	2019	2020	2021	2022	2023
出口额（亿元）	93	103	98	102	100	110	107	115	112

要求：(1) 用最小平方法对某地出口额求趋势直线方程。

(2) 预测 2025 年出口额。

(3) 预测出口额可达到 118.24 亿元的年份。

答案与解析 (1) 解法 1：以第一年，即 2015 年 $t = 0$。计算结果如表 6-22 所示。

表 6-22　　　　　　　　　　　计算结果

年份	出口额（亿元）y	t	t^2	ty
2015	93	0	0	0
2016	103	1	1	103

（续表）

年份	出口额（亿元）y	t	t^2	ty
2017	98	2	4	196
2018	102	3	9	306
2019	100	4	16	400
2020	110	5	25	550
2021	107	6	36	642
2022	115	7	49	805
2023	112	8	64	896
合计	940	36	204	3 898

利用公式　　$b = \dfrac{n \sum ty - \sum y \sum t}{n \sum t^2 - (\sum t)^2} = \dfrac{9 \times 3\,898 - 940 \times 36}{9 \times 204 - 36^2} = 2.3$

$$a = \frac{\sum y}{n} - b \cdot \frac{\sum t}{n} = \frac{940}{9} - 2.3 \times \frac{36}{9} = 95.24$$

$$\hat{y} = a + bt : \hat{y} = 95.24 + 2.3t \quad （2015 年时，t = 0）$$

解法 2：中间一年（本题中为 2019 年），$t = 0$。计算结果如表 6-23 所示。

表 6-23　　　　　　　　　　　　　　计算结果

年份	出口额（亿元）y	t	t^2	ty
2015	93	−4	16	−372
2016	103	−3	9	−309
2017	98	−2	4	−196
2018	102	−1	1	−102
2019	100	0	0	0
2020	110	1	1	110
2021	107	2	4	214
2022	115	3	9	345
2023	112	4	16	448
合计	940	0	60	138

利用公式　　$b = \dfrac{\sum ty}{\sum t^2} = \dfrac{138}{60} = 2.3$

$$a = \frac{\sum y}{n} = \frac{940}{9} = 104.44$$

$$\hat{y} = a + bt : \hat{y} = 104.44 + 2.3t \quad （2019 年时，t = 0）$$

可以得到,这两种不同的计算方式得到的逐期变化量 b 是一致的,但由于 $t=0$ 的年份不同,两种方法原点年份的趋势值 a 不相等,但相差仍为逐期变化量与相差的年份数之积,而且每一具体年份数的趋势值均相等,因此,这两种方法都是正确的趋势直线方程。

此外,根据趋势直线方程可以进行预测 t 或 y 的趋势值。

(2)将所预测时间 t 所在项数代入趋势直线方程可以得到对应 y 的趋势值。

根据解法 2 所得趋势直线方程,2025 年时,$t=6$ 代入方程,得到:

$$\hat{y}=104.44+2.3\times6=118.24\text{(亿元)}$$

2025 年时,出口额预测值为 118.24 亿元。

(3)将 y 的值代入趋势直线方程,并采用进一法,可以得到对应 t 的值,在得到具体对应的时间。

根据解法 2 所得趋势直线方程,$y=120$ 代入方程,得到:

$120=104.44+2.3t$

$t=6.76\cdots\cdots\text{(进一法)}t=7$

对应年份为 2026 年

预测 2026 年时,出口额可以达到 120 亿元。

三、季节变动分析

季节变动是指现象随着季节的变动而引起的比较有规则的变动。季节变动主要受自然季节、气候的影响,同时也与人们的生活习惯、作息制度有关,因而季节性变动是规律性较强的变动。根据季节变动规律性进行经济预测,可以大大提高预测的准确性。

测定季节变动的方法从是否排除长期趋势的影响看,可分为两种:一是不排除长期趋势的影响,直接根据原时间数列来测定,常用按月(季)平均法。二是依据消除长期趋势后的时间数列来测定,常用移动平均趋势剔除法。不管采用哪种方法,都需要具备连续多年的各月(季)资料,以保证所求的季节比率具有代表性,从而能比较客观地描述现象的季节变动。这里只介绍按月(季)平均法。

按月(季)平均法是对于各年同一季度数据求简单算术平均数得到同季平均数,除以各季度数据求出平均得到总季平均数,进而计算季节比率的方法,从而分离出由季节变动产生的影响因素。

$$\text{季节比率}=\frac{\text{同季平均数}}{\text{总季平均数}}\times100\%$$

其中:

$$\text{同季平均数}=\frac{\text{各年同一季度数据之和}}{\text{统计年数}},\text{总季平均数}=\frac{\text{所有季度数据之和}}{\text{统计年数}\times4}。$$

【例 6-15】 现有某地区 2020 年至 2023 年各季度某种商品的销售资料如表 6-24 所示。

表 6-24   **某地区 2020—2023 年各季度某商品的销售资料**   单位:亿元

年份	第一季度	第二季度	第三季度	第四季度
2020	34	52	46	28
2021	42	76	54	36
2022	42	76	70	34
2023	58	92	70	52

按季平均法计算各季度的季节比率,并根据结果(表 6-25)进行简要分析。

答案与解析

表 6-25   **计算结果**   单位:亿元

年份	第一季度	第二季度	第三季度	第四季度	当年合计
2020	34	52	46	28	160
2021	42	76	54	36	208
2022	42	76	70	34	222
2023	58	92	70	52	272
合计	176	296	240	150	862
季平均	44	74	60	37.5	53.875
季节比率	81.67%	137.35%	111.37%	69.61%	400%

季节比率为百分数,第二季度和第三季度季节比率超过 100%,可知第二、第三季度为销售旺季;第一季度和第四季度低于 100%,为销售淡季。

理论上各季度的季节指数之和应当为 400%(各月的季节比率加起来,其总计数应等于 1200%),以各季度的平均值作为最终的季节指数与理论上各季度的季节指数之间存在的差异,是由计算过程中的一些误差而造成的,需对其进行修正得到最终的季节指数。

 【统计·视界】

时间序列分析在
审计中的应用

课后练习题

一、单项选择题

1. 动态数列中,每项指标数值可以相加的是(　　)。

A. 时期数列
B. 时点数列
C. 相对数动态数列
D. 平均数动态数列

2. 某商场销售电视机,该年共销售 6 000 台,年末库存 100 台,这两个指标是(　　)。

A. 时期指标
B. 时点指标
C. 前者是时期指标,后者是时点指标
D. 前者是时点指标,后者是时期指标

3. 序时平均数与一般平均数的共同点是(　　)。

A. 两者均反映同一总体的一般水平
B. 都反映现象的一般水平
C. 两者均可消除现象波动的影响
D. 共同反映同质总体在不同时间上的一般水平

4. 下列关于增长量的说法,正确的是(　　)。

A. 只能是正数
B. 只能是负数
C. 可以是正数,也可以是负数
D. 以上说法都不对

5. 在统计分析中,通常将所研究的那一时期的指标水平称为(　　)。

A. 报告期水平
B. 基期水平
C. 计划期水平
D. 核算期水平

6. 某企业从业人员人数 9 月末为 2 510 人,10 月末为 2 590 人,11 月末为 2 614 人,12 月末为 2 608 人,则第四季度企业从业人员平均人数为(　　)人。

A. 2 614
B. 2 608
C. 2 588
D. 2 590

7. 某企业 2023 年第一、第二季度和下半年的平均职工人数分别是 315 人、325 人和 330 人,则该企业 2023 年的年平均职工人数是(　　)人。

A. 323
B. 324
C. 325
D. 326

8. 某地区人口 2019 年比 1999 年增长 1 倍,比 2009 年增长了 0.5 倍,那么 2009 年比 1999 年增长了(　　)。

A. 0.33 倍
B. 0.50 倍
C. 0.75 倍
D. 以上都不对

9. 定基发展速度等于各个相应的(　　)。

A. 环比发展速度的连乘积
B. 环比发展速度的总和
C. 环比增长速度的总和
D. 环比增长速度的连乘积

10. 已知某种现象的最末水平和最初水平,计算平均发展速度时采用(　　)。

A. 最小平方法
B. 方程法
C. 累计法
D. 水平法

11. 我国人口 1999 年末为 12.6 亿人,1953 年末为 6.05 亿人,计算 1953—1999 年的人口平均每年增长率的算式是(　　)。

A. $\sqrt[45]{\dfrac{12.6}{6.05}}$
B. $\sqrt[44]{\dfrac{12.6}{6.05}}$
C. $\sqrt[47]{\dfrac{12.6}{6.05}}$
D. $\sqrt[46]{\dfrac{12.6}{6.05}}$

12. 平均增长速度的计算方法是(　　)。

A. $\bar{x} = \sqrt[n]{\Pi x}$

B. $\bar{x} = \sqrt[n]{\dfrac{a_n}{a_0}}$

C. 平均增长速度 = 平均发展速度 - 100%

D. $\bar{x} = \sqrt[n]{R}$

13. 假设某产品产量 2015 年比 2009 年增加了 135%，那么 2010—2015 年的平均发展速度的计算式为（　　）。

A. $\sqrt[5]{235}$　　　　B. $\sqrt[5]{35\%}$　　　　C. $\sqrt[6]{135\%}$　　　　D. $\sqrt[6]{235\%}$

14. 定基发展速度等于（　　）。

A. 环比发展速度之和　　　　　　　　B. 环比发展速度之积

C. 环比增长速度之和　　　　　　　　D. 环比增长速度之积

15. 以 1990 年为基期，2024 年为报告期，计算某现象的平均发展速度应开（　　）次方。

A. 33　　　　　　B. 34　　　　　　C. 35　　　　　　D. 36

16. 假设某地区 2023 年年初人口为 1 000 万人，人口自然增长率为 2%，若 2024 年人口自然增长率不变，则该地区 2024 年年底人口将达到（　　）万人。

A. 1 020　　　　B. 1 040.4　　　　C. 1 061.2　　　　D. 1 082.4

17. 一时间数列有 20 年的数据，现用移动平均法对原时间数列进行修匀。若用 5 年移动平均，修匀后的时间数列有（　　）年的数据。

A. 20　　　　　　B. 16　　　　　　C. 15　　　　　　D. 18

18. 若无季节变动，则季节比率应（　　）。

A. 等于 0　　　　B. 等于 1　　　　C. 大于 1　　　　D. 小于 1

19. 根据各年的月份资料计算的季节比率的平均数为（　　）。

A. 100%　　　　B. 1 200%　　　　C. 120%　　　　D. 400%

20. 在测定时间数列长期趋势时，估计趋势方程中参数最常用的方法是（　　）。

A. 分段平均法　　　　　　　　　　　B. 时距扩大法

C. 最小平方法　　　　　　　　　　　D. 移动平均法

二、多项选择题

1. 在直线趋势方程 $y_c = a + bx$ 中，b 表示（　　）。

A. 趋势线在 Y 轴上的截距

B. 当 $x = 0$ 时的趋势值

C. 趋势线的斜率

D. 时间变动一个单位时观察值的平均变动量

E. 观察值变动一个单位时 x 的平均变动量

2. 根据各年的月份数据计算的季节比率（　　）。

A. 平均数为 100%　　　　　　　　　B. 平均数为 1 200%

C. 总和为 100%　　　　　　　　　　D. 总和为 1 200%

E. 平均数为 100%，总和为 400%

3. 下列数列中属于时点数列的有（　　）。

A. 某股票周一到周五各天的收盘价

B. 某单位各月的利润额

C. 某城市 2010—2015 年的各年平均人口数

D. 某商店各月月末的商品库存额

E. 某工厂 2010—2015 年年末固定资产净值

4. 下列指标中，能构成时期数列的有（　　）。

A. 各年末人口数　　　　　　　　B. 各年出生的婴儿数

C. 商品月末库存量　　　　　　　D. 各月商品销售额

E. 年粮食产量

5. 下列时间序列中，各项指标数值不能相加的有（　　）。

A. 绝对数时间序列　　　　　　　B. 相对数时间序列

C. 平均数时间序列　　　　　　　D. 时点序列

E. 时期序列

6. 增长量由于采用的基期不同，可分为（　　）。

A. 定基增长量　　　　　　　　　B. 累计增长量

C. 逐期增长量　　　　　　　　　D. 环比增长量

E. 平均增长量

7. 下列的计算公式中，不正确的有（　　）。

A. 定基增长速度＝定基发展速度－1　　B. 发展速度＝增长速度－1

C. 环比发展速度＝环比增长速度－1　　D. 平均增长速度＝平均发展速度－1

E. 累计增长量＝$\sum$ 逐期增长量

8. 下列公式中，用水平法计算平均发展速度的有（　　）。

A. $\sqrt[n]{\dfrac{a_n}{a_0}}$　　　　　　　　　　B. $\dfrac{\sum a_n}{n}$

C. $\sqrt[n]{R}$　　　　　　　　　　　D. $\sqrt{x_1 \cdot x_2 \cdot \cdots \cdot x_n}$

E. $\sqrt[n]{\sum x}$

9. 时间数列的速度指标包括（　　）。

A. 发展速度　　　　　　　　　　B. 增长速度

C. 平均发展速度　　　　　　　　D. 平均增长速度

E. 增长量

10. 下列现象中，属于季节变动的有（　　）。

A. 北方地区服装销售情况的变化　　B. 火车客运量的增减

C. 股票价格的涨落　　　　　　　　D. 建筑施工队完成的工程进度

E. 国内生产总值的变化

三、判断题

1. 时间数列是特殊的、以时间为顺序的动态数列。（　　）

2. 发展水平为总量指标平均发展水平。（　　）

3. 发展速度又称为动态相对数。（　　）

4. 平均发展速度通常使用算术平均法求得。（　　）

5. 环比发展速度之和为定基发展速度。（　　）

6. 长期趋势恒定不变。　　　　　　　　　　　　　　　　　　　　　　　（　　）

7. 循环变动又称周期变动,是指事物或现象在 1 年以内出现涨落相间的波动。（　　）

8. 求解奇数项移动平均需要对数据进行移正。　　　　　　　　　　　　　（　　）

9. 计算长期趋势直线方程时,只能以第一年为起始年份,令 $t=0$。　　　（　　）

10. 按月平均计算得到的季节比率之和为 400%。　　　　　　　　　　　　（　　）

四、计算题

1. 某销售点 2020—2024 年的销售收入如表 6-26 所示。

表 6-26　　　　　　　　　　　某销售点 2020—2024 年的销售收入

年份	2020	2021	2022	2023	2024
销售收入(万元)	120	138	178	229	361

要求:(1) 计算 2020—2024 年销售收入的逐期和环比发展速度和增长速度。

(2) 用水平法计算 2020—2024 年销售收入的平均发展速度和平均增长速度。

2. 某地区 2020 年平均人口数为 150 万人。2024 年人口变动情况如表 6-27 所示。

表 6-27　　　　　　　　　　　某地区 2024 年人口变动的情况

时间	1 季度	2 季度	3 季度	4 季度	次年 1 月
季初人口数(万人)	168	172	174	176	180

要求:(1) 计算 2024 年平均人口数。

(2) 用水平法计算 2020—2024 年该地区人口平均增长速度。

(3) 用累计法计算 2020—2024 年该地区人口平均增长速度。

3. 假设某企业总产值和职工人数的资料如表 6-28 所示。

表 6-28　　　　　　　　　　　某企业总产值和职工人数

月份	3	4	5	6
总产值(万元)	11 500	11 700	12 000	13 700
月末职工人数(人)	650	670	690	710

要求:(1) 计算该企业第二季度平均每月全员劳动生产率(单位:元/人)。

(2) 计算该企业第二季度平均全员劳动生产率(单位:元/人)。

4. 某地区 2019—2024 年的粮食产量如表 6-29 所示。

表 6-29　　　　　　　　　　　某地区 2019—2024 年的粮食产量

年份	2019	2020	2021	2022	2023	2024
粮食产量(万吨)	5 000					5 600
累计增长量(万吨)	—		400	500		
定基发展速度	100%	104%			108%	

要求:请根据指标间的关系将表中所缺数字补齐。

5. 某地区 2020—2024 年的粮食产量如表 6-30 所示。

表 6-30 　　　　　　　　　　某地区 2020—2024 年的粮食产量

年份	2020	2021	2022	2023	2024
粮食产量（万吨）	750	770	780	810	830

要求：试用最小平方法拟合直线趋势方程，并据以预测 2025 年的粮食产量。

6. 某汽车销售厂商 2021—2024 年各季度汽车销售情况如表 6-31 所示。

表 6-31 　　　　某汽车销售厂商 2021—2024 年各季度汽车销售情况 　　　　单位：万元

年份	1 季度	2 季度	3 季度	4 季度
2021	152	277	203	174
2022	205	363	255	182
2023	171	325	233	180
2024	202	396	274	238
合计				
季平均数				
季节指数				

要求：用按季平均法分析其季节变动规律。

项目七

统计指数的分析

> 价格指数就是人民的体温计。
>
> ——乔治·J.施蒂格勒
>
> 从 CPI、GDP 到 HDI……，统计指数像一把标尺，量化复杂现象的综合变动。本项目将揭示指数的编制逻辑，让你读懂这些"社会健康报告"背后的统计智慧。

项目内容

统计指数概述　　　　　　综合指数

平均指数　　　　　　　　平均指标变动因素分析

经济统计中常用的指数　　综合评价指数编制方法

知识目标

了解统计指数的概念、性质、种类和作用。

掌握编制综合指数、平均指数的方法。

掌握指数因素分析方法。

能力目标

会正确选择不同度量因素，编制综合指数。

能够应用指数体系进行总量指标变动的两因素分析。

素质目标

增强绿色发展、量化评价意识，树立可持续发展观。

理解生态文明建设的中国智慧，增强爱国主义情怀。

任务一　统计指数概述

一、统计指数的概念

统计指数简称为指数，是一种表明现象数量变动的相对数。指数的概念有广义和狭义之分。广义的指数泛指表明社会经济现象数量变动的相对数，如动态相对数、比较相对数、计划完成程度相对数等。

狭义的指数是用来反映不能直接相加的复杂现象总体，数量综合变动的相对数。所谓复杂现象总体，是指那些由于各个部分的不同性质而在研究其数量特征时不能直接进行加总或直接对比的总体。从统计指数的理论和方法上看，统计学所研究的指数主要是指狭义的指数。

不同产品或商品构成的总体，由于其具有不同的使用价值和不同的计量单位，所以在统计其实物产量、销售量、单位产品原材料消耗、单位成本、价格等数量方面时，是不能直接进行加总的。由不同的产品或商品所组成的总体便是一个复杂现象的总体。例如，我们不能把 5000 吨钢与 100 台机床直接相加，也不能直接计算钢和机床的平均单位成本、平均价格。因此，由不同的产品或商品所组成的总体便是一个复杂总体，要反映复杂总体数量的综合变动便不能简单地采用一般相对数的方法，而应当有专门的特殊的方法。指数就是反映复杂总体数量综合变动的方法。在经济活动中，统计指数是常用的经济统计与分析工具，常见的如消费者物价指数（consumer price index，CPI），其反映由与居民生活有关的产品及劳务价格统计出来的物价变动指数，通常作为观察通货膨胀或紧缩水平的重要指标。我国的 CPI 指数参考的价格来自食品、衣着、医疗保健和个人用品、交通及通信、娱乐教育文化用品及服务、居住、杂项商品与服务等类别。

二、统计指数的种类

（一）按反映的对象范围不同，统计指数分为个体指数和总指数

指数按其反映对象范围的不同，可以分为个体指数和总指数。

当指数表明单一要素构成现象变动的相对数时，称为个体指数，用小写字母 k 表示。例如，某一种产品或商品的价格 p 相对变动水平就是个体指数，通常用 $k_p = \dfrac{p_1}{p_0}$ 代表价格或质量指标个体指数。其中 p_0 为基期价格，p_1 为报告期价格；商品的销售量 q 对应变动水平同样得到个体指数。用 $k_q = \dfrac{q_1}{q_0}$ 代表数量指标个体指数。其中 q_0 为基期销售量，q_1 为报告期销售量；销售额 pq 同样可以编制销售额个体指数，$k_{pq} = \dfrac{p_1 q_1}{p_0 q_0}$，又称总量指标个体指数，其中 $p_0 q_0$ 为基期销售额，$p_1 q_1$ 为报告期销售额。

【例 7-1】　已知三种商品的销售情况如表 7-1 所示，编制各类个体指数。

表 7-1		三种商品销售量与价格资料				金额单位:元	
商品	计量单位	销售量		价格		销售额	
		基期	报告期	基期	报告期	基期	报告期
彩电	台	800	880	3 000	2 800	2 400 000	2 464 000
冰箱	台	600	650	2 500	2 300	1 500 000	1 495 000
空调	台	1 000	1 050	2 800	2 500	2 800 000	2 625 000

利用各类个体指数的计算公式进行计算,将各指标的报告期值除以基期值并列表得到三种商品的各类个体指数如表 7-2 所示。

表 7-2	三种商品销售量指数、价格指数、销售额指数		
商品	销售量指数	价格指数	销售额指数
彩电	110%	93.33%	102.67%
冰箱	108.33%	92%	99.67%
空调	105%	89.29%	93.75%

总指数是反映复杂现象总体数量综合变动的相对数,是在复杂现象总体下编制的,如多种不同的产品或商品的价格综合变动水平就是总指数。在编制零售物价总指数时,有时要编制食品类、衣着类、日用品类等指数来深入说明问题,这种指数仍然是总指数,也反映复杂现象总体数量上综合变动的相对数。

(二)按指数表明的经济指标的性质不同,统计指数可分为数量指标指数和质量指标指数

数量指标指数是根据数量指标计算的,是表明总体单位数、规模等数量指标变动的相对数,如产量指数、销售量指数、职工人数指数。其中个体指数用 k_q 表示,总指数用 K_q 表示。

质量指标指数是根据质量指标计算的,是表明总体单位水平、工作质量等质量指标计算的,如价格指数、单位成本指数、劳动生产率指数。其中个体指数用 k_p 表示,总指数用 K_p 表示。

若某一类数量指标可由质量指标与数量指标相乘得到,则此类数量指标又称为总量指标,其对应的指数称为总量指标指数,如销售额指数、总产值指数、总利润指数等。其中个体指数用 k_{pq} 表示,总指数用 K_{pq} 表示。

(三)按编制指数时的选择的基期不同,统计指数可分为动态指数和静态指数(或称时间性指数和区域性指数)

动态指数反映现象的数量方面在时间上的变动程度,其中按所选择的基期不同又分为定基指数和环比指数。在指数数列中,如果所有各期指数均采用某一固定时期作基期,则称为定基指数。如果所有各期指数均采用各报告期前一个时期作基期,则称为环比指数。静态指数反映同类现象在相同时间内不同空间(地区、单位和部门)的差异程度。

(四)按指数的编制方法不同,指数分为综合指数和平均指数

综合指数是通过引入同度量因素,将复杂现象在总体数量上不能直接加总转化为可以加总,通过对比而求得的相对数,是编制总指数的基本形式。

平均指数是对个体指数进行加权平均计算得到的总指数,是编制总指数的另一种形式。

三、统计指数的作用

1. 综合反映复杂现象总体数量上的变动方向和程度

统计指数使用报告期指标与基期指标进行对比,体现了事物发展变化的方向与速度。不论在宏观还是微观经济研究方面,经济现象变化的发展方向和速度都是重要的研究内容。例如,对于我国经济现象变换的研究,常常可以看到对于多种指数的统计和分析,如消费者物价指数 CPI、生产者价格指数 PPI、国内生产总值指数、采购经理指数 PMI 等,能够真实反映国家各类经济情况的发展,为制定政策,维持国家经济可持续发展,进行经济调控提供及时准确的资料依据。

2. 分析和测定现象总变动中,各因素变动的影响方向和程度

事物的变化,往往受多种因素的综合影响,在研究事物的变化过程中,需要单独研究每个因素对于事物发展的影响程度。根据指数因素分析法,编制合理的统计指数,可以体现出其中某一个因素对于事物整体影响的方向与程度。例如,销售额由销售量和价格两个因素决定,通过因素分析,可以得到销售额的变动中销售量与价格的变化对其各自作用的程度。

3. 研究复杂现象总体在较长时期内的变动趋势

对于复杂的经济现象,若需进行综合性的情况反映,直观体现其在长时间内变化发展的过程,同样可以通过编制相应指数进行反映。例如,我国反映股票市值变化的上证综合指数,该指数于 1991 年 7 月 15 日起开始实时发布,基日为 1990 年 12 月 19 日,基日指数定为 100 点。这一指数是以上海证券交易所挂牌上市的全部股票为计算范围,以发行量为权数的加权综合股价。

 【统计·视界】

"两山指数"——如何量化
绿水青山的价值

任务二　综 合 指 数

一、综合指数的概念与原理

总指数基本形式有两种:一是综合指数,二是平均指数。两种形式有着相同本质,形式上可相互转换,但应用于不同的情况,各有特点和针对性。本任务主要阐述综合指数的编制方法。

一个总量指标可分解为两个或两个以上的因素指标时,将其中的一个或一个以上的因素指标加以固定,只突出所针对的一个因素指标的变动程度,这样编制出来的指数叫作综合指数。综合指数在研究复杂总体指标中,解决了不同类型指标不能直接加总的困难,并且客观反映了所研究指标对于总体指标的影响程度。

综合指数的特点是先综合后对比。其编制方法是:首先,引入同度量因素,在其作用下使原本不同计量的指标能进行加总,使其可以计算出总体的综合总量。其次,将同度量因素的时期加以固定,以消除同度量因素变动的影响。最后,将所得两个时期的总量指标对比,其结果即为综合指数,它综合地反映了复杂总体中研究指标的变动程度。

同度量因素又称为"同度量系数"或"指数权数",是指在编制总指数中,使用的媒介因素使若干由于度量单位不同不能直接加总的指标,过渡到可以加总和相比。同度量因素在计算总指数的过程中对各指数因素起着权衡轻重的作用,是指数编制中的权数。

二、综合指数的编制

(一) 数量指标综合指数的编制

根据数量指标编制的综合指数称为数量指标综合指数。在包含两个因素的综合指数中,固定质量指标为同度量因素,使得不同指标能够加总并消除质量指标因素影响,体现数量指标因素变化的情况。

编制数量指标综合指数的一般原则是将基期的质量指标作为同度量因素。这一原则有两层含义:一是编制数量指标指数应以质量指标作为同度量因素;二是将同度量因素固定在基期。其计算公式如下:

$$K_q = \frac{\sum q_1 p_0}{\sum q_0 p_0}$$

式中:K_q 表示数量指标综合指数;q 表示数量指标;p 表示质量指标;下标 1 和 0 分别表示报告期和基期;同度量因素价格固定在基期 p_0。

由于数量指标的变动,总值指标的绝对额发生变动。其计算公式如下:

总值指标变动的绝对额 $\Delta_q = \sum q_1 p_0 - \sum q_0 p_0$

【例 7-2】　以商品销售量总指数的编制为例来说明数量指标综合指数编制的一般原则和方法。三种商品销售量与价格资料如表 7-3 所示。

表 7-3　　　　　　　　　　　三种商品销售量与价格资料

商品	计量单位	销售量		销售价格(元)	
		基期	报告期	基期	报告期
彩电	台	800	880	3 000	2 800
冰箱	台	600	650	2 500	2 300
空调	台	1 000	1 050	2 800	2 500

根据表 7-3 计算三种商品的销售量个体指数和综合指数。

答案与解析 （1）计算彩电、冰箱、空调三种商品销售量的个体指数：

$$彩电：k_q = \frac{q_1}{q_0} \times 100\% = \frac{880}{800} \times 100\% = 110\%$$

$$冰箱：k_q = \frac{q_1}{q_0} \times 100\% = \frac{650}{600} \times 100\% = 108.3\%$$

$$空调：k_q = \frac{q_1}{q_0} \times 100\% = \frac{1\,050}{1\,000} \times 100\% = 105\%$$

（2）三种商品的销售量综合指数如下：

$$K_q = \frac{\sum q_1 p_0}{\sum q_0 p_0} \times 100\% = \frac{880 \times 3\,000 + 650 \times 2\,500 + 1\,050 \times 2\,800}{800 \times 3\,000 + 600 \times 2\,500 + 1\,000 \times 2\,800} \times 100\% = \frac{7\,205\,000}{6\,700\,000} = 107.5\%$$

三种商品销售量变化导致销售额变动的绝对额为：

$$\Delta_q = \sum q_1 p_0 - \sum q_0 p_0 = 7\,205\,000 - 6\,700\,000 = 505\,000（元）$$

计算结果表明，该商店三种商品的销售量变动使得销售额增加 7.5%，由于销售量增加使得销售额增加了 505 000 元。

（二）质量指标综合指数的编制

根据质量指标编制的综合指数称为质量指标综合指数。在包含两个因素的综合指数中，固定数量指标为同度量因素，使得不同指标能够加总并消除数量指标因素影响，体现质量指标因素变化的情况。

编制质量指标综合指数的一般原则是采用报告期的数量指标作同度量因素。这一原则有两层含义：一是编制质量指标指数应以数量指标作同度量因素，二是将同度量因素固定在报告期。其计算公式如下：

$$K_p = \frac{\sum q_1 p_1}{\sum q_1 p_0}$$

式中：K_p 表示质量指标综合指数；q 表示数量指标；p 表示质量指标；下标 1 和 0 分别表示报告期和基期。同度量因素固定在报告期 q_1。

由于质量指标的变动，总值指标的绝对额也发生变动。其计算公式如下：

$$总指标变动的绝对额 \Delta_p = \sum q_1 p_1 - \sum q_1 p_0$$

【例 7-3】 现以商品价格总指数的编制为例来说明质量指标综合指数编制的一般原则和方法。三种商品销售量与价格资料如表 7-4 所示。

表 7-4   三种商品销售量与价格资料

商品	销售量（台）		销售价格（元）	
	基期	报告期	基期	报告期
彩电	800	880	3 000	2 800
冰箱	600	650	2 500	2 300
空调	1 000	1 050	2 800	2 500

根据上面的表格计算三种商品的价格个体指数和综合指数。

答案与解析　（1）计算彩电、冰箱、空调三种商品价格的个体指数：

$$彩电：k_p = \frac{p_1}{p_0} \times 100\% = \frac{2\ 880}{3\ 000} \times 100\% = 96\%$$

$$冰箱：k_p = \frac{p_1}{p_0} \times 100\% = \frac{2\ 300}{2\ 500} \times 100\% = 92\%$$

$$空调：k_p = \frac{p_1}{p_0} \times 100\% = \frac{2\ 500}{2\ 800} \times 100\% = 89.29\%$$

（2）三种商品的价格综合指数如下：

$$K_p = \frac{\sum q_1 p_1}{\sum q_1 p_0} \times 100\% = \frac{880 \times 2\ 800 + 650 \times 2\ 300 + 1\ 050 \times 2\ 500}{880 \times 3\ 000 + 650 \times 2\ 500 + 1\ 050 \times 2\ 800} \times 100\% = \frac{6\ 584\ 000}{7\ 205\ 000} = 91.38\%$$

三种商品价格上升导致销售额变动的绝对额为：

$$\Delta_p = \sum q_1 p_1 - \sum q_1 p_0 = 6\ 584\ 000 - 7\ 205\ 000 = -621\ 000（元）$$

计算结果表明，该商店三种商品的价格变动使得销售额减少 8.62%，价格增加使得销售额减少了 621 000 元。

三、指数体系与指数因素分析法

（一）指数体系的概念和作用

1. 指数体系的概念

社会经济现象的数值变动，常取决于两个或两个以上因素的共同作用。因此，在分析现象的变动时，应考虑各个因素和总体之间的内在联系，编制相互联系的若干指数，组成指数体系。指数体系是指反映社会经济现象总体变动的指数和反映各个因素变动的指数之间所具有的这种联系构成的体系。

从相对数来看，指数体系各个因素指数之乘积应等于总体变动指数；从绝对数来看，各个因素指数的分子与分母差额之和应等于总体变动指数分子与分母的差额，也就是各个因素影响总体差额之和应等于总体变动差额。例如：

$$商品销售价格 \times 商品销售量 = 商品销售额$$
$$p \times q = pq$$

其指数体系表现为：

$$K_p \cdot K_q = K_{pq} \quad 即 \quad \frac{\sum p_1 q_1}{\sum p_0 q_1} \times \frac{\sum p_0 q_1}{\sum p_0 q_0} = \frac{\sum p_1 q_1}{\sum p_0 q_0}$$

$$销售量指数 \times 销售价格指数 = 销售额指数$$
$$\Delta_p + \Delta_q = \Delta_{pq}$$

$$即\left(\sum p_1 q_1 - \sum p_0 q_1\right) + \left(\sum p_0 q_1 - \sum p_0 q_0\right) = \left(\sum p_1 q_1 - \sum p_0 q_0\right)$$

$$销售价格影响差额 + 销售量影响差额 = 销售额变动差额$$

由此可见，商品销售量和商品价格是影响销售额的两个因素。

类似这种因果关系的,还有下列诸个经济关系式:

$$总产值 = \boxed{产品价格} \times \boxed{产品产量}$$
$$总成本 = \boxed{单位成本} \times \boxed{产品产量}$$
$$总消耗量 = \boxed{单位消耗} \times \boxed{产品产量}$$
$$粮食总产量 = \boxed{单位产量} \times \boxed{播种面积}$$
$$资本金总市值 = \boxed{股票价格} \times \boxed{股票发行量}$$
$$\qquad\qquad\quad 质量指标 \qquad 数量指标$$

在统计中,这种经济关系式可列举出很多个。这些经济关系在动态上依然存在。这些经济关系式都分别构成各自独立的指数体系。

$$商品销售额指数 = \boxed{商品价格指数} \times \boxed{商品销售量指数}$$
$$总产值指数 = \boxed{产品价格指数} \times \boxed{产品产量指数}$$
$$总成本指数 = \boxed{单位产品成本指数} \times \boxed{产品产量指数}$$
$$原材料总消耗量指数 = \boxed{单耗指数} \times \boxed{产量指数}$$
$$粮食总产量指数 = \boxed{单位产量指数} \times \boxed{播种面积指数}$$
$$总市值指数 = \boxed{股票价格指数} \times \boxed{股票发行量指数}$$
$$\qquad\qquad\quad 质量指标 \qquad\qquad 数量指标$$

2. 指数体系的作用

指数体系在实际工作中的作用主要表现为以下几点。

(1) 利用指数体系进行因素分析。被研究现象的变动,受多个因素变动的影响,可通过指数体系来测定,分析各个因素变动对被研究现象总变动的影响。例如,利用指数体系,可测定在商品销售额的总变动中,商品销售量的变动和商品价格的变动各有多大影响。

(2) 利用指数体系进行推算。利用指数之间的经济数量关系,可以进行估计推算。根据指数体系中的任意两项,可推算第三项。如:

$$商品价格指数 = 商品销售额指数 \div 商品销售量指数$$

(3) 指数体系是因素分析的基本依据。编制指数体系的主要目的是从相对数和绝对数两个方面来研究各个因素变动对现象总变动的影响程度和影响的绝对效果。因此,指数体系是因素分析的基本依据。

(二) 指数因素分析法

1. 指数因素分析法的概念

指数因素分析法是利用指数体系对现象的综合变动,从数量上分析其受各因素影响的一种分析方法。指数因素分析法就是要从数量上分析研究对象在变动中分别受各因素影响的方向、程度及绝对数量。

2. 指数因素分析法的种类

(1) 按分析对象的特点不同,可分为简单现象因素分析和复杂现象因素分析。简单现象因素分析的基础是个体指数及其指数体系,如某种产品产量变动中,投入劳动量及劳动生产率变动影响的分析;复杂现象因素分析的基础是综合指数和相应的指数体系,如多种商品销售额变动中,价格变动及销售量变动影响的分析。

（2）按分析指标的表现形式不同,可分为总量指标变动因素分析和平均指标、相对指标变动因素分析。总量指标可分解为质量指标和数量指标;平均指标和相对指标可分解为水平因素和结构因素指标。

（3）按影响因素的多少不同,可分为两因素分析和多因素分析。与两因素分析相对而言,多因素分析会更复杂一些。

3. 指数因素分析法的应用

利用数量指标、质量指标和总量指标间的关系,根据分析对象、范围和不同的目的进行相应的分析。

下面重点介绍总量指标变动的两因素分析。

1）简单现象的两因素分析

在条件相对简单的情况下,总量指标的变动有数量与质量指标的共同影响,此时,指数可由指数体系直接计算得到。

【例 7-4】 已知某企业销售某商品资料如表 7-5 所示。

表 7-5　　　　　　　　　　　　　某企业商品资料

商品资料	2023 年	2024 年
销售额（万元）	18 000	22 500
销售量（件）	1 500	1 800
价格（万元/件）	12	12.5

（1）试计算各指标的指数与绝对数。

（2）分析销售价格与销售量变动对于销售额的影响。

答案与解析　（1）利用 $k_{pq}=\dfrac{p_1 q_1}{p_0 q_0}$、$k_q=\dfrac{q_1}{q_0}$、$k_p=\dfrac{p_1}{p_0}$ 计算指数;

利用 $\Delta_{pq}=p_1 q_1-p_0 q_0$、$\Delta_q=q_1-q_0$、$\Delta_p=p_1-p_0$ 计算绝对数。

将结果填入表 7-6。

表 7-6　　　　　　　　　　　　　计　算　结　果

商品资料	2023 年	2024 年	比上年提高的绝对数（Δ）	各指标对应指数 k
销售额（万元）	18 000	22 500	4 500	125%
销售量（件）	1 500	1 800	300	120%
价格（万元/件）	12	12.5	0.5	104.17%

（2）由之前计算已知销售额指数:

$$k_{pq}=\frac{p_1 q_1}{p_0 q_0}=\frac{22\,500}{18\,000}=125\%$$

销售额增加总数:

$$\Delta_{pq}=p_1 q_1-p_0 q_0=4\,500(万元)$$

由于销售量对于销售额的影响,

销售量指数：

$$k_q = \frac{p_0 q_1}{p_0 q_0} = \frac{12 \times 1\,800}{18\,000} = 120\% \quad 或 \quad k_q = \frac{q_1}{q_0} = \frac{1\,800}{1\,500} = 120\%$$

销售量变动影响销售额：

$$\Delta_q = p_0 q_1 - p_0 q_0 = 21\,600 - 18\,000 = 3\,600(万元)$$

由于价格对于销售额的影响：

$$价格指数\ k_p = \frac{p_1 q_1}{p_0 q_1} = \frac{22\,500}{21\,600} = 104.17\% \quad 或 \quad k_p = \frac{p_1}{p_0} = \frac{12.5}{12} = 104.17\%$$

价格变动影响销售额：

$$\Delta_p = p_1 q_1 - p_0 q_1 = 22\,500 - 21\,600 = 900(万元)$$

销售额指数 ＝ 销量指数 × 价格指数

$$125\% = 120\% \times 104.17\%$$

销售额的变动额 ＝ 各因素影响变动额之和

$$4\,500 = 3\,600 + 900$$

由以上计算可知：该企业销售量增加 20%，导致销售额上升 3 600 万元；销售价格增加 4.17%，导致销售额上升 900 万元；在两者的共同影响下，销售额上升 25%，共增长 4 500 万元。

2）复杂现象的两因素分析

由于所研究总体的构成各部分不能直接加总，必须使用同变量因素计算总指数。

【例 7-5】 某市 3 种出口商品的统计资料如表 7-7 所示，要求对销售额的总变动进行因素分析。

表 7-7 　　　　　　　　　　某市 3 种出口商品的统计资料

商品名称	计量单位	销售量		销售价格（元）		销售额（万元）		
		基期 q_0	报告期 q_1	基期 p_0	报告期 p_1	基期 $p_0 q_0$	报告期 $p_1 q_1$	$p_0 q_1$
甲	万件	1 000	1 200	10	8	10 000	9 600	12 000
乙	万袋	5 000	5 000	4	4.5	20 000	22 500	20 000
丙	万个	1 500	2 000	8	7	12 000	14 000	16 000
合计		—	—	—	—	42 000	46 100	48 000

答案与解析 建立指数体系：

商品销售额指数 ＝ 销售量指数 × 销售价格指数

对商品销售额进行因素分析如下：

第一步：计算三个指数。

$$销售额指数\ K_{pq} = \frac{\sum p_1 q_1}{\sum p_0 q_0} \times 100\% = \frac{46\,100}{42\,000} \times 100\% = 109.76\%$$

$$销售额变动的绝对额\ \Delta_{pq} = \sum p_1 q_1 - \sum p_0 q_0 = 46\,100 - 42\,000 = 4\,100(万元)$$

以上计算结果表明，三种商品的销售额报告期比基期增长了 9.76%，增加的绝对额为 4 100 万元。

$$\text{销售量指数 } K_q = \frac{\sum p_0 q_1}{\sum p_0 q_0} \times 100\% = \frac{48\,000}{42\,000} \times 100\% = 114.29\%$$

销售量变动影响的销售额绝对额：

$$\Delta_q = \sum p_0 q_1 - \sum p_0 p_0 = 48\,000 - 42\,000 = 6\,000(\text{万元})$$

以上计算结果表明，由于销售量的变动使销售额增加了 14.29%，销售额绝对额增加了 6 000 万元。

$$\text{销售价格指数 } K_p = \frac{\sum p_1 q_1}{\sum p_0 q_1} \times 100\% = \frac{46\,100}{48\,000} \times 100\% = 96.04\%$$

销售价格变动影响的销售额绝对额：

$$\Delta_p = \sum p_1 q_1 - \sum p_0 q_1 = 46\,100 - 48\,000 = -1\,900(\text{万元})$$

以上计算结果表明，由于销售价格的变动使销售额减少了 3.96%，销售额绝对额减少了 1 900 万元。

第二步：建立指数体系。

指数间关系为：

$$K_p \cdot K_q = K_{pq}$$

即：

$$109.76\% = 114.29\% \times 96.04\%$$

绝对额之间的关系为：

$$\Delta_{pq} = \Delta_p + \Delta_q$$

即：

$$4\,100 \text{ 万元} = 6\,000 \text{ 万元} - 1\,900 \text{ 万元}$$

第三步：分析说明。

以上计算结果说明，该市 3 种出口商品的销售额报告期比基期增长了 9.76%，这是由于销售量和销售价格两个因素共同作用的结果：销售量增长 14.29%，使销售额增加了 6 000 万元；销售价格降低 3.96%，使销售额减少了 1 900 万元。两因素共同作用，使销售额仅增加了 4 100 万元。

【例 7-6】 报告期与基期相比，同样多的货币只能够换来 80% 的商品，求物价上涨了多少？

由于 $k_{pq} = K_p \cdot k_q$ 则 $K_p = \dfrac{K_{pa}}{K_q}$

答案与解析 $K_q = 80\%$，$K_{pq} = 100\%$

$$K_p = \frac{K_{pq}}{K_q} = \frac{100\%}{80\%} = 125\%$$

物价上涨 25%。

【例 7-7】 某地区 2024 年社会商品零售总额 5 000 万元，比上年增长 10%，若扣除物价变动因素仅上涨 6%。要求：

（1）计算物价总指数。

（2）计算由于物价上涨使得居民多支付的货币额。

答案与解析 $K_{pq} = 110\%$，$K_q = 106\%$

$$K_p = \frac{K_{pq}}{K_q} = \frac{110\%}{106\%} = 103.77\%$$

物价总指数为 103.77%。

$$K_p = \frac{\sum p_1 q_1}{\sum p_0 q_1} = 103.77\% \text{ 则 } \sum p_0 q_1 = \sum \frac{p_1 q_1}{k_p}$$

$$\Delta_p = \sum p_1 q_1 - \sum p_0 q_1 = 5\,000 - \frac{5\,000}{103.77\%} = 181.65（万元）$$

由于物价上涨居民多支付的货币为 181.65 万元。

四、拉氏指数与派氏指数

（一）拉氏指数

拉氏指数是由德国经济学家拉斯贝尔（Laspeyre）首先提出的。他在 1864 年发表的《1851 年至 1863 年汉堡物价》中使用了以基期的数量指标为同度量因素公式（拉氏价格指数），对物价指数进行了研究。之后，编制数量指标指数时以基期指标为同度量因素的形式也称为拉氏指数。因此，拉氏指数是不论数量指标指数还是质量指标指数，都采用基期数值为同度量因素（权数）的指数。

拉氏指数的公式如下。

拉氏物量指数（数量指标指数）：

$$\overline{K}_L = \frac{\sum p_0 q_1}{\sum p_0 q_0} = \frac{\sum \frac{q_1}{q_0} p_0 q_0}{\sum p_0 q_0}$$

拉氏价格指数（质量指标指数）：

$$\overline{K}_L = \frac{\sum p_1 q_0}{\sum p_0 q_0} = \frac{\sum \frac{p_1}{p_0} p_0 q_0}{\sum p_0 q_0}$$

（二）派氏指数

派氏指数是由德国经济学家派许（Paasche）于 1874 年提出，他于当年发表《关于来自汉堡交易所记载去年物价发展情况》，采用报告期的数量指标为同度量因素公式（派氏价格指数），对物价指数进行了研究。而后，将同度量因素固定在报告期的指数均被称为派氏指数。因此，派氏指数不论数量指标指数还是质量指标指数均以报告期指标作为同度量因素。

派氏指数公式如下。

派氏物量指数（数量指标指数）：

$$\overline{K}_P = \frac{\sum p_1 q_1}{\sum p_1 q_0} = \frac{\sum p_1 q_1}{\sum \dfrac{q_0}{q_1} p_1 q_1}$$

派氏价格指数（质量指标指数）：

$$\overline{K}_P = \frac{\sum p_1 q_1}{\sum p_0 q_1} = \frac{\sum p_1 q_1}{\sum \dfrac{p_0}{p_1} p_1 q_1}$$

（三）拉氏指数和派氏指数的区别

拉氏指数主要受基期商品结构的影响，在报告期可以依据之前获得的基期数据，更为迅速地得到所研究指标的经济指数；派氏指数主要受报告期商品结构的影响，更能及时反映实际情况的变化。但是，派氏指数要求每期更换权数资料，计算较麻烦，而拉氏指数的同度量因素（权数）固定在基期，在编制长期连续性的指数数列时比较方便，因此使用比较广泛。但是，由于其忽略了价格上涨引起的销量下降，拉氏指数会给价格上涨的商品分配的权数比实际的大，得到的质量指标指数比实际情况更高。派氏指数采用报告期的指标值作为同度量因素，在新的数量指标和结构下体现质量指标的变化情况，更具有现实意义。

【例 7-8】 某企业各种产品的产量与单位成本资料如表 7-8 所示。

表 7-8　　　　　　　　　　　　　某产品产量与单位成本资料

产品名称	计量单位	产量		单位成本（元）	
		基期	报告期	基期	报告期
甲	吨	100	150	1 000	900
乙	件	1 000	1 200	100	120
丙	箱	50	60	10 000	11 000

（1）使用拉氏公式计算产品产量指数和单位成本指数。

（2）使用派氏指数计算产品产量指数和单位成本指数。

答案与解析　将计算结果列入表 7-9。

表 7-9　　　　　　　　　　　　　　　　计算结果

产品名称	计量单位	产量		单位成本（元）		总成本（元）			
		基期 q_0	报告期 q_1	基期 p_0	报告期 p_1	$p_0 q_0$	$p_1 q_1$	$p_0 q_1$	$p_1 q_0$
甲	吨	100	150	1 000	900	100 000	135 000	150 000	90 000
乙	件	1 000	1 200	100	120	100 000	144 000	120 000	120 000
丙	箱	50	60	10 000	11 000	500 000	660 000	600 000	550 000
合计	—	—	—	—	—	700 000	939 000	870 000	760 000

（1）将相关数据代入拉氏指数公式。

拉氏产量指数：

$$\overline{K}_L = \frac{\sum p_0 q_1}{\sum p_0 q_0} = \frac{870\ 000}{700\ 000} = 124.29\%$$

拉氏单位成本指数：

$$\bar{K}_L = \frac{\sum p_1 q_0}{\sum p_0 q_0} = \frac{760\,000}{700\,000} = 108.57\%$$

拉氏公式所得产量指数为 124.29%，成本指数 108.57%。

（2）将相关数据代入派氏指数公式。

派氏产量指数：

$$\bar{K}_P = \frac{\sum p_1 q_1}{\sum p_1 q_0} = \frac{939\,000}{760\,000} = 123.55\%$$

派氏单位成本指数：

$$\bar{K}_P = \frac{\sum p_1 q_1}{\sum p_0 q_1} = \frac{939\,000}{870\,000} = 107.93\%$$

派氏公式所得产量指数为 123.55%，成本指数为 107.93%。

费雪（Fisher）公式是拉氏指数与派氏指数的几何平均数，又称为"理想公式"，是对拉氏指数与派氏指数计算指数的折中。

$$\bar{K}_q = \sqrt{\frac{\sum p_0 q_1}{\sum p_0 q_0} \cdot \frac{\sum p_1 q_1}{\sum p_1 q_0}}, \quad \bar{K}_p = \sqrt{\frac{\sum p_1 q_0}{\sum p_0 q_0} \cdot \frac{\sum p_1 q_1}{\sum p_0 q_1}}$$

使用费雪公式计算上题产量指数和单位成本指数：

$$\bar{K}_q = \sqrt{\frac{\sum p_0 q_1}{\sum p_0 q_0} \cdot \frac{\sum p_1 q_1}{\sum p_1 q_0}} = \sqrt{\frac{870\,000}{700\,000} \times \frac{939\,000}{760\,000}} = 123.92\%$$

$$\bar{K}_p = \sqrt{\frac{\sum p_1 q_0}{\sum p_0 q_0} \cdot \frac{\sum p_1 q_1}{\sum p_0 q_1}} = \sqrt{\frac{760\,000}{700\,000} \times \frac{939\,000}{870\,000}} = 108.25\%$$

利用费雪公式计算所得产量指数为 123.92%，成本指数为 108.25%。

五、多因素分析

（一）多因素分析编制要点

多因素分析与两因素分析在原理上是相同的，在编制过程中的要点如下：

（1）将以各因素作为指数化因素进行测量时，其他因素均作为同度量因素进行固定。

（2）同度量因素所固定的时期，同样按照两因素分析指数的方式，将数量指标固定在报告期，将质量指标固定在基期。

（3）指数中指标的排列顺序，可按照先数量指标后质量指标的顺序，也可先质量指标后数量指标，且相邻指标之间有一定的联系，且排列顺序相对固定。

(二)多因素分析设置方法

连锁替代法:在被分析指标的因素结合式中和相互联系的数量关系,将各个因素的基期数字依次以报告期的数字替代,每次替代后的结果与替代前的结果进行对比,从相对数和绝对数两方面分析各因素对现象总体的影响。

例如,总量指标受三个因素 a、b、c 的共同影响:

$$abc = a \times b \times c$$

则依次替代的过程为:

$$a_0 b_0 c_0 \rightarrow a_1 b_0 c_0 \rightarrow a_1 b_1 c_0 \rightarrow a_1 b_1 c_1$$

指数体系:

$$\frac{\sum a_1 b_1 c_1}{\sum a_0 b_0 c_0} = \frac{\sum a_1 b_0 c_0}{\sum a_0 b_0 c_0} \cdot \frac{\sum a_1 b_1 c_0}{\sum a_1 b_0 c_0} \cdot \frac{\sum a_1 b_1 c_1}{\sum a_1 b_1 c_0}, \text{即 } K_{abc} = K_a \cdot K_b \cdot K_c$$

绝对数关系:

$$\sum a_1 b_1 c_1 - \sum a_0 b_0 c_0 = \left(\sum a_1 b_0 c_0 - \sum a_0 b_0 c_0 \right) + \left(\sum a_1 b_1 c_0 - \sum a_1 b_0 c_0 \right)$$
$$+ \left(\sum a_1 b_1 c_1 - \sum a_1 b_1 c_0 \right)$$

即:$\Delta_{abc} = \Delta_a + \Delta_b + \Delta_c$

例如,利润额=销售量(a)×销售价格(b)×利润率(c)
　　　增加值=职工人数(a)×劳动生产率(b)×增加值率(c)

3个因素按先数量指标后质量指标排列,且将销售价格排在销售量与利润率中间,劳动生产率排在职工人数与增加值率中间,保证相互之间的关系。

【例7-9】 某单位销售商品资料如表7-10所示,要求:对利润额进行多因素分析。

表7-10　　　　　　　　　　　　　　某单位销售商品资料

商品品种	计量单位	销售量		销售价格（万元）		利润率		利润额（万元）			
		a_0	a_1	b_0	b_1	c_0	c_1	$a_0 b_0 c_0$	$a_1 b_0 c_0$	$a_1 b_1 c_0$	$a_1 b_1 c_1$
甲	台	120	140	0.5	0.6	20%	22%	12	14	16.8	18.48
乙	套	100	80	1.1	1.2	15%	14%	16.5	13.2	14.4	13.44
丙	箱	18	21	2.5	2.4	32%	30%	14.4	16.8	16.128	15.12
合计	—	—	—	—	—	—	—	42.9	44	47.328	47.04

答案与解析 利润额=销售量×价格×利润率,因此根据各指标之间关系,三个指标分别以 a、b、c 表示。

利润额指数:$\dfrac{\sum a_1 b_1 c_1}{\sum a_0 b_0 c_0} \times 100\% = \dfrac{47.04}{42.9} \times 100\% = 109.65\%$

利润变化的绝对数额:

$$\sum a_1 b_1 c_1 - \sum a_0 b_0 c_0 = 47.04 - 42.9 = 4.14(万元)$$

销售量指数：$\dfrac{\sum a_1 b_0 c_0}{\sum a_0 b_0 c_0} \times 100\% = \dfrac{44}{42.9} \times 100\% = 102.56\%$

因销售量变化导致利润变化数额：$\sum a_1 b_0 c_0 - \sum a_0 b_0 c_0 = 44 - 42.9 = 1.1(万元)$

销售价格指数：$\dfrac{\sum a_1 b_1 c_0}{\sum a_1 b_0 c_0} \times 100\% = \dfrac{47.328}{44} \times 100\% = 107.56\%$

$$\sum a_1 b_1 c_0 - \sum a_1 b_0 c_0 = 47.328 - 44 = 3.328(万元)$$

利润率指数：$\dfrac{\sum a_1 b_1 c_1}{\sum a_1 b_1 c_0} \times 100\% = \dfrac{47.04}{47.328} \times 100\% = 99.39\%$

$$\sum a_1 b_1 c_1 - \sum a_1 b_1 c_0 = 47.04 - 47.328 = -0.288(万元)$$

$$109.65\% = 102.56\% \times 107.56\% \times 99.39\%$$

4.14 万元 = 1.1 万元 + 3.328 万元 - 0.288 万元

该单位销售量指数为 102.56%，销售量变化导致利润上升 1.1 万元；销售价格指数为 107.56%，价格变化导致利润上升 3.328 万元；利润率指数为 99.39%，利润率变化导致利润额下降 0.288 万元；在各个因素的共同影响下，该单位利润指数为 109.65%，利润上升 4.14 万元。

【统计·新声】

如何编制人类
发展指数(HDI)

任务三　平 均 指 数

一、平均指数的概念

平均指数是计算总指数的另一种常用形式，它与综合指数形式既有联系又有区别。运用综合法计算总指数，是将一个真实的现象总量指标与一个假定的现象总量指标进行对比，尽管其中有假定的成分，但由于它是按照指数的实质定义来安排的，仍是合理可行的。计算出来的总指数不仅可以反映所研究现象的变动的方向和程度，还可以利用分子、分母的差额反映所研究现象变动的实际经济效果。不论是质量指标指数,还是数量指标指数,都需掌握 $\sum p_0 q_1$。 然而在实际工作中,这项资料难以取得,而资料 $\sum p_0 q_0$ 和 $\sum p_1 q_1$ 以及个体指数往往比较容易收集。因此,可以在不违反综合指数计算原则的前提下,改变公式的形式,利用 $\sum p_0 q_1 = \sum p_0 q_0 \dfrac{q_1}{q_0} = \sum k_q \cdot p_0 q_0$,或者 $\sum p_0 q_1 = \sum p_1 q_1 \dfrac{p_0}{p_1} = \sum p_0 q_0 \cdot \dfrac{1}{k_p}$,使用容易掌握的资料来推算不容易掌握的资料进而计算指数。

平均指数是通过对个体指数进行加权平均而求得的反映不能直接加总的多类个体所组成的复杂总体综合变动的指数。平均指数分为两种形式:一是加权算术平均法总指数;二是加权调和平均法总指数。

二、加权算术平均法总指数

当已知数量指标的个体指数 $k_q = \dfrac{q_1}{q_0}$ 和基期总量指标 $p_0 q_0$ 时,则可将数量指标综合指数公式变形为:

$$K_q = \frac{\sum p_0 q_1}{\sum p_0 q_0} = \frac{\sum \dfrac{q_1}{q_0} p_0 q_0}{\sum p_0 q_0} = \frac{\sum k_q \times p_0 q_0}{\sum p_0 q_0}$$

即:

$$K_q = \frac{\sum k_q \times p_0 q_0}{\sum p_0 q_0}$$

对应总量指标变动的绝对额为 $\Delta_q = \sum k_q p_0 q_0 - \sum p_0 q_0$

从综合指数和平均指数的对应关系中不难看出,将综合指数变形为加权算术平均法总指数时,应以相应的综合指数的分母为权数。

平均指数是计算总指数的另一形式,它是先计算个体指数,然后以总量指标为权数,加权平均得到的总指数。平均指数和综合指数是计算总指数的两种形式,它们之间既有区别,又有联系,是由于所收集资料不同,分别采用的总指数计算方法。

【例7-10】 已知某商场甲、乙、丙种商品的销售情况如表7-11所示。要求:计算3种商品的销售量指数。

表 7-11 商品销售情况

商品	计量单位	基期销售额(万元) $q_0 p_0$	销售量个体指数 $k_q = \dfrac{q_1}{q_0}$
甲	件	10	102%
乙	台	8	105%
丙	公斤	12	110%

分析:要计算商品销售量综合指数,应采用加权算术平均法总指数形式,以基期销售额

为权数。

答案与解析　$K_q = \dfrac{\sum k_q \times q_0 p_0}{\sum q_0 p_0} = \dfrac{1.02 \times 10 + 1.05 \times 8 + 1.10 \times 12}{10 + 8 + 12} = \dfrac{31.8}{30} = 106\%$

总值指标变动的绝对额 $= \sum k_q q_0 p_0 - \sum q_0 p_0 = 31.8 - 30 = 1.8$（万元）

计算结果表明，3 种商品的销售量总体上比基期增长了 6%，销售量的增长使得销售额增加了 1.8 万元。

若已知数量指标个体指数 $k_q = \dfrac{q_1}{q_0}$，基期总量指标 $p_0 q_0$、报告期总量指标 $p_1 q_1$，则对应的质量指标指数变形为：

$$K_p = \frac{\sum p_1 q_1}{\sum p_0 q_1} = \frac{\sum p_1 q_1}{\sum p_0 q_0 \dfrac{q_1}{q_0}} = \frac{\sum p_1 q_1}{\sum p_0 q_0 \cdot k_q}$$

即：

$$K_p = \frac{\sum p_1 q_1}{\sum p_0 q_0 \cdot k_q}$$

对应总量指标变动的绝对数为 $\Delta_p = \sum p_1 q_1 - \sum p_0 q_0 \cdot k_q$

此时依然满足指数体系：$K_p \cdot K_q = K_{pq}$，与绝对数之间的关系：$\Delta_p + \Delta_q = \Delta_{pq}$

【例 7-11】　某企业各种产品的有关资料如表 7-12 所示。

表 7-12　　　　　　　　　　　　　产品有关资料

产品名称	总成本（万元）		报告期比基期产量增长
	基期	报告期	
甲	35	43	15%
乙	20	24	12%
丙	45	48	8%
合计	100	115	—

要求：

（1）计算该企业各类产品产量个体指数。

（2）计算该企业产量总指数和由于产量变动而变化的总成本。

（3）计算该企业单位成本总指数及由于单位成本变化而变化的总成本。

答案与解析　（1）产量个体指数＝产量增长率＋100%，总成本＝产量×单位成本，使用 pq 表示，产量为数量指标，使用 q 表示，其个体指数表达为 q，不能直接加总，合计一栏为"—"。

并在表格右侧增添一列，将产量个体指数结果记入表 7-13。

表 7-13   产量个体指数计算结果

| 产品名称 | 总成本(万元)pq | | 报告期比基期产量增长 | 产量个体指数 k_q |
	基期 p_0q_0	报告期 p_1q_1		
甲	35	43	15%	115%
乙	20	24	12%	112%
丙	45	48	8%	108%
合计	100	115	—	—

（2）以基期总成本 p_0q_0 为权数与个体指数相乘,并求和,在表格右侧再添一列,记入表 7-14。

表 7-14   产量总指数计算表

| 产品名称 | 总成本(万元) | | 报告期比基期产量增长 | 产量个体指数 k_q | $k_qp_0q_0$ |
	基期 p_0q_0	报告期 p_1q_1			
甲	35	43	15%	115%	40.25
乙	20	24	12%	112%	22.4
丙	45	48	8%	108%	48.6
合计	100	115	—	—	111.25

产量总指数：$K_q = \dfrac{\sum k_q \times p_0q_0}{\sum p_0q_0} = \dfrac{111.25}{100} = 111.25\%$

产量变化导致总成本变化的绝对数。

$$\Delta_q = \sum k_q p_0q_0 - \sum p_0q_0 = 111.25 - 100 = 11.25（万元）$$

该企业产量总指数为 111.25%,由于产量增加,总成本相应增加 11.25 万元。

（3）   单位成本指数：$K_p = \dfrac{\sum p_1q_1}{\sum p_0q_0 \cdot k_q} = \dfrac{115}{111.25} = 103.37\%$

单位成本变化导致总成本变化的绝对数：

$$\Delta_p = \sum p_1q_1 - \sum p_0q_0 \cdot k_q = 115 - 111.25 = 3.75（万元）$$

该企业单位成本总指数为 103.37%,由于单位成本上升,总成本相应增加 3.75 万元。

三、加权调和平均法总指数

当已知质量指标的个体指数 $k_p = \dfrac{p_1}{p_0}$ 和报告期总量指标 p_1q_1 时,则可将质量指标综合指数公式变形为：

$$K_p = \frac{\sum p_1 q_1}{\sum p_0 q_1} = \frac{\sum p_1 q_1}{\sum \frac{p_0}{p_1} p_1 q_1} = \frac{\sum p_1 q_1}{\sum \frac{1}{k_p} p_1 q_1}$$

即：

$$K_p = \frac{\sum p_1 q_1}{\sum \frac{1}{k_p} p_1 q_1}$$

质量指标变化导致总量指标变动的绝对数为：$\Delta_p = \sum p_1 q_1 - \sum \frac{1}{k_p} p_1 q_1$。

从上面的转换关系中不难看出,将综合指数变形为加权调和平均指数时,应以报告期总量指标为权数。

综合指数变形的平均指数应用的一般法则为计算数量指标指数,应采用以基期的总量指标$(q_0 p_0)$为权数的加权算术平均指数形式;而计算质量指标指数应采用以报告期的总量指标$q_1 p_1$为权数的加权调和平均法总指数形式。

【例7-12】 已知某商场三种商品的销售情况如表7-15所示。要求:计算三种商品的价格指数。

表7-15　　　　　　　　　　　某商场三种商品的销售情况

商品	计量单位	报告期销售额（万元）$q_1 p_1$	销售量个体指数 $k_p = \dfrac{p_1}{p_0}$
甲	件	15	105%
乙	台	10	102%
丙	千克	16	108%

答案与解析　要计算商品价格的综合指数,应采用加权调和平均指数形式,以报告期销售额为权数。

$$K_q = \frac{\sum p_1 q_1}{\sum \frac{1}{k_p} \cdot p_1 q_1} = \frac{15 + 10 + 16}{\frac{1}{1.05} \times 15 + \frac{1}{1.02} \times 10 + \frac{1}{1.08} \times 16} = \frac{41}{38.90} = 105.40\%$$

因价格变化导致销售量变动额:

$$\Delta_q = \sum p_1 q_1 - \sum \frac{1}{k_p} \cdot p_1 q_1 = 41 - 38.9 = 2.1 (万元)$$

计算结果表明,三种商品的价格总体上比基期增长了5.4%。价格的上涨,使得销售额增加了2.1万元。

【例7-13】 已知某商品市场三种商品2025年与2024年的价格变动率及销售额资料如表7-16所示。

表 7-16   某商场三种商品有关销售资料

商品名称	销售额（万元）		价格上涨率
	2024 年	2025 年	
甲	3 500	3 780	5%
乙	3 300	3 570	2%
丙	1 200	1 620	8%
合计	8 000	8 970	—

根据表中资料，

（1）计算各类商品价格个体指数；

（2）计算 2025 年与 2024 年相比的销售额总指数、价格总指数和销售量总指数，并对该市场商品销售额的变动进行因素分析。

价格个体指数为价格上涨率＋100%，在右侧添加一例，记入各种商品价格指数，这些指数同样不能直接加总，合计记为"—"。销售额为总量指标，记为 pq，2024 年为基期，记为 p_0q_0，2025 年为报告期，记为 p_1q_1

答案与解析　（1）个体指数计算如表 7-17 所示。

表 7-17   个体指数计算表

商品名称	销售额（万元）pq		价格上涨率	价格个体指数 k_p
	2024 年 p_0q_0	2025 年 p_1q_1		
甲	3 500	3 780	5%	105%
乙	3 300	3 570	2%	102%
丙	1 200	1 620	8%	108%
合计	8 000	8 970	—	—

以报告期销售额 p_1q_1 为权数，乘以 $\dfrac{1}{k_p}$，并求和，在表格右侧再增添一列，计入结果。

（2）总指数计算如表 7-18 所示。

表 7-18   总指数计算表

商品名称	销售额（万元）		价格上涨率	价格个体指数 k_p	$p_1q_1 \cdot \dfrac{1}{k_p}$
	2024 年 p_0q_0	2025 年 p_1q_1			
甲	3 500	3 780	5%	105%	3 600
乙	3 300	3 570	2%	102%	3 500
丙	1 200	1 620	8%	108%	1 500
合计	8 000	8 970	—	—	8 600

销售额总指数：

$$K_{pq} = \frac{\sum p_1q_1}{\sum p_0q_0} = \frac{8\ 970}{8\ 000} = 112.125\%$$

销售价格指数：

$$K_p = \frac{\sum p_1 q_1}{\sum \frac{1}{k_p} p_1 q_1} = \frac{8\,970}{8\,600} = 104.30\%$$

销售量总指数：

$$K_q = \frac{\sum \frac{1}{k_p} p_1 q_1}{\sum p_0 q_0} = \frac{8\,600}{8\,000} = 107.5\%$$

销售额变化绝对数：

$$\Delta_{pq} = \sum p_1 q_1 - \sum p_0 q_0 = 8\,970 - 8\,000 = 970\,(万元)$$

价格变化导致销售额增加额：

$$\Delta_p = \sum p_1 q_1 - \sum \frac{1}{k_p} p_1 q_1 = 8\,970 - 8\,600 = 370\,(万元)$$

销量变化导致销售额增加额：

$$\Delta_q = \sum p_1 q_1 \cdot \frac{1}{k_p} - \sum p_0 q_0 = 8\,600 - 8\,000 = 600\,(万元)$$

指数间关系为：

$$K_p \cdot K_q = K_{pq}$$

即：

$$112.125\% = 104.3\% \times 107.5\%$$

绝对额之间的关系为：

$$\Delta_{pq} = \Delta_p + \Delta_q$$

即：

$$970\,万元 = 370\,万元 + 600\,万元$$

以上计算结果说明,该商场 3 种商品的销售额报告期比基期增长了 12.125%,这是由于销售量和销售价格两个因素共同作用的结果:销售量增长 7.5%,使销售额增加了 600 万元;销售价格上升 4.3%,使销售额上升了 370 万元。两因素共同作用的结果,使销售额增加了 970 万元。

平均指数与综合指数有着紧密的联系。两者在形式上可以相互转换,并都符合指数体系的关系,只是由于所掌握的资料条件不同,采用不同的指数编制。平均指数与对应的综合指数之间有着相同的统计意义与统计结果。平均指数与综合指数之间又有着明显的区别,平均指数与综合指数在处理不同经济数据不能直接加总的处理方法不同,综合指数引入同度量因素,计算 $p_0 q_1$,而后进行对比;平均指数需已知单位指数 k,此总量指标为权数,以平均数的形式计算总指数。平均指数与综合指数适用于不同的已知条件,综合指数必须全面掌握总体资料,而平均指数的编制可应用于全面的资料,也适用于非全面的资料,相对灵活。

任务四　平均指标变动因素分析

一、平均指标变动因素分析的意义

平均指标表明所研究统计的社会经济现象的水平代表性指标。

平均指标的大小决定于两个因素：一个是总体内各部分的水平 $\bar{x}$。另一个是总体结构，即几个部分在总体中所占的比重 $\dfrac{f}{\sum f}$。平均指标为 $\bar{x}=\dfrac{\sum xf}{\sum f}=\sum x\cdot\dfrac{f}{\sum f}$。平均指标的大小以及变动是这两个因素变动影响的综合结果。平均指标的指数分析，是分析各部分的水平指标和各部分所占比重这两个因素变动对总体平均指标变化的影响。对平均数进行因素分析，可以得到这两个因素各自作用的方向与程度，对于总体的平均指标形成有着更为深入的理解和认识。平均指标变动因素分析是重要的统计方法，它体现了平均数的成因与结构，对于总体进行结构优化，进行更高效的经济管理，提供了重要的统计依据。

基期平均数：$\bar{x}_0=\dfrac{\sum x_0 f_0}{\sum f_0}=\sum x_0\cdot\dfrac{f_0}{\sum f_0}$

报告期平均数：$\bar{x}_1=\dfrac{\sum x_1 f_1}{\sum f_1}=\sum x_1\cdot\dfrac{f_1}{\sum f_1}$

则简单的平均指标指数为：$k=\dfrac{\bar{x}_1}{\bar{x}_0}$

二、平均指标变动因素分析的方法

平均指标的两因素分析方式与总量指标综合指数因素分析有着共同之处。按照指数分析的一般原理，可以参照综合指数的编制方式编制平均指标指数。首先，平均指标中各组水平指标 $\bar{x}$ 与权数比率 $\dfrac{f}{\sum f}$ 均可作为同度量因素。其次，各组的指标值 x 或平均数 $\bar{x}$ 视为质量指标，作为同度量因素，时期固定在基期；各组次数在总体单位总量中所占比重 $\dfrac{f}{\sum f}$，虽以相对数表示，但实质还是数量指标，因此以其为同度量因素时，时期固定在报告期。最后，可以编制假定平均数：$\bar{x}_n=\dfrac{\sum x_0 f_1}{\sum f_l}=\sum x_0\cdot\dfrac{f_1}{\sum f_1}$。则相应的平均指标指数可编制为：

（1）总体平均指标指数，是全面反映总体平均数实际变化情况的指数，称为可变构成指数：$K_{可变}=\dfrac{\bar{x}_1}{\bar{x}_0}$，绝对数：$\Delta=\bar{x}_1-\bar{x}_0$。

（2）专门反映各组指标值或平均值对于总平均数的影响的指数，各组构成比重为同度量因素，消除结构变化对于总平均数的影响，且将同度量因素（构成比重）固定在报告期，称为固定构成指数：$K_{固定} = \dfrac{\bar{x}_1}{\bar{x}_n}$，绝对数：$\Delta_x = \bar{x}_1 - \bar{x}_n$。

（3）专门反映各组结构比重对于总平均数影响的指数，各组代表值或平均值作为同度量因素，消除各组代表值或平均值对于总平均数的影响，且将同度量因素（各组代表值或平均值）固定在基期，称为结构影响指数：$K_{结构} = \dfrac{\bar{x}_n}{\bar{x}_0}$，绝对数：$\Delta_\rho = \bar{x}_1 - \bar{x}_n$。

指数体系为：相对数：$K_{可变} = K_{固定} \times K_{结构}$

绝对数：$\Delta = \Delta_x + \Delta_\rho$

【例 7-14】 已知某厂甲、乙两车间基期和报告期的劳动生产率和工人数如表 7-19 所示。

表 7-19 　　　　　　　　　　　　　　某厂两车间有关生产资料

车间	基期		报告期	
	劳动生产率（元/人）	工人数（人）	劳动生产率（元/人）	工人数（人）
甲	5 000	100	5 500	150
乙	4 000	100	4 200	50

对总平均劳动生产率进行两因素分析。

答案与解析 步骤 1：计算基期、报告期和假定平均指标：

$$基期平均数：\bar{x}_0 = \frac{\sum x_0 f_0}{\sum f_0} = \frac{5\,000 \times 100 + 4\,000 \times 100}{100 + 100} = 4\,500（元/人）$$

$$报告期平均数：\bar{x}_1 = \frac{\sum x_1 f_1}{\sum f_1} = \frac{5\,500 \times 150 + 4\,200 \times 50}{150 + 50} = 5\,175（元/人）$$

$$假定平均数：\bar{x}_n = \frac{\sum x_0 f_1}{\sum f_1} = \frac{5\,000 \times 150 + 4\,000 \times 50}{150 + 50} = 4\,750（元/人）$$

步骤 2：计算指数及相应绝对数变化程度，建立指数体系：

$$K_{可变} = \frac{\bar{x}_1}{\bar{x}_0} \times 100\% = \frac{5\,175}{4\,500} \times 100\% = 115\% \qquad \Delta = \bar{x}_1 - \bar{x}_0 = 5\,175 - 4\,500 = 675（元/人）$$

$$K_{固定} = \frac{\bar{x}_1}{\bar{x}_n} \times 100\% = \frac{5\,175}{4\,750} \times 100\% = 108.95\% \quad \Delta_x = \bar{x}_1 - \bar{x}_n = 5\,175 - 4\,750 = 425（元/人）$$

$$K_{结构} = \frac{\bar{x}_n}{\bar{x}_0} \times 100\% = \frac{4\,750}{4\,500} \times 100\% = 105.56\% \quad \Delta_\rho = \bar{x}_1 - \bar{x}_n = 4\,750 - 4\,500 = 250（元/人）$$

指数体系：

相对数：$115\% = 108.95\% \times 105.56\%$

绝对数：675 元/人 = 425 元/人 + 250 元/人

步骤 3：对指数体系进行因素分析：

各车间平均劳动生产率提高 8.95%，使得该企业总平均劳动生产率增加 425 元/人，工人结构变动导致总劳动生产率上升 5.56%，即使得总平均劳动生产率增加 250 元/人，由于两者共同作用，总平均劳动生产率提高 15%，共提高 675 元/人。

任务五　经济统计中常用的指数

一、居民消费价格指数(CPI)

居民消费价格指数是反映居民家庭通常购买的消费性商品和服务的价格水平变化程度的宏观经济指标。

CPI 中居民消费价格采用的是社会消费品和服务项目的最终价格，由于这一价格与人民生活水平各个方面息息相关，由此编制的价格指数对于反映价格对居民生活水平的影响具有很重要的参照意义，这一指数在整个国民经济价格统计中占有重要的地位。

1. 编制 CPI 的意义

CPI 是研究居民生活所需消费品及服务价格水平变动情况的重要经济指标，是国民经济核算与宏观经济分析决策所依据的重要指标。CPI 的高低对于国家的宏观经济决策与调控措施的出台与力度起重要的影响，CPI 的高低也与资本市场(如股票市场、期货市场)的变化有着相互的影响。

在我国，编制居民消费价格指数的目的是了解全国各地价格变动的基本情况，分析研究价格变动对社会经济和居民生活的影响，满足各级政府制定政策和计划、进行宏观调控的需要，以及为国民经济核算提供参考和依据。

2. CPI 功能与作用

(1) 衡量度量通货膨胀或通货紧缩及程度。通过 CPI 可以衡量通货膨胀还是紧缩，其是重要的参考性指数。通货膨胀表现为物价水平普遍而持续的上升，通货紧缩则表现为物价水平普遍而持续的下降。

(2) 参与国民经济核算。在国民经济核算中，需要各种价格指数，如生产者价格指数(PPI)以及 GDP 平减指数，对于 GDP 进行核算，需要引入这些指数，从而剔除价格因素对 GDP 的影响。

(3) 根据指数变化调整契约。例如，在薪资报酬合约谈判中，员工根据 CPI 的变化而希望薪资(名义)增长能相等或高于 CPI，希望名义薪资会跟随 CPI 的升高自动调整。

(4) 反映社会货币购买力变化。货币购买力是指单位货币在一定的价格水平下能买到的消费性商品或服务的能力。CPI 与货币购买力指数成倒数关系。

(5) 反映对实际收入的影响。在名义收入不变的情况下，CPI 的提高意味着实际收入的减少，CPI 的下降意味着实际收入的提高。

(6) CPI 对股市的影响。一般情况下，物价上涨，股价较高；物价下跌，股价较低。

3. 计算公式

CPI 采用的是固定权数按加权算术平均指数公式计算，CPI 的计算公式为：

$$K = \frac{\sum kw}{\sum w}, 固定权数为 w$$

公式中分子的 k 为各种销售量的个体指数。

CPI 对于普通家庭的支出来说,若购买具有代表性的一组消费品,在今天要比过去某一时间花费增减幅度。例如,若 2022 年某国普通家庭每个月购买一组商品的费用为 800 元,而 2025 年购买这一组商品的费用为 1 000 元,那么该国 2022 年对于 2025 年的消费价格指数为

(以 2022 年为基期)CPI=1 000/800×100=125,也就是说价格上涨了 25(125−100)。

4. 数据采集与统计方法

我国居民消费价格指数(CPI)的数据采集涵盖全国城乡居民生活消费的食品、烟酒及用品、衣着、家庭设备用品及维修服务、医疗保健和个人用品、交通和通信、娱乐教育文化用品及服务、居住等八大类、262 个基本分类的商品与服务价格。数据来源于 31 个省(区、市)550 多个市县、6.3 万家价格调查点,包括食杂店、百货店、超市、便利店、专业市场、专卖店、购物中心以及农贸市场与服务消费单位等。采价点样本近 3 万个,由近 4 000 名受过专业培训的价格采集员从事价格收集统计工作。

第一步,调查市县自主选定价格调查点。调查点的确定方法如下:①将所有调查网点分别以零售额和经营规模为标志,从高到低排队;②依据所需调查点数量进行等距抽样,并结合大小兼顾及分布合理的原则抽选。

第二步,价格采集。调查点确定以后,各市、县价格调查人员就要按照规定时间对选定的商店、市场和服务网点的商品或服务价格,采用"三定"原则进行收集调查登记。"三定"原则即定点、定时、定人。定点,就是到已选定的调查点;定时,即在固定的日子和时间来采价,这是保证基期价格和报告期价格在时间上具有可比性;定人,就是在一定时期内由固定调查人员去调查,保持价格资料的稳定性、连续性和可比性。

中国 CPI 月度数据由国家统计局通过新闻发布的形式统一公布,公布形式包括国务院统一安排的新闻发布会和国家统计局官方网站的传播。国家统计局发布 CPI 的时间,月度一般在月后 13 号左右,季度、年度则延至月后 20 号左右。

二、股票价格指数

股票价格指数(stock index)是体现股票市场总的价格水平及变化的指标。它是选取某一市场内全部或有代表性的一组股票,将其价格进行加权平均,并与历史上某一时期价格对比,通过一定的计算得到。各种指数具体的股票选取和计算方法各异。

对于具体单个股票的价格变化,投资者容易了解,而对于某一市场内全部或某些种类股票的价格变化,要逐一了解,既不容易,也不能总结出这些股票的总体水平与变化。为了适应这种情况和需要,金融管理与服务机构就利用对于市场总体各项数据的把控与记录,与业务知识和熟悉市场的优势,编制出股票价格指数,公开发布,即时更新,作反映为股票市场价格变动的指数。投资者据此就可以及时掌握股票价格总体情况,并用来预测股票市场的动向。同时,政府、新闻界、经济界等也以此为参考指标,来观察并预测股票发展总体趋势及对于经济的影响形势。

编制股票指数,通常以历史上某年某月为基期,以基期的股票价格加权平均后作为 100,

用以后各时期的股票价格和基期价格比较,计算出对比后百分比,就是该时期的股票价格指数。投资者根据指数的升降,可以判断出股票价格的变动的水平和趋势。并且为了能实时的向投资者反映股市的动向,所有的股票价格市场几乎都是在股价变化的同时即时公布股票价格指数。

1. 道琼斯指数

道琼斯指数最早是在 1884 年由道琼斯公司的创始人查尔斯·亨利·道(Charles Henry Dow,1851—1902 年)开始编制的,是一种算术平均股价指数。

最初的道琼斯股票价格平均指数是根据 11 种具有代表性的铁路公司的股票,该指数目的在于反映美国股票市场的总体走势,涵盖金融、科技、娱乐、零售等多个行业。

自 1897 年起,道琼斯股票价格平均指数开始分成工业与运输业两大类,其中工业股票价格平均指数包括 12 种股票,运输业平均指数则包括 20 种股票,并且开始在道琼斯公司出版的《华尔街日报》上公布。在 1929 年,道琼斯股票价格平均指数又增加了公用事业类股票,使其所包含的股票达到 65 种,并一直延续至今。

道琼斯指数亦称＄US30,即道琼斯股票价格平均指数,是世界上最有影响、使用最广的股价指数。它以在纽约证券交易所挂牌上市的一部分有代表性的公司股票作为编制对象,由四种股价平均指数构成。

这四种股价平均指数分别是:

(1) 以 30 家著名的工业公司股票为编制对象的道琼斯工业股价平均指数;

(2) 以 20 家著名的交通运输业公司股票为编制对象的道琼斯运输业股价平均指数;

(3) 以 15 家著名的公用事业公司股票为编制对象的道琼斯公用事业股价平均指数;

(4) 以上述三种股价平均指数所涉及的 65 家公司股票为编制对象的道琼斯股价综合平均指数。

在四种道琼斯股价指数中,以道琼斯工业股价平均指数最为著名,它被大众传媒广泛地报道,并作为道琼斯指数的代表加以引用。道琼斯指数由美国报业集团——道琼斯公司负责编制并发布,登载在其属下的《华尔街日报》上。

道琼斯指数(Dow Jones indexes),是一种算术平均股价指数。通常人们所说的道琼斯指数有可能是指道琼斯指数四组中的第一组道琼斯工业平均指数(Dow Jones industrial Average)。

2. 上证股票指数与深圳综合股票指数

我国上海证券交易市场,编制包含上证综指、上证 50、上证 180、上证 380 指数,以及上证国债、企业债和上证基金指数为核心的上证指数体系,科学表征上体现出海证券市场层次丰富、行业广泛、品种拓展的市场结构和变化特征,便于市场决策者、参与者进行多维度分析,有利于引导市场资金的合理配置。上证指数体系衍生出了大量行业、主题、风格、策略指数,为市场提供更多、更专业的交易品种和投资方式,提高市场流动性和有效性。

上证综合指数是其中最早发布的指数,是以上证所挂牌上市的全部股票为计算范围,1990 年 12 月 19 日正式开始发布。该股票指数的样本为所有在上海证券交易所挂牌上市的股票,其中新上市的股票在挂牌的第二天纳入股票指数的计算范围。该股票指数的权数为其上市公司的总股本。由于我国上市公司的股票有流通股和非流通股之分,其流通量与总股本并不一致,所以总股本较大的股票对股票指数的影响就较大,控制权重较大的股票价格就能够成为资金主力影响股票指数的工具,可能使股票总指数的走势与大部分股票的涨跌相背离。

深圳综合股票指数系由深圳证券交易所编制的股票指数，1991 年 4 月 3 日为基期。该股票指数的计算方法基本与上证指数相同，其样本为所有在深圳证券交易所挂牌上市的股票，权数为股票的总股本。由于以所有挂牌的上市公司为样本，其代表性非常广泛，上海证券交易所股票指数与深圳综合股票指数的发布几乎是和股票行情的变化相同步的，它是我国经济决策者，股民和证券从业人员研判股票价格变化趋势必不可少的参考依据。

任务六　综合评价指数编制方法

运用多个指标对多个参评单位进行评价的方法，称为多变量综合评价方法，或简称综合评价方法。其基本思想是将多个指标转化为一个能够反映综合情况的指标来进行评价。例如，不同国家经济实力，不同地区社会发展水平，小康生活水平达标进程，企业经济效益评价等，都可以应用这种方法。

一、标准比值法

标准比值法是通过多项参评指标分别计算个体指数，而后将个体指数进行加权平均得到综合评价指数的方法。其中，个体指数的计算方式为：$k = \dfrac{实际值}{标准值} \times 100\%$，最小值通常不小于零，不设置最大值。

例如，计算国民经济效益就是以各项经济数据的实际值除以该指标的全国标准值，得到各项经济指数，再乘以各自权数，计算加权平均数得到国民经济效益综合指数。

【例 7-15】　根据表 7-20 计算某地国民经济效益综合指数。

表 7-20　　　　　　　　　某地区国民经济有关资料

指标名称	计量单位	权数	标准值	某地实际值
社会总成本净值率	元/百元	25	50	55
社会总成本利税率	元/百元	25	24	30
社会劳动生产率	万元/人	10	2	2.2
投资效果系数	元/百元	20	0.6	0.65
技术进步经济效益指标	元/百元	20	60	65

答案与解析　国民经济效益综合指数 $= \dfrac{\sum \dfrac{实际值}{标准值} \cdot 权数}{\sum 权数} \times 100\%$

$$= \dfrac{\dfrac{55}{50} \times 25 + \dfrac{30}{24} \times 25 + \dfrac{2.2}{2} \times 10 + \dfrac{0.55}{0.6} \times 20 + \dfrac{65}{60} \times 20}{100} \times 100\% = 111.83\%$$

我国采用的"工业经济效益综合指数"采用标准比值法,将报告期实用数值分别除以该项指标的全国标准值并乘以各自权数,加总后除以总权数求得,如表 7-21 所示。

表 7-21 我国工业经济效益综合指数标准值与权数

指标名称	标准值	权数
总产值贡献率	10.70%	20%
资本保值增值率	120.00%	16%
资产负债率	60.00%	12%
流动资产周转率(次/年)	1.52	15
成本费用利润率	3.71%	14%
全员劳动生产率(元)	16 500.00	10
产品销售率	96.00%	13%

【例 7-16】 已知甲、乙两个工业企业的各项经济指标,计算工业经济效益指数,并进行横向比较,如表 7-22 所示。

表 7-22 工业企业各项经济指标

指标名称	甲企业	乙企业
总产值贡献率	11.00%	10.50%
资本保值增值率	125.00%	130.00%
资产负债率	55.00%	65.00%
流动资产周转率(次/年)	2.50	3.60
成本费用利润率	4.00%	3.20%
全员劳动生产率(元)	22 000.00	24 500.00
产品销售率	95.00%	98.00%

$$\text{工业经济效益综合指数} = \frac{\sum \frac{\text{实际值}}{\text{标准值}} \cdot \text{权数}}{\sum \text{权数}} \times 100\%$$

甲企业:

$$\frac{\frac{11}{10.7} \times 20 + \frac{125}{120} \times 16 + \frac{60}{55} \times 12 + \frac{2.5}{1.52} \times 15 + \frac{4}{3.71} \times 14 + \frac{22\,000}{16\,500} \times 10 + \frac{95}{96} \times 13}{100} \times 100\%$$

$$= 114.19\%$$

乙企业:

$$\frac{\frac{10.5}{10.7} \times 20 + \frac{130}{120} \times 16 + \frac{65}{55} \times 12 + \frac{3.6}{1.52} \times 15 + \frac{3.2}{3.71} \times 14 + \frac{24\,500}{16\,500} \times 10 + \frac{98}{96} \times 13}{100} \times 100\%$$

$$= 125.68\%$$

可知:乙企业的工业经济综合效益比甲企业好,甲企业的工业经济综合效益好于标准水平。

二、功效系数法

功效系数法是在设置指标体系的基础上,每个指标设置两个数值,称为满意值 x_h 和不允许值 x_s。报告期指标为 x_i,则单个指标的功效系数计算公式可为:$d_i = \dfrac{x_i - x_s}{x_h - x_s}$。功效系数通常在 $0 \sim 1$ 内,也有可能超出。

确定不允许值和满意值应该遵循的原则为:以某项指标不应出现的最差数值为不允许值,而以可能达到的最佳数值为满意值。实际操作中,也可以选择该项指标历史上达到的最差数值为不允许值,达到的最好数值为满意值。对于越高越好的"正指标",不允许值为最小值,满意值应为最大值;对于越低越好的"逆指标",则不允许值为最大值,满意值为最小值。

正指标功效系数:

$$d_i = \frac{x_i - x_{\min}}{x_{\max} - x_{\min}}$$

逆指标功效系数:

$$d_i = \frac{x_i - x_{\max}}{x_{\min} - x_{\max}}$$

将各指标的功效系数进行加权平均,即得到综合功效系数,通常可以使用加权算术平均法或几何平均法,若使用几何平均法计算功效系数,则任何一个单个指标功效系数的取值均不能为零。

计算综合功效系数公式:

加权算术平均法:$D = \dfrac{\sum pd}{\sum p}$;几何平均法:$D = \sqrt[\sum p]{\prod d^p}$

其中:D 表示综合功效系数,d 表示单个指标的功效系数,p 表示指标对应权数。

【例7-17】 根据表7-23使用加权数算术平均法计算甲、乙两地国民经济效益功效系数。

表7-23 甲、乙两地国民经济有关资料

指标名称	计量单位	权数	不允许值	满意值	甲地	乙地
社会总成本净值率	元/百元	25	50.00	60.00	55.00	58.00
社会总成本利税率	元/百元	25	24.00	28.00	30.00	25.00
社会劳动生产率	万元/人	10	2.00	2.50	2.20	2.80
投资效果系数	元/百元	20	0.60	0.65	0.65	0.67
技术进步经济效益指标	元/百元	20	60.00	65.00	65.00	63.00

答案与解析 将甲、乙两地单个指标的功效系数填入表7-24。

表 7-24 综合功效系数计算表

指标名称	计量单位	权数	不允许值	满意值	甲地	乙地	单个功效系数	
							甲地	乙地
社会总成本净值率	元/百元	25	50.00	60.00	55.00	58.00	0.50	0.80
社会总成本利税率	元/百元	25	24.00	28.00	30.00	25.00	1.50	0.25
社会劳动生产率	万元/人	10	2.00	2.50	2.20	2.80	0.40	1.60
投资效果系数	元/百元	20	0.60	0.65	0.65	0.67	1.00	1.40
技术进步经济效益指标	元/百元	20	60.00	65.00	65.00	63.00	1.00	0.60

采用加权算术平均法计算综合功效系数：

$$D = \frac{\sum pd}{\sum p}$$

甲地：$\dfrac{0.5 \times 25 + 1.5 \times 25 + 0.4 \times 10 + 1 \times 20 + 1 \times 20}{100} = 0.94$

乙地：$\dfrac{0.8 \times 25 + 0.25 \times 25 + 1.6 \times 10 + 1.4 \times 20 + 0.6 \times 20}{100} = 0.8225$

由于 0.94＞0.8225，

通过比较两地功效系数，可知甲地的经济效益更好。

为了使计算结果与常用百分制的习惯相符，或避免出现负数，功效系数的计算也可进行如下改进，称为改进型功效系数，其取值通常在 60～100 之间。

其单个指标的功效系数改为：$d_i = \dfrac{x_i - x_s}{x_h - x_s} \times 40 + 60$。

其中，x_h 表示满意值，x_s 表示不允许值，x_i 表示报告期指标值。

【例 7-18】 根据表 7-25 使用改进型功效系数计算单个功效系数，并使用加权数算术平均法和几何平均法计算甲、乙两地国民经济效益功效系数。

表 7-25 甲、乙两地国民经济有关资料

指标名称	计量单位	权数	不允许值	满意值	甲地	乙地
社会总成本净值率	元/百元	25	50.00	60.00	55.00	58.00
社会总成本利税率	元/百元	25	24.00	28.00	30.00	25.00
社会劳动生产率	万元/人	10	2.00	2.50	2.20	2.80
投资效果系数	元/百元	20	0.60	0.65	0.65	0.67
技术进步经济效益指标	元/百元	20	60.00	65.00	65.00	63.00

答案与解析 由单个指标的功效系数改为：$d_i = \dfrac{x_i - x_s}{x_h - x_s} \times 40 + 60$ 计算甲、乙两地单个指标的功效系数并填入表 7-26。

表 7-26 甲、乙两地单个指标的功效系数

指标名称	计量单位	权数	不允许值	满意值	甲地	乙地	单个功效系数	
							甲地	乙地
社会总成本净值率	元/百元	25	50.00	60.00	55.00	58.00	80	92
社会总成本利税率	元/百元	25	24.00	28.00	30.00	25.00	120	70
社会劳动生产率	万元/人	10	2.00	2.50	2.20	2.80	76	124
投资效果系数	元/百元	20	0.60	0.65	0.65	0.67	100	116
技术进步经济效益指标	元/百元	20	60.00	65.00	65.00	63.00	100	84

使用加权算术平均法计算综合功效系数：

$$D = \frac{\sum pd}{\sum p}$$

甲地：$\dfrac{80 \times 25 + 120 \times 25 + 76 \times 10 + 100 \times 20 + 100 \times 20}{100} = 97.6$

乙地：$\dfrac{92 \times 25 + 70 \times 25 + 124 \times 10 + 116 \times 20 + 84 \times 20}{100} = 92.9$

$97.6 > 92.9$

若使用几何平均法计算：

几何平均法：$D = \sqrt[\sum p]{\prod d^p}$

甲地：$\sqrt[100]{80^{25} \times 120^{25} \times 76^{10} \times 100^{20} \times 100^{20}} = 96.3051$

乙地：$\sqrt[100]{92^{25} \times 70^{25} \times 124^{10} \times 116^{20} \times 84^{20}} = 94.0565$

$96.3051 > 94.0565$

通过比较两地功效系数，可知甲地的经济效益更好。

以上两种综合评价指数的编制方法相比各有特点：

标准比值法采用加权算术平均法直接计算，功效系数法需要引入满意值和不允许值，改进型功效系数需要带入 40 与 60 的分数，适应百分的习惯，然后采用加权算术平均法或几何平均法计算，可知标准比值法计算较为简便。

标准比值法得到的综合评价指数取值通常在 100% 上下。大于或等于 100% 表明被评价的经济方面各项经济指标的综合评价达到甚至超过了规定的标准或计划。但和功效系数法不同，不设如"满意值"类型的上限。功效系数法计算的结果通常在 0～1，改进型结果在 60～100 之间，以改进型为例，综合评价指数向上越接近 100 分，被评价对象的各项指标综合越接近于最好的水平，向下越靠近 60 分，则被评价对象的各项指标综合越接近于最差水平。

两种综合评价指数得到的基本排名结果大体相同或相近，但由于两种方法评价的依据和选择标准不一致，具有不尽相同的分析意义，可能会出现不同的综合评价排序的结果。

课后练习题

一、单项选择题

1. 指数按其所反映的现象特征不同,可分为(　　)。
   A. 定基指数和环比指数　　　　　B. 平均指数和综合指数
   C. 数量指数和质量指数　　　　　D. 个体指数和总指数

2. 指数按其反映的内容的范围不同,可分为(　　)。
   A. 数量指数和质量指数　　　　　B. 个体指数和总指数
   C. 简单指数和加权指数　　　　　D. 定基指数和环比指数

3. 统计指数分为总指数与个体指数的依据为(　　)。
   A. 指数反映的对象　　　　　　　B. 同度量因素
   C. 指数化因素　　　　　　　　　D. 指数包括的时间范围

4. 下列描述总指数与个体指数关系正确的是(　　)。
   A. 总指数大于所有的个体指数
   B. 总指数小于所有的个体指数
   C. 总指数介于个体指数的最大值与最小值之间
   D. 总指数与个体指数之间没有关系

5. 某地区 2025 年社会商品零售价格上涨 0.6%,社会商品销售量增长 8%,则其社会商品销售额增长了(　　)。
   A. 7.40%　　　　B. 13.33%　　　　C. 8.60%　　　　D. 8.65%

6. 某地区报告期比基期总人口指数为 108%,国内生产总值指数为 156.25%,则人均国内生产总值指数为(　　)。
   A. 144.68%　　　B. 44.68%　　　　C. 69.12%　　　　D. 7.03%

7. 指数体系中各指数的联系表述为:综合指数等于各因素指数的(　　)。
   A. 加总　　　　B. 连乘积　　　　C. 相除的商　　　　D. 相减的差

8. $\sum p_0 q_1 - \sum p_0 q_0$ 表明(　　)。
   A. 由于价格变化对销售额的影响
   B. 由于销售额变化对价格的影响
   C. 由于销售量的变化对销售额影响
   D. 由于价格变化对销售量的影响

9. 编制数量指标综合指数的一般原则是(　　)。
   A. 采用基期的数量指标作为同度量因素
   B. 采用基期的质量指标作为同度量因素
   C. 采用报告期的质量指标作为同度量因素
   D. 采用报告期的数量指标作为同度量因素

10. 若工资总额增长 10%,平均工资下降 5%,则职工人数(　　)。
    A. 增长 15%　　B. 增长 5%　　C. 增长 15.8%　　D. 下降 5%

11. 物价上涨后,同样多的人民币只能购买原有商品的 80%,则物价指数为(　　)。
    A. 125%　　　　B. 80%　　　　C. 100%　　　　D. 25%

12. 在使用基期价格作为权数计算商品的销售量指数时（　　）。

A. 包含了价格变动的影响

B. 包含了价格和销售量变动的影响

C. 消除了价格变动的影响

D. 消除了价格和销售量变动的影响

13. 综合指数是（　　）对比形成的指数。

A. 两个相对指标　　　　　　　　　B. 两个平均指标

C. 相邻个体指数　　　　　　　　　D. 两个总量指标

14. 同度量因素的使用时期必须是（　　）。

A. 报告期　　　　B. 基期　　　　C. 同一时期　　　　D. 不同时期

15. 某商场报告期与基期相比，商品价格指数为108%，商品销售额指数为120%，则商品销售量指数为（　　）。

A. $\dfrac{8\%}{20\%}$　　　　B. $\dfrac{20\%}{8\%}$　　　　C. $\dfrac{108\%}{120\%}$　　　　D. $\dfrac{120\%}{108\%}$

16. 拉氏指数是德国拉斯贝尔首先提出的，他主张（　　）。

A. 数量指标指数和质量指标指数的同度量因素都固定在基期

B. 数量指标指数和质量指标指数的同度量因素都固定在报告期

C. 仅数量指标指数的同度量因素固定在报告期

D. 仅质量指标指数的同度量因素固定在基期

17. 在下列指数公式中，属于派氏指数公式的是（　　）。

A. $\dfrac{\sum p_1 q_0}{\sum p_0 q_0}$　　　　B. $\dfrac{\sum p_0 q_1}{\sum p_0 q_0}$　　　　C. $\dfrac{\sum p_1 q_1}{\sum p_0 q_1}$　　　　D. $\dfrac{\sum q_1 p_1}{\sum q_0 p_0}$

18. 某厂生产费用今年比去年增长了35%，产量增长了25%，则单位成本增长（　　）。

A. 25%　　　　B. 8%　　　　C. 2.4%　　　　D. 10%

19. 平均指数是对（　　）指数加权平均而成的指数。

A. 平均数指数　　　　　　　　　　B. 总指数

C. 同度量因素指数　　　　　　　　D. 个体指数

20. 加权调和平均指数要成为质量指标综合指数的变形，其权数是（　　）。

A. $q_1 p_1$　　　　B. $q_1 p_0$　　　　C. $q_0 p_0$　　　　D. $q_0 p_1$

21. 总指数可编制为的形式有（　　）。

A. 个体指数和综合指数　　　　　　B. 数量指标指数和质量指标指数

C. 综合指数和平均数指数　　　　　D. 平均指数和综合指数

22. 根据个体价格指数和报告期销售额计算的价格总指数是（　　）。

A. 固定构成指数　　　　　　　　　B. 可变构成指数

C. 加权调和平均指数　　　　　　　D. 加权算术平均指数

23. CPI反映了（　　）。

A. 城乡居民购买生活消费品的价格变动和趋势

B. 城乡居民购买服务项目的价格变动和趋势

C. 城乡居民购买生活消费品和服务项目的价格变动和趋势

D. 城乡居民储蓄额度变动和趋势

24. 某工厂各组工人工资比基期都提高了 10%，而全厂工人平均工资却降低了 2%，则其原因是工人结构影响指数降低了（　　）。

　　A. 10.9%　　　　　B. 12%　　　　　C. 8%　　　　　D. 20%

25. 两个不同时期的加权算术平均数对比，形成的指数称为（　　）。

　　A. 数量指数　　　　　　　　　　　B. 加权算术平均指数

　　C. 加权调和平均指数　　　　　　　D. 可变构成指数

26. 在分析总平均指标变动时，若各组单位数的比重没有变化，则结构影响指数的数值（　　）。

　　A. 与固定构成指数的值一样　　　　B. 与可变构成指数的值一样

　　C. 等于零　　　　　　　　　　　　D. 等于100%

27. 计算国民经济效益综合功效系数的一般方法是（　　）。

　　A. 简单算术平均法　　　　　　　　B. 加权算术平均法

　　C. 简单调和平均法　　　　　　　　D. 加权调和平均法

28. 计算由国民经济效益综合指数或国民经济综合功效系数编制的动态数列的序时平均数时可直接用（　　）。

　　A. 加权算术平均数方法计算　　　　B. 调和平均数方法计算

　　C. 几何平均数方法计算　　　　　　D. 简单算术平均数方法计算

二、多项选择题

1. 指数在经济分析中的作用有（　　）。

　　A. 分析复杂经济现象总体变动方向

　　B. 分析复杂经济现象总体变动程度

　　C. 分析复杂经济现象总体发展趋势

　　D. 分析经济发展变化中各种因素影响大小

　　E. 分析经济发展中出现的问题

2. 某商店今年全部商品销售量为去年的 115%，这个相对数量是（　　）。

　　A. 个体指数　　　B. 综合指数　　　C. 数量指标指数　　　D. 质量指标指数

　　E. 平均指标指数

3. 在编制加权综合指数时，确定权数需要考虑的问题有（　　）。

　　A. 现象之间的内在联系　　　　　　B. 权数的所属时期

　　C. 权数的具体数值　　　　　　　　D. 权数的具体形式

　　E. 权数的稳定性和敏感性

4. 使用报告期商品销售量作权数计算的商品价格综合指数（　　）。

　　A. 消除了销售量变动对指数的影响

　　B. 包含了销售量变动对指数的影响

　　C. 单纯反映了商品价格的综合变动

　　D. 同时反映了商品价格和消费结构的变动

　　E. 反映了商品价格变动对销售额的影响

5. 在指数体系中，总量指数与各因素指数间的数量关系是（　　）。

　　A. 总量指数等于各因素指数之和

B. 总量指数等于各因素指数的乘积

C. 总量指数等于各因素指数之比

D. 总量的变动差额等于各因素变动差额之和

E. 总量的变动差额等于各因素变动差额之积

6. 在由两个因素构成的加权综合指数体系中,为使总量指数等于各因素的乘积(   )。

A. 两个因素指数必须都是数量指数

B. 两个因素指数必须都是质量指数

C. 两个因素指数一个是数量指数,一个是质量指数

D. 两个因素指数中的权数必须是同一时期的

E. 两个因素指数中的权数必须是不同时期的

7. 同度量因素在综合指数中的作用有(   )。

A. 比较作用　　　　B. 同度量作用　　　　C. 平衡作用　　　　D. 稳定作用

E. 加权作用

8. 编制综合指数的一般原则是(   )。

A. 数量指标指数以基期数量指标为同度量因素

B. 数量指标指数以基期质量指标为同度量因素

C. 数量指标指数以报告期数量指标为同度量因素

D. 质量指标指数以报告期数量指标为同度量因素

E. 质量指标指数以基期数量指标为同度量因素

9. 由综合指数变形的平均指数在实际中应用的形式有(   )。

A. $\dfrac{\sum k_q q_0 p_0}{\sum q_0 p_0}$　　　　B. $\dfrac{\sum q_1 p_0}{\sum \dfrac{1}{k_q} q_1 p_0}$　　　　C. $\dfrac{\sum k_p q_1 p_0}{\sum q_1 p_0}$　　　　D. $\dfrac{\sum q_1 p_1}{\sum \dfrac{1}{k_p} q_1 p_1}$

E. $\dfrac{\sum k_p q_0 p_0}{\sum q_0 p_0}$

10. 在平均指标变动的因素分析中,应用的指数有(   )。

A. 数量指标指数　　B. 质量指标指数　　C. 可变构成指数　　D. 固定构成指数

E. 结构影响指数

11. 平均指数体系的组成包括(   )。

A. 加权算术平均指数　　　　　　　　　B. 加权调和平均指数

C. 可变构成指数　　　　　　　　　　　D. 固定构成指数

E. 结构影响指数

三、判断题

1. 销售价格指数和销售量指数都是数量指标指数。　　　　　　　　　　　　(   )

2. 数量指标综合指数以报告期质量指标为同度量因素。　　　　　　　　　　(   )

3. 个体指数与总指数在不同总体范围中可相互转换。　　　　　　　　　　　(   )

4. 拉氏指数同度量因素只能固定在基期。　　　　　　　　　　　　　　　　(   )

5. 平均指数就是平均数指数。　　　　　　　　　　　　　　　　　　　　　(   )

6. 加权算术平均指数用于计算数量指标综合指数。　　　　　　　　　　　　(   )

7. 固定构成指数×可变构成指数＝结构影响指数。 （　　）

8. CPI 上升,意味着同样多的货币可以购买更多消费品。 （　　）

9. 股票价格指数是以上一个交易日为基期。 （　　）

10. 标准比值法得到的指数值最大值不超过 100%。 （　　）

11. 通常可以使用加权算术平均法或几何平均法计算功效系数。 （　　）

12. 功效系数得到的结果越大,则研究的经济对象情况越好。 （　　）

四、计算题

1. 设有某地各种商品的基期价格和报告期价格以及报告期销售额资料如表 7-27 所示。

表 7-27　　　　　　　　　　　　某地各种商品有关销售额资料

商品	价格(元)		报告期销售额(万元)
	基期	报告期	
甲	20	25	2 000
乙	100	105	4 200
丙	50	60	3 000

要求:(1) 计算各种商品的个体价格指数。

(2) 计算全部商品的价格总指数。

2. 某企业各种产品的产量与单位成本资料如表 7-28 所示。

表 7-28　　　　　　　　　　某企业各种产品的产量与单位成本资料

产品名称	计量单位	产量		单位成本(元)	
		基期	报告期	基期	报告期
甲	吨	100	150	1 000	900
乙	件	1 000	1 200	100	120
丙	箱	50	60	10 000	11 000

要求:(1) 计算该企业的总成本指数及其增长量。

(2) 计算该企业的产量总指数及产量变动对总成本的绝对影响。

(3) 计算该企业的单位成本总指数及单位成本变动对总成本的绝对影响。

3. 某水果批发市场各种水果的销售量及价格资料如表 7-29 所示。

表 7-29　　　　　　　　　某水果批发市场各种水果的销售量及价格资料

水果品种	销售量(万千克)		价格(元/千克)	
	基期	报告期	基期	报告期
芦柑	30	36	3.6	4.0
香蕉	14	16	3.8	3.8
苹果	18	20	3.0	3.2

要求:计算销售量总指数,价格总指数和销售额总指数,并从相对数和绝对数两方面对该市场销售额的变化进行指数因素分析。

4. 某商店三种商品有关销售情况如表 7-30 所示。

表 7-30   某商店三种商品有关销售情况表

商品名称	计量单位	价格变动	成交额(万元)	
			基　期	报告期
甲	件	+3%	50	60
乙	米	-2%	20	20
丙	公斤	0	100	120

要求:根据资料计算价格总指数及因价格变动而使购买者多支付(或少支付)的金额。

5. 某公司三种商品销售资料如表 7-31 所示。

表 7-31   某公司三种商品销售资料

商品名称	六月份销售额(万元)	与去年同期相比	
		销售额增长率	销售量增长率
甲	80.3	10%	12%
乙	62.4	4%	3%
丙	102.6	8%	15%

要求:(1)计算销售量总指数。

(2)计算由于销售量变动影响销售额的增加(或减少)额。

6. 某市场三种商品 2024 年与 2025 年的销售额及价格变动率资料如表 7-32 所示。

表 7-32   某市场三种商品销售资料

商品名称	销售额(万元)		2025 年比 2024 年的价格上涨率
	2024 年	2025 年	
甲	500	630	5%
乙	300	510	2%
丙	400	540	8%
合计	1 200	1 680	—

要求:根据表中资料,计算 2025 年比 2024 年的销售额总指数、价格总指数和销售量总指数,并从相对数和绝对数两方面对该市场商品销售额的变动进行因素分析。

7. 某公司下属三家企业资料如表 7-33 所示。

表 7-33　　　　　　　　　　某公司下属三家企业有关资料

企业	劳动生产率（万元/人）		工人人数（人）	
	基期	报告期	基期	报告期
甲	50	52	1 200	1 100
乙	32	35	1 000	1 200
丙	20	20	700	850

要求:(1) 计算劳动生产率可变构成指数。

(2) 计算劳动生产率固定构成指数。

(3) 计算劳动生产率结构影响指数。

(4) 列出上述三个指数之间的数量关系。

8. 某企业 2020 年和 2023 年的工人人数与月平均工资资料如表 7-34 所示。

表 7-34　　　　某企业 2020 年和 2023 年的工人人数与月平均工资资料

工人类别	工人人数（人）		月平均工资（元）	
	2020 年	2023 年	2020 年	2023 年
普通工人	800	800	6 000	7 000
技术工人	200	400	9 000	13 000
合计	1 000	1 200		

要求:(1) 计算该企业 2020 年工人总的月平均工资和 2023 年工人总的月平均工资。

(2) 分别从相对数和绝对数两方面分析该企业工人总的月平均工资变动的原因。

9. 已知某地区主要经济效益指标的有关资料如表 7-35 所示。

表 7-35　　　　　　某地区主要经济效益指标的有关资料

指标名称	计量单位	全国标准值	权数	报告期指标数值
社会劳动生产率	元/人	24 000	25	25 880
社会成本利税率	元/千元	43	20	44
投资效果系数	元/千元	0.50	25	0.56
技术进步经济效益指标	元/千元	20	30	22

要求:试利用综合指数法计算该地区报告期国民经济效益综合指数。

10. A、B 两地区报告期有关宏观经济效益指标如表 7-36 所示。

表 7-36　　　　　A、B 两地区报告期有关宏观经济效益指标有关资料

项目	权数	全国标准值	实际值	
			A 地区	B 地区
劳动者人均 GDP(万元/人)	30%	2.5	2.8	2.1
社会成本利税率	50%	20%	18%	24%
技术进步效益	20%	50%	55%	58%

要求:采用综合指数法计算并比较两个地区经济效益总水平的高低。

11. 某地区的国民经济有关指标资料如表 7-37 所示。

表 7-37　　　　　　　　某地区的国民经济有关指标资料

指标名称	计量单位	不允许值	满意值	权数	报告期实际值
社会成本净值率	元/百元	40	50	30	46
社会成本利税率	元/百元	20	30	25	25
社会劳动生产率	元/人	18 000	28 000	25	22 000
投资效果系数	元/百元	45	55	20	54

(提示:单项功效系数 $= \dfrac{\text{指标的实际数值} - \text{该指标不允许值}}{\text{该指标满意值} - \text{该指标不允许值}} \times 40 + 60$)

要求:根据表中资料计算某地区的国民经济综合功效系数。

12. 报告期甲、乙两地区的有关经济效益指标如表 7-38 所示。

表 7-38　　　　　报告期甲、乙两地区的有关经济效益指标有关资料

经济效益指标	权数	满意值	不允许值	实　际　值	
				甲地区	乙地区
社会劳动生产率(元/人)	40%	3 200	1 200	3 500	3 100
社会成本利税率	60%	50%	10%	48%	50%

要求:采用两类功效系数法进行加权算术平均比较这两个地区经济效益总水平的高低。

综合实训(三)

一、实验(实训)概述

目的与要求:

对时间数列进行因素分析,掌握事物发展变化的趋势和规律性对未来进行预测,便于人们客观全面认识事物的发展方向和速度。

基本原理:

季节变动、移动平均法、最小平均法的应用

实施环境:

初始资料;Excel

二、实验(实训)内容

(1) 把原始资料转换成以季为单位的时间数列,进行季节变动分析。

(2) 采用长期趋势剔除法(四项移动平均)消除季节极影响。

(3) 对计算结果进行整理,确定出季节指数。

(4) 使用 Excel 作出散点图,添加趋势线,得到趋势方程。

(5) 进行预测。

【原始资料】

某企业销售数据如表7-39所示。

表 7-39　　　　　　　　　　　**某企业销售数据**　　　　　　　　　(单位:百万元)

年	1月	2月	3月	4月	5月	6月	7月	8月	9月	10月	11月	12月
2020 年	2	4	8	10	8	6	1	4	7	10	10	14
2021 年	4	6	7	10	9	6	2	5	8	10	11	15
2022 年	4	7	8	11	9	8	21	4	7	10	11	17
2023 年	6	5	7	10	9	7	1	4	9	1	11	17
2024 年	10	12	15	20	18	14	3	7	11	17	22	28

【资料分析】

1. 进行季节变动分析

上面的资料是以月为单位的,为简化计算,先把资料转换成以季为单位的时间数列,然后进行分析,变换后的资料如表7-40所示。

表 7-40　　　　　　　　　　　**某企业销售数据**　　　　　　　　　(单位:百万元)

季度	2020 年	2021 年	2022 年	2023 年	2024 年	季平均销售额
1 季度	14	18	19	18	37	
2 季度	24	25	28	26	52	
3 季度	12	15	32	14	21	
4 季度	34	36	38	39	67	
合计						

从调整后的数据可以看出:

(1) 销售额的变化体现了明显的季节变化因素,销售旺季是_____,其次是第_____季度,销售淡季是_____。

(2) 每年销售总额可以发现,该企业销售额有着明显的长期趋势,随着时间的变化,销售量不断增加。

2. 采用长期趋势剔除法消除季节影响

先确定季节因素,采用长期趋势剔除法对原数列进行四项平均,分离出季节变动和不规则变动数值 S * I,如表7-41所示。

表 7-41   计算结果

年度	季度	实际销售额 (Y)(百万元)	四项移动 平均(百万元)	移正平均 (T＊C) (百万元)	季节变动与 不规则变动 (S＊I)(%)
2020	1	14	—	—	—
	2	24	—	—	—
	3	12			
	4	34			
2021	1	18			
	2	25			
	3	15			
	4	36			
2022	1	19			
	2	28			
	3	32			
	4	38			
2023	1	18			
	2	26			
	3	14			
	4	39			
2024	1	37			
	2	52			
	3	21		—	—
	4	67	—	—	—

3. 对计算结果进行整理,确定出季节指数

计算结果以计算表的形式展现,如表 7-42 所示。

表 7-42   计算结果

季	2020 年	2021 年	2022 年	2023 年	2024 年	调整前季 节指数	调整后季 节指数
1	—						
2	—						
3					—		
4					—		
合计	—	—	—	—			

调整系数＝＿＿＿＿＿＿＿＿。

调整后季节指数＝调整系数×调整前季节指数。

　　　　　　　　　　累计法平均增长速度查对表

递增速度　　　　　　　　　　　　　　　　　　　　　　　间隔期：1～5 年

平均每年增长	各年发展水平总和为基期的百分比				
	1 年	2 年	3 年	4 年	5 年
0.1%	100.10%	200.30%	300.60%	401.00%	501.50%
0.2%	100.20%	200.60%	301.20%	402.00%	503.00%
0.3%	100.30%	200.90%	301.80%	403.00%	504.50%
0.4%	100.40%	201.20%	302.40%	404.00%	506.01%
0.5%	100.50%	201.50%	303.01%	405.03%	507.56%
0.6%	100.60%	201.80%	303.61%	406.03%	509.06%
0.7%	100.70%	202.10%	304.21%	407.03%	510.57%
0.8%	100.80%	202.41%	304.83%	408.07%	512.14%
0.9%	100.90%	202.71%	305.44%	409.09%	513.67%
1.0%	101.00%	203.01%	306.04%	410.10%	515.20%
1.1%	101.10%	203.31%	306.64%	411.11%	516.73%
1.2%	101.20%	203.61%	307.25%	412.13%	518.27%
1.3%	101.30%	203.92%	307.87%	413.17%	519.84%
1.4%	101.40%	204.22%	308.48%	414.20%	521.40%
1.5%	101.50%	204.52%	309.09%	415.23%	522.96%
1.6%	101.60%	204.83%	309.71%	416.27%	524.53%
1.7%	101.70%	205.13%	310.32%	417.30%	526.10%
1.8%	101.80%	205.43%	310.93%	418.33%	527.66%
1.9%	101.90%	205.74%	311.55%	419.37%	529.24%
2.0%	102.00%	206.04%	312.16%	420.40%	530.80%
2.1%	102.10%	206.34%	312.77%	421.44%	532.39%
2.2%	102.20%	206.65%	313.40%	422.50%	534.00%
2.3%	102.30%	206.95%	314.01%	423.53%	535.57%
2.4%	102.40%	207.26%	314.64%	424.60%	537.20%
2.5%	102.50%	207.56%	315.25%	425.63%	538.77%
2.6%	102.60%	207.87%	315.88%	426.70%	540.40%
2.7%	102.70%	208.17%	316.49%	427.73%	541.97%
2.8%	102.80%	208.48%	317.12%	428.80%	543.61%
2.9%	102.90%	208.78%	317.73%	429.84%	545.20%
3.0%	103.00%	209.09%	318.36%	430.91%	546.84%
3.1%	103.10%	209.40%	319.00%	432.00%	548.50%
3.2%	103.20%	209.70%	319.61%	433.04%	550.10%
3.3%	103.30%	210.01%	320.24%	434.11%	551.74%
3.4%	103.40%	210.32%	320.88%	435.20%	553.41%
3.5%	103.50%	210.62%	321.49%	436.24%	555.01%
3.6%	103.60%	210.93%	322.12%	437.31%	556.65%
3.7%	103.70%	211.24%	322.76%	438.41%	558.34%
3.8%	103.80%	211.54%	323.37%	439.45%	559.94%
3.9%	103.90%	211.85%	324.01%	440.54%	561.61%
4.0%	104.00%	212.16%	324.65%	441.64%	563.31%

（续表）

平均每年增长	各年发展水平总和为基期的百分比				
	1 年	2 年	3 年	4 年	5 年
4.1%	104.10%	212.47%	325.28%	442.72%	564.98%
4.2%	104.20%	212.78%	325.92%	443.81%	566.65%
4.3%	104.30%	213.08%	326.54%	444.88%	568.31%
4.4%	104.40%	213.39%	327.18%	445.98%	570.01%
4.5%	104.50%	213.70%	327.81%	447.05%	571.66%
4.6%	104.60%	214.01%	328.45%	448.15%	573.36%
4.7%	104.70%	214.32%	329.09%	449.25%	575.06%
4.8%	104.80%	214.63%	329.73%	450.35%	576.76%
4.9%	104.90%	214.94%	330.37%	451.46%	578.48%
5.0%	105.00%	215.25%	331.01%	452.56%	580.19%
5.1%	105.10%	215.56%	331.65%	453.66%	581.89%
5.2%	105.20%	215.87%	332.29%	454.76%	583.60%
5.3%	105.30%	216.18%	332.94%	455.89%	585.36%
5.4%	105.40%	216.49%	333.58%	456.99%	587.06%
5.5%	105.50%	216.80%	334.22%	458.10%	588.79%
5.6%	105.60%	217.11%	334.86%	459.29%	590.50%
5.7%	105.70%	217.42%	335.51%	460.33%	592.26%
5.8%	105.80%	217.74%	336.17%	461.47%	594.04%
5.9%	105.90%	218.05%	336.82%	462.60%	595.80%
6.0%	106.00%	218.36%	337.46%	463.71%	597.54%
6.1%	106.10%	218.67%	338.11%	464.84%	599.30%
6.2%	106.20%	218.98%	338.75%	465.95%	601.04%
6.3%	106.30%	219.30%	339.42%	467.11%	602.84%
6.4%	106.40%	219.61%	340.07%	468.24%	604.61%
6.5%	106.50%	219.92%	340.71%	469.35%	606.35%
6.6%	106.60%	220.24%	341.38%	470.52%	608.18%
6.7%	106.70%	220.55%	342.03%	471.65%	609.95%
6.8%	106.80%	220.86%	342.68%	472.78%	611.73%
6.9%	106.90%	221.18%	343.35%	473.95%	613.56%
7.0%	107.00%	221.49%	343.99%	475.07%	615.33%
7.1%	107.10%	221.80%	344.64%	476.20%	617.10%
7.2%	107.20%	222.12%	345.31%	477.37%	618.94%
7.3%	107.30%	222.43%	345.96%	478.51%	620.74%
7.4%	107.40%	222.75%	346.64%	479.70%	622.61%
7.5%	107.50%	223.06%	347.29%	480.84%	624.41%
7.6%	107.60%	223.38%	347.96%	482.01%	626.25%
7.7%	107.70%	223.69%	348.61%	483.15%	628.05%
7.8%	107.80%	224.01%	349.28%	484.32%	629.89%
7.9%	107.90%	224.32%	349.94%	485.48%	631.73%
8.0%	108.00%	224.64%	350.61%	486.66%	633.59%

平均每年增长	各年发展水平总和为基期的百分比				
	1 年	2 年	3 年	4 年	5 年
8.1%	108.10%	224.96%	351.29%	487.85%	635.47%
8.2%	108.20%	225.27%	351.94%	489.00%	637.30%
8.3%	108.30%	225.59%	352.62%	490.19%	639.18%
8.4%	108.40%	225.91%	353.29%	491.37%	641.05%
8.5%	108.50%	226.22%	353.95%	492.54%	642.91%
8.6%	108.60%	226.54%	354.62%	493.71%	644.76%
8.7%	108.70%	226.86%	355.30%	494.91%	646.67%
8.8%	108.80%	227.17%	355.96%	496.08%	648.53%
8.9%	108.90%	227.49%	356.63%	497.26%	650.41%
9.0%	109.00%	227.81%	357.31%	498.47%	652.33%
9.1%	109.10%	228.13%	357.99%	499.67%	654.24%
9.2%	109.20%	228.45%	358.67%	500.87%	656.15%
9.3%	109.30%	228.76%	359.33%	502.04%	658.02%
9.4%	109.40%	229.08%	360.01%	503.25%	659.95%
9.5%	109.50%	229.40%	360.69%	504.45%	611.87%
9.6%	109.60%	229.72%	361.37%	505.66%	663.80%
9.7%	109.70%	230.04%	362.05%	506.86%	665.72%
9.8%	109.80%	230.36%	362.73%	508.07%	667.65%
9.9%	109.90%	230.68%	363.42%	509.30%	669.62%
10.0%	110.00%	231.00%	364.10%	510.51%	671.56%
10.1%	110.10%	231.32%	364.78%	511.72%	673.50%
10.2%	110.20%	231.64%	365.47%	512.95%	675.47%
10.3%	110.30%	231.96%	366.15%	514.16%	677.42%
10.4%	110.40%	232.28%	366.84%	515.39%	679.39%
10.5%	110.50%	232.60%	367.52%	516.61%	681.35%
10.6%	110.60%	232.92%	368.21%	517.84%	683.33%
10.7%	110.70%	233.24%	368.89%	519.05%	685.28%
10.8%	110.80%	233.57%	369.60%	520.32%	687.32%
10.9%	110.90%	233.89%	370.29%	521.56%	689.32%
11.0%	111.00%	234.21%	370.97%	522.77%	691.27%
11.1%	111.10%	234.53%	371.66%	524.01%	693.27%
11.2%	111.20%	234.85%	372.35%	525.25%	695.27%
11.3%	111.30%	235.18%	373.06%	526.52%	697.32%
11.4%	111.40%	235.50%	373.75%	527.76%	699.33%
11.5%	111.50%	235.82%	374.44%	529.00%	701.33%
11.6%	111.60%	236.15%	375.15%	530.27%	703.38%
11.7%	111.70%	236.47%	375.84%	531.52%	705.41%
11.8%	111.80%	236.79%	376.53%	532.76%	707.43%
11.9%	111.90%	237.12%	377.24%	534.03%	709.48%
12.0%	112.00%	237.44%	377.93%	535.28%	711.51%

（续表）

平均每年增长	各年发展水平总和为基期的百分比				
	1 年	2 年	3 年	4 年	5 年
12.1%	112.10%	237.76%	378.62%	536.52%	713.53%
12.2%	112.20%	238.09%	379.34%	537.82%	715.63%
12.3%	112.30%	238.41%	380.03%	539.07%	717.67%
12.4%	112.40%	238.74%	380.75%	540.37%	719.78%
12.5%	112.50%	239.06%	381.44%	541.62%	721.82%
12.6%	112.60%	239.39%	382.16%	542.92%	723.94%
12.7%	112.70%	239.71%	382.85%	544.17%	725.98%
12.8%	112.80%	240.04%	383.57%	545.47%	728.09%
12.9%	112.90%	240.36%	384.26%	546.72%	730.14%
13.0%	113.00%	240.69%	384.98%	548.03%	732.28%
13.1%	113.10%	241.02%	385.70%	549.33%	734.40%
13.2%	113.20%	241.34%	386.39%	550.59%	736.46%
13.3%	113.30%	241.67%	387.11%	551.89%	738.59%
13.4%	113.40%	242.00%	387.83%	553.20%	740.73%
13.5%	113.50%	242.32%	388.53%	554.48%	742.83%
13.6%	113.60%	242.65%	389.25%	555.79%	744.98%
13.7%	113.70%	242.98%	389.97%	557.10%	747.13%
13.8%	113.80%	243.30%	390.67%	558.38%	749.23%
13.9%	113.90%	243.63%	391.39%	559.69%	751.38%
14.0%	114.00%	243.96%	392.11%	561.00%	753.53%
14.1%	114.10%	244.29%	392.84%	562.34%	755.74%
14.2%	114.20%	244.62%	393.56%	563.65%	757.89%
14.3%	114.30%	244.94%	394.26%	564.93%	760.01%
14.4%	114.40%	245.27%	394.99%	566.27%	762.21%
14.5%	114.50%	245.60%	395.71%	567.59%	764.39%
14.6%	114.60%	245.93%	396.43%	568.90%	766.55%
14.7%	114.70%	246.26%	397.16%	570.24%	768.76%
14.8%	114.80%	246.59%	397.88%	571.56%	770.94%
14.9%	114.90%	246.92%	398.61%	572.90%	773.16%
15.0%	115.00%	247.25%	399.34%	574.24%	775.38%
15.1%	115.10%	247.58%	400.06%	575.56%	777.56%
15.2%	115.20%	247.91%	400.79%	576.91%	779.80%
15.3%	115.30%	248.24%	401.52%	578.25%	782.02%
15.4%	115.40%	248.57%	402.25%	579.60%	784.26%
15.5%	115.50%	248.90%	402.98%	580.94%	786.48%
15.6%	115.60%	249.23%	403.71%	582.29%	788.73%
15.7%	115.70%	249.56%	404.44%	583.64%	790.97%
15.8%	115.80%	249.90%	405.19%	585.02%	793.26%
15.9%	115.90%	250.23%	405.92%	586.36%	795.49%
16.0%	116.00%	250.56%	406.65%	587.71%	797.74%